Hohmann / Klawonn
Das Medizinische Versorgungszentrum (MVZ) – Die Verträge

Frankfurter Musterverträge

Herausgegeben von
Prof. Dr. jur. Thomas Schlegel

Das Medizinische Versorgungszentrum (MVZ) – Die Verträge

Mit umfangreichen rechtlichen und steuerlichen Erläuterungen

von

Jörg Hohmann und Barbara Klawonn

2., aktualisierte Auflage

C.F. Müller
MedizinRecht.de

Bibliografische Information Der Deutschen Nationalbibliothek

Die Deutsche Nationalbibliothek verzeichnet diese Publikation in Der Deutschen Nationalbibliografie; detaillierte bibliografische Daten sind im Internet über <http://dnb.d-nb.de> abrufbar.

ISBN 978-3-8114-3336-6

www.cfmueller-verlag.de
www.MedizinRecht.de
E-Mail: kundenservice@hjr-verlag.de

Satz: preXtension GbR, Grafrath
Druck und Bindung: KESSLER Druck + Medien, Bobingen

Printed in Germany

Vorwort des Herausgebers

Das Vertragsarztrechtsänderungsgesetz (VÄndG) hat das Vertragsarztrecht zum 01.01.2007 erheblich verändert.

Davon sind auch die seit 2004 möglichen Medizinischen Versorgungszentren berührt, deren Regelung im SGB V erweitert worden sind. So können beispielsweise fachgleiche Ärzte mit unterschiedlichen Tätigkeitsschwerpunkten nunmehr auch die Gründungsvoraussetzungen eines MVZ erfüllen. Damit wird die Gründungsmöglichkeit deutlich erweitert. Auch können nunmehr im Krankenhaus (auch) angestellte Ärzte nunmehr im MVZ beschäftigt werden – ein Meilenstein in der Wirtschaftlichkeit eines krankenhausgeführten MVZ. Neu ist auch, dass die Gesellschafter einer MVZ-GmbH als Gründungsvoraussetzung eine „selbstschuldnerische Bürgschaft“ gegenüber der Kassenärztlichen Vereinigung bzw. der Kassenzahnärztlichen Vereinigung abgeben soll, um mögliche Regresse der Körperschaften abzusichern.

Darüber hinaus ist das Privileg abgeschafft worden, dass Ärzte, die ein MVZ durch Einbringung ihrer Vertragsarztsitze auf diese verzichtet haben, nach 5 Jahren bei Verlassen des MVZ Anspruch auf eine neue Zulassung im gesperrten Bezirk haben.

Diese Änderungen sowie zahlreiche Neuerungen durch das VÄndG haben uns dazu veranlasst, dieses Buch in 2. Auflage neu aufzulegen. Die Autoren haben ihre Erfahrungen hier einfließen lassen, um den neuen Gegebenheiten Rechnung zu tragen.

Die Frankfurter Musterverträge dienen als Ratgeber, Nachschlagewerke und Mustervorlagen für Lösungen im Gesundheitswesen. Die umfangreichen Erläuterungen sensibilisieren Heil- und Pflegeberufler sowie deren Berater in Bezug auf konkrete rechtliche und steuerliche Probleme.

Dieses Vertragsmuster sind Anregung und Formulierungshilfen. Die stets zu berücksichtigenden individuellen (auch bundeslandspezifischen) Besonderheiten können allgemein gehaltene Vertragsmuster nicht berücksichtigen. Ebenso wenig können sie die Beratung eines versierten Rechtsanwalts bzw. Steuerberaters ersetzen. Die Verträge sind deshalb stets individuell zu entwickeln und von Zeit zu Zeit auf die aktuelle Rechtsentwicklung hin zu überprüfen. Verlag, Herausgeber und Autoren können daher für die Anwendung der Vertragsmuster keinerlei Haftung übernehmen und empfehlen die individuelle Beratung durch Spezialisten auf diesem Gebiet.

Die Frankfurter Musterverträge leben von der Innovation und dem Gestaltungswillen aller Beteiligten im Gesundheitswesen. Die Verträge werden im Zuge der Weiterentwicklung der rechtlichen Rahmenbedingungen im Gesundheitswesen laufend fortgeschrieben. Gerne nehmen Verlag und Herausgeber Erfahrungen und Anregungen an, um aktuelle und hochwertige Lösungshilfen entwickeln und fortführen zu können.

Prof. Dr. Thomas Schlegel

Heidelberg und Frankfurt, im Juli 2007

Inhaltsverzeichnis

A Einführung

I Allgemeines

1 Neuerungen zu Medizinischen Versorgungszentren nach Änderung des Vertragsarztrechts

Das neue Vertragsarztrecht hat weitgehende Waffengleichheit zwischen Niedergelassenen und Medizinischen Versorgungszentren (MVZ) hergestellt. Freiheiten, die das MVZ bot, können jetzt auch Vertragsärzte für sich in Anspruch nehmen, ohne dafür künstlich konstruierte MVZ gründen zu müssen.

Ein kurzer Abriss der wichtigsten Regelungen:

- **Anstellung:** In einem MVZ können Ärzte angestellt werden. Zulassung und Budget werden dem MVZ zugeordnet und gehen auch durch Kündigung des Angestellten nicht ohne weiteres verloren. In der Vertragspraxis war diese Anstellung bisher nur beim Job-Sharing mit Honorarbegrenzung möglich. Um Ärzte anzustellen, ist nun keine MVZ-Gründung mehr notwendig. Das darf auch ein Arzt in der Praxis nach Genehmigung durch den Zulassungsausschuss.
- **Anstellung fachfremder Ärzte:** Auch die Anstellung fachfremder Ärzte war bisher ein Privileg der MVZ. Nun können auch in der Praxis fachfremde Ärzte angestellt werden. Mit der Anstellung darf allerdings die Bedarfsplanung nicht unterlaufen werden. Auch die Angestellten müssen über eine „Zulassung“ bzw. einen Vertragsarztsitz verfügen, wenn Zulassungsbeschränkungen angeordnet sind. Die Angestellten-Zulassungen sind

als Vollzeitstellen oder als Dreiviertel-, halbe oder Viertel-Stellen besetzbar.

- **Verdopplung der Zulassung:** Um den Eintritt in ein MVZ zu erleichtern, konnten angestellte Ärzte nach fünf Jahren ununterbrochener Tätigkeit im MVZ mit einer eigenen Zulassung im selben Zulassungsbezirk vertragsärztlich tätig werden, während das MVZ die Stelle neu besetzen durfte. Diese Verdopplung der Vertragsarztsitze ist jetzt gestrichen worden. Die Regelung gilt für diejenigen weiter, die vor dem 1.1.2007 angestellt wurden.

- **Trägerschaft des MVZ:** Durch die Zulassung von MVZ-GmbH wurden erstmals juristische Personen an der vertragsärztlichen Versorgung beteiligt. Dies ermöglichte die Trägerschaft von ambulanten Versorgungseinheiten durch den Kapitaleinsatz anderer Leistungserbringer. Vertragsärzte und Krankenhäuser zum Beispiel treten als Gesellschafter in MVZ-GmbH auf. An dieser Möglichkeit der Trägerschaft hat sich durch das VÄndG nichts geändert. Allerdings sind die Haftungsprivilegien der GmbH entfallen: Seit dem 1. Januar müssen die Gesellschafter einer MVZ-GmbH selbstschuldnerische Bürgschaftserklärungen für Forderungen von KV und Krankenkassen abgeben. Das Regress-Schlupfloch der GmbH wurde damit geschlossen.

- **Zweigstellen und ausgelagerte Praxisräume:** Bislang war umstritten, ob MVZ Zweigstellen gründen oder ausgelagerte Praxisräume betreiben dürfen. Einige Zulassungsgremien vertraten hier eine restriktive Spruchpraxis (zum Beispiel Berlin). Das VÄndG regelt nun, dass Vertragsärzte unter bestimmten Voraussetzungen Zweigpraxen gründen und an mehreren Orten ihrer vertragsärztlichen Tätigkeit nachgehen dürfen. Für das MVZ trifft das Gesetz hierzu keine eindeutige Regelung. Wegen der grundsätzlichen Gleichstellung mit Vertragsärzten gelten aber dieselben Regelungen.

Dennoch werden MVZ auch in Zukunft ihren Stellenwert behalten. So gibt es in der Niederlassung klaren Trend zu mehr angestellten Ärzten. Der Trend zeigt, dass MVZ eine durchaus attraktive Arbeitsform jenseits der eigenen Praxis und der damit verbundenen Risiken sein können. Für die Zukunft ist dies ein wichtiger Aspekt: Mehr als 50 Prozent der Medizinstudenten sind Frauen, die vor der Herausforderung stehen, Beruf und Familie miteinander kompatibel zu machen.

Flexible Beschäftigungsformen in Medizinischen Versorgungszentren könnten dazu eine Lösung bieten. Auch für die Sicherstellung der zukünftigen Versorgung dürfte dies eine bedeutende Rolle spielen. Bis 2015 scheiden nach Prognosen der KBV bis zu 50 000 ältere Ärzte aus dem aktiven Berufsleben aus. Das heißt: der weibliche Nachwuchs wird dringend benötigt.

Zudem ergeben sich bei der Konzentrierung weiterer Arztsitze an einem Standort, der unbegrenzten Anstellung auch fachfremder Ärzte oder der weiteren Tätigkeit über die 68-Jahres-Grenze hinaus Vorteile des MVZ. Ein weiteres Beispiel sind Vorteile gegenüber Teilgemeinschaftspraxen. In einem MVZ ist es normal, sich gegenseitig Patienten zuzuweisen und den dadurch entstehenden höheren Umsatz untereinander aufzuteilen. Bei Teilgemeinschaftspraxen, an denen Laborärzte oder Radiologen beteiligt sind, wird dies durch das SGB V, den Bundesmantelvertrag sowie die Berufsordnung ausgeschlossen.

Für größere, fachübergreifende Versorgungseinheiten bleiben MVZ als Versorgungsform attraktiv. Vor allem Kliniken dürften profitieren, dass in MVZ nun angestellte Klinikärzte auf Teilzeitbasis arbeiten dürfen. MVZ sind und bleiben ein Erfolgsmodell.

2 Einführung der Medizinischen Versorgungszentren

Medizinische Versorgungszentren sind neue rechtliche Gebilde, die auf Grund des Gesundheitsmodernisierungsgesetzes (GMG) zum 01.01.2004 als neue Leistungserbringer in die vertragsärztliche Versorgung eingeführt wurden. Die Wahl der Rechtsform hat der Gesetzgeber dabei offen gelassen. Aus Praktikabilitätserwägungen heraus haben sich die Autoren im vorliegenden Werk für die Rechtsform einer GmbH bzw. GbR entschieden, es sind jedoch auch andere Formen (z. B. eine AG) gleichberechtigt denkbar. Dieses muss sich nach den individuellen Erfordernissen jedes Projektes zur Gründung eines Medizinischen Versorgungszentrums (MVZ) richten.

Was aber soll die neue Form der Leistungserbringung bezwecken?

In der Gesetzesbegründung heißt es:

„Neben den Vertragsärzten können künftig auch medizinische Versorgungszentren mit den Vertragsärzten gleichberechtigt als zugelassene Leistungserbringer an der vertragsärztlichen Versorgung teilnehmen. Medizinische Versorgungszentren können fachübergreifend tätig sein. Medizinische Versorgungszentren können als juristische Person, zum Beispiel GmbH oder Gesamthandsgemeinschaft (BGB-Gesellschaft) betrieben werden. Sie dürfen nur von Leistungserbringern, die an der medizinischen Versorgung der Versicherten der gesetzlichen Krankenversicherung teilnehmen, gegründet werden. An der Versorgung nehmen die Leistungserbringer entweder im Status der Zulassung (z. B. Vertragsärzte, Krankenhäuser, Heilmittelerbringer), im Status der Ermächtigung oder über Verträge (z. B. häusliche Krankenpflege, Apotheken) teil. Durch die Beschränkung auf die im System der gesetzlichen Krankenversicherung tätigen Leistungserbringer soll sichergestellt sein, dass eine primär an medizinischen Vorgaben orientierte Führung der Zentren gewährleistet wird. Diese Gründungsvoraussetzung ist auch Voraussetzung für den Fortbestand des Zentrums, das heißt dem Zentrum ist nach § 95 Absatz 6 SGB V die Zulassung zu entziehen, wenn in die Trägerschaft Gesellschafter aufgenommen werden, die keine Leistungserbringer im Sinne des § 95 Absatz 1 Satz 3, 2. Halbsatz SGB V sind.

Die medizinischen Versorgungszentren erbringen ihre vertragsärztlichen Leistungen durch angestellte Ärzte. Auch andere Leistungserbringer (z. B. Pflegedienste, Heilmittelerbringer etc.) können sich den Zentren anschließen und in enger Abstimmung mit den dort tätigen angestellten Ärzten Leistungen erbringen. Es ist auch möglich, dass Vertragsärzte mit den medizinischen Versorgungszentren zusammenarbeiten und Einrichtungen des Zentrums nutzen, soweit dies mit den für die vertragsärztliche Tätigkeit geltenden rechtlichen Bestimmungen vereinbar ist. Mit der Neuregelung entsteht die Möglichkeit, eine Versorgung „aus einer Hand“ anzubieten. Außerdem eröffnet die Neuregelung insbesondere jungen Ärzten eine weitere Möglichkeit, an der vertragsärztlichen Versorgung teilnehmen zu können, ohne die mit einer Praxisgründung verbundenen wirtschaftlichen Risiken eingehen zu müssen. Mit den medizinischen Versorgungszentren wird also eine neue Versorgungsform ermöglicht, deren Vorteil insbesondere in der erleichterten Möglichkeit der engen Kooperation unterschiedlicher ärztlicher Fachgebiete untereinander sowie mit nichtärztlichen Leistungserbringern liegt. Die Zulassung eines Zentrums erfolgt durch den Zulassungsausschuss für den Ort der Betriebsstätte und nicht für den Ort des Sitzes des Trägers des medizinischen Versorgungszentrums. Über die Regelung des § 72 Absatz 1 SGB V, wonach die Vorschriften, die für die Vertragsärzte gelten, auch auf die medizinischen Versorgungszentren Anwendung finden, gelten auch die vom Bundessozialgericht entwickelten Grundzüge zur Genehmigung von Zweigpraxen (BSGE 77, 188). Danach bedarf ein medizinisches Versorgungszentrum, das Leistungen nicht nur in seiner Betriebsstätte, sondern parallel auch in einer örtlich getrennten Betriebsstätte anbieten will, der Genehmigung zum Betrieb einer Zweigpraxis durch die Kassenärztliche Vereinigung. Dagegen sind ausgelagerte Praxisstätten nur anzeigepflichtig und ohne Genehmigung rechtlich zulässig."[1] Zur Tätigkeit an weiteren Orten außerhalb des eigentlichen Vertragsarztsitzes enthält das Vertragsarztrechtsänderungsgesetz (VÄndG) zum 1.1.2007 weitreichende Änderungen: eine Tätigkeit an einem anderen Ort als dem Vertragsarztsitz ist jetzt bereits möglich, wenn die Versorgung der Versicherten an den weiteren Orten verbessert wird und keine Gefährdung der Versorgung der Versicherten am Praxisort zu befürchten ist. Beide Voraussetzungen bieten für die KV als Genehmigungsbehörde weiten Beurteilungsspielraum, so dass abzuwarten bleibt, wie sich die praktische Umsetzung in den einzelnen KV-Bereichen entwickeln wird. Aus dem Gesetzestext ist leider auch unklar und offen geblieben, ob auch ein MVZ, also mit unterschiedlichen Fachgebieten an verschiedenen Standorten betrieben werden kann.

3 Was ist ein Medizinisches Versorgungszentrum?

Ein MVZ ist eine zugelassene fachübergreifende ärztlich geleitete Einrichtung als neuer Leistungserbringer-Typ im Sozialgesetzbuch. In ihr können neben angestellten Ärzten auch freiberufliche Vertragsärzte tätig sein. Angestellte Ärzte werden mit der Genehmigung zur Anstellung durch den Zulassungsausschuss Mitglieder der KV, soweit sie mindestens halbtags im MVZ beschäftigt sind.

Fachübergreifende Tätigkeit bedeutet mindestens eine ärztliche versorgungszielübergreifende Zweckausrichtung. Der Gesetzgeber hat anfängliche Unklarheiten versucht zu bereinigen und mit dem VÄndG klargestellt, dass ein MVZ bereits fachübergreifend

1 BT-Drucksache 15/1525

ist, wenn in ihm mindestens zwei Ärzte mit unterschiedlichen Fachart- oder Schwerpunktbezeichnungen (nach der jeweiligen Weiterbildungsordnung des Landes) tätig sind. Es ist dagegen nicht fachübergreifend, wenn beide Ärzte der hausärztlichen Versorgung zuzurechnen sind (hausärztlicher Internist und Facharzt für Allgemeinmedizin) oder die Ärzte oder Psychotherapeuten der psychotherapeutischen Arztgruppe nach den Regelungen der Bedarfsplanungsrichtlinien des Gemeinsamen Bundesausschusses angehören. Die Zulassung eines MVZ zur vertragsärztlichen Versorgung wie auch die Genehmigung zur Anstellung von Ärzten erfolgt auf Antrag durch den Zulassungsausschuss für Ärzte, der für den Ort der Betriebsstätte des MVZ zuständig ist. Wie auch Ärzte einer Gemeinschaftspraxis arbeiten Ärzte in einem MVZ an einem gemeinsamen Praxissitz. Unter Betriebsstätte oder Praxissitz wird dabei nicht etwa der Planungsbereich oder die politische Gemeinde/Stadt verstanden, sondern eine konkrete Adresse. Ärzte, die ihre Tätigkeit nicht am Ort des MVZ ausüben, gelten daher nicht als Ärzte des MVZ, sondern können nur mit dem MVZ kooperieren (ähnlich einer Praxisgemeinschaft) und bleiben dabei selbstständige Berufsausübungseinheiten. Seit 1.1.2007 können Ärzte und alle zur vertragsärztlichen Versorgung zugelassenen Leistungserbringer, also auch ein MVZ eine sogenannte Berufsausübungsgemeinschaft (früher Gemeinschaftspraxis) bilden und auf diese Weise zusammenarbeiten. Dies kann auch überörtlich unter Beibehaltung der bisherigen Praxisstandorte erfolgen. Eine Berufsausübungsgemeinschaft ist die Errichtung einer eigenständigen neuen Gesellschaft und bedarf wie bisher die Gemeinschaftspraxis der Genehmigung durch den zuständigen Zulassungsausschuss. Ein im MVZ tätiger Vertragsarzt kann seit dem Inkrafttreten des VÄndG gleichzeitig im MVZ und in einer Einzelpraxis tätig sein. Dasselbe gilt für angestellte Ärzte mit einer weiteren Tätigkeit in einem Krankenhaus oder in einem anderen MVZ oder Vertragsarztpraxis. Seit dem VÄndG ist auch klargestellt, dass die gleichzeitige Anstellung von Ärzten und Zahnärzten in einem MVZ zulässig ist. Für eine solche Anstellungsgenehmigung sind dann aber beide Zulassungsausschüsse (für Ärzte und Zahnärzte) zuständig. Die Abrechnungen der jeweiligen Leistungen erfolgt aber nach wie vor getrennt bei KV und KZV.

4 Mögliche Strukturen eines MVZ

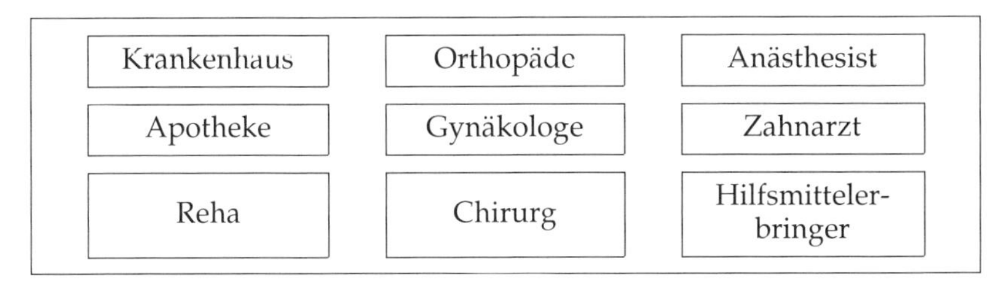

Abb. a: *Maxi-MVZ*

Urologe | Anästhesist

Abb. b: *Mini-MVZ (Gemeinschaftspraxis als MVZ)*

1 Vertragsarzt + 1 Vertragsarzt

Abb. c: *Mini-MVZ (Vertragsarzt mit angestelltem Arzt als MVZ)*

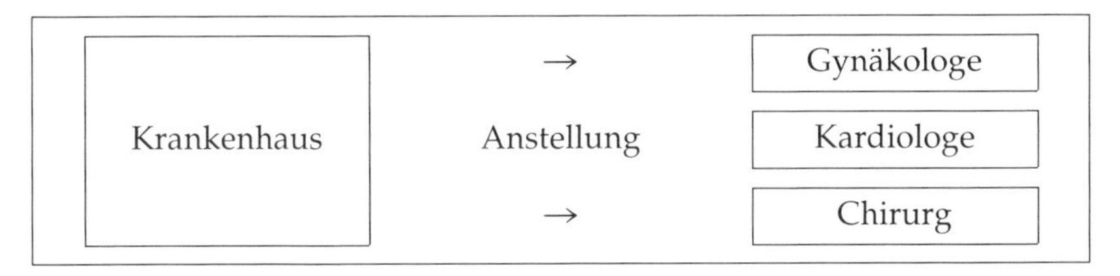

Abb. d: *Krankenhaus mit angestellten Ärzten*

Abb. e: *Patientenorientiertes MVZ: z. B. „Kopfzentrum"*

Vorteile der Krankenhausstruktur: Dauerhafte Finanzkraft

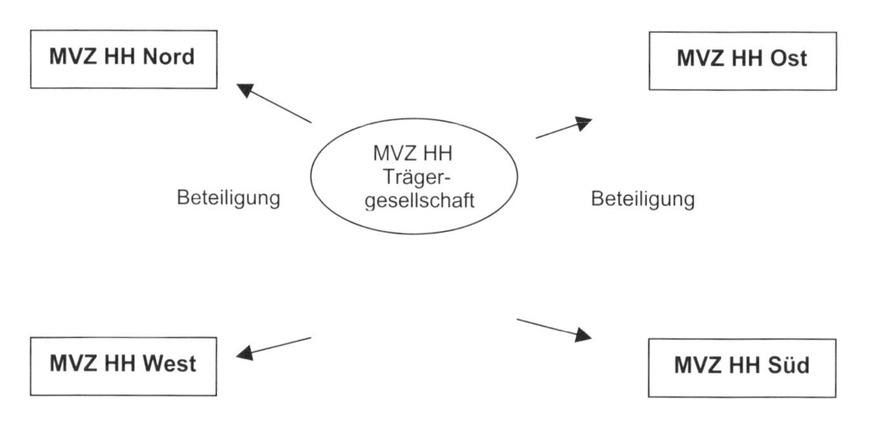

Abb. f: *Ketten-MVZ: Überörtliches „Kopfzentrum"*

5 Wer kann ein Medizinisches Versorgungszentrum gründen?

Jeder Leistungserbringer im System der gesetzlichen Krankenversicherung kommt als möglicher Gründer in Betracht: Vertragsärzte oder -psychotherapeuten, ermächtigte Krankenhausärzte (kritisch wegen der befristeten Ermächtigung) oder -psychotherapeuten, Krankenhäuser und Rehabilitationskliniken (im Einzelfall auch deren Träger!), Apotheker, Einrichtungen der häuslichen Krankenpflege, ermächtigte ärztlich geleitete Einrichtungen wie z. B. Psychiatrische Institutsambulanzen, Sozialpsychiatrische Zentren, Universitätspolikliniken, Heil- und Hilfsmittelerbringer wie Physiotherapeuten, Ergotherapeuten, Hörgeräteakustiker, Sanitätshäuser etc. und auch Vertragszahnärzte oder ermächtigte Zahnärzte. Es ist immer darauf abzustellen, wer unmittelbarer Träger der GKV-Zulassung oder -Ermächtigung bzw. Vertragspartner der Krankenkassen ist. Dies ist im Zweifelsfall durch Vorlage entsprechender Verträge/Unterlagen dem Zulassungsausschuss nachzuweisen.

Da MVZ bzw. deren Zulassung zur vertragsärztlichen Versorgung aber der vertragsärztlichen Bedarfsplanung unterliegen, ist eine Gründung von anderen als Vertragsärzten nur in Fachgebieten und Planungsbereichen möglich, die nicht mit Zulassungsbeschränkungen belegt sind. Vertragsärzte haben insofern einen „Vorsprung" vor anderen potentiellen Gründern und Betreibern von MVZ (z. B. Krankenhäusern), als dass sie ja bereits eine vertragsärztliche Zulassung haben. Erfolgt die Gründung eines MVZ unter Beteiligung von Vertragsärzten, bringen diese ihre Zulassung in das Zentrum mit ein: Sie können auf ihre Einzelzulassung verzichten und sich am MVZ anstellen lassen oder – die aus unserer Sicht empfehlenswertere Variante – als Gesellschafter ihre Freiberuflichkeit erhalten. Verliert das MVZ z. B. seine Zulassung oder stellt den Betrieb ein, geht dann nicht unbedingt gleichzeitig die individuelle Vertragsarztzulassung unter, wenn die Ärzte ihre Freiberuflichkeit behalten haben und sie sich nicht am Zentrum haben anstellen lassen.

6 Wie rechnet ein MVZ seine ärztlichen Leistungen ab?

Da das MVZ als Einrichtung zugelassen ist und damit als Leistungserbringer der vertragsärztlichen Versorgung auftritt, rechnet nur das MVZ seine vertrags(zahn)ärztlichen GKV-Leistungen bei der KV bzw. KZV unter einer gemeinsamen Abrechnungsnummer ab.

Will ein Vertragsarzt nicht unter der MVZ-Nummer abrechnen, sondern seine eigene Nummer behalten, kann er nicht Leistungserbringer eines MVZ sein! Unabhängig davon kann er aber Gesellschafter der „MVZ-Trägergesellschaft" sein, sich also neben seiner eigenen Vertragsarztpraxis unternehmerisch betätigen und sogar mit dem MVZ, an dem er beteiligt ist im Rahmen von Kooperationsverträgen zusammenarbeiten. Es liegt dann aber keine gemeinsame Berufsausübung vor und dementsprechend auch keine gemeinsame KV-Abrechnung. An Sonderverträgen mit abweichenden Vergütungsstrukturen, z. B. zur integrierten Versorgung, ist er dann nur als Gesellschafter beteiligt, seine jedoch nicht seine Vertragsarzteinzelpraxis.

Ggf. können die Abrechnungsregelungen der jeweiligen KV oder der Zulassungsbeschluss eine Kennzeichnungspflicht des einzelnen Leistungserbringers vorsehen.

Bedingt durch die jetzt seit 1.1.2007 zulässige gleichzeitige Tätigkeit von Ärzten an verschiedenen Standorten und in verschiedenen Tätigkeitsstrukturen als angestellte oder Vertragsärzte, auch KV-bezirksübergreifend, wird ein vollkommen neues Abrechnungs-Nummern-System eingeführt: statt der persönlichen Kennzeichnungspflicht wird eine Kombination aus lebenslanger individueller Arztnummer und jeweiliger Betriebsstättennummer eingeführt.

7 Was bedeutet ärztliche Leitung?

Das gesetzliche Erfordernis der ärztlichen Leitung einer zugelassenen Einrichtung soll vor der Einflussnahme nicht ärztlicher Dritter auf die ärztliche Grundausrichtung eines solchen Zentrums schützen. Deshalb darf der Gesellschaftsvertrag auch keine Regelungen enthalten, die die Weisungsunabhängigkeit bezogen auf die Gesamtverantwortung des ärztlichen Leiters für das ärztliche Handeln in einem MVZ beeinträchtigen. Der ärztliche Leiter, der entweder einer der ärztlichen Gesellschafter oder einer der angestellten Ärzte sein kann (in jedem Fall muss er aber im MVZ ärztlich tätig sein), ist verpflichtet, die Einhaltung der vertragsarztrechtlichen und berufsrechtlichen Pflichten der angestellten Ärzte diesen gegenüber durchzusetzen. Dies betrifft insbesondere die peinlich genaue Abrechnung der ärztlichen Leistungen, die Einhaltung der Qualitätssicherung, die Teilnahme am Notfalldienst sowie die sonstigen vielfältigen Pflichten eines Vertragsarztes. Er ist deshalb meist auch unterzeichnender Verantwortlicher, wenn es z. B. um die Genehmigung zur Arztanstellung durch den Zulassungsausschuss geht oder auch um die Richtigkeit der Abrechnung. Ärztliche Leitung bedeutet nicht unbedingt auch die Führung aller Geschäfte eines MVZ, die nicht ärztlichen Verantwortlichkeiten können von der Trägergesellschaft des MVZ auch auf andere Personen, also auch Nichtärzte wie z. B. haupt- oder nebenberufliche Geschäftsführer übertragen werden. Dies bestimmt jedes MVZ für sich selbst, ärztlicher Leiter oder auch Geschäftsführer können sowohl durch Wahl als auch durch Vertrag festgelegt werden. Ein MVZ, das Leistungen aus unterschiedlichen Versorgungsbereichen anbietet, kann seit 1.1.2007 auch über eine kooperative ärztliche Leitung (z. B. ein Arzt und ein Psychotherapeut) verfügen.

8 Was passiert beim Ausscheiden eines Arztes?

Scheidet ein bereits vor dem 1.1.2007 angestellter Arzt eines MVZ nach mindestens fünf Jahren Vollzeittätigkeit aus, um in eigener Praxis freiberuflich tätig zu werden, gilt die frühere gesetzliche Ausnahme von der sonst für ein MVZ geltenden Bedarfsplanung vor: Der ehemals angestellte Arzt erhält seine Einzelzulassung und das MVZ kann trotz eventueller Zulassungsbeschränkungen die vakante Stelle mit einem anderen Arzt im Anstellungsverhältnis wieder besetzen. Diese Regelung gilt aber nur für die „Anlaufphase" von MVZ, ein solchermaßen nachfolgender Arzt hat dieses Niederlassungsprivileg nicht mehr. Auch für Ärzte, die erst nach dem Inkrafttreten des VÄndG zum 1.1.2007 angestellt wurden, wurde die Privilegierungsregelung gestrichen. Außerdem kann auch in den Fällen, in denen ein angestellter Arzt aus einem MVZ aus anderen Gründen ausscheidet, diese Stelle durch einen anderen angestellten Arzt im MVZ wieder besetzt werden.

Scheidet ein Arzt aus dem MVZ aus und hat er beim Eintritt in das MVZ auf seine Zulassung verzichtet, so verbleibt diese nach seinem Ausscheiden in dem MVZ. Hat der Arzt aber seine Freiberuflichkeit erhalten und lediglich seine Abrechnungsbefugnis für die Dauer der gemeinsamen vertragsärztlichen Tätigkeit dem MVZ übertragen, so übt er bei Ausscheiden seine Tätigkeit wieder unter seiner persönlichen Zulassung aus.

9 Gelten die sonstigen vertragsarztrechtlichen Regelungen auch für ein MVZ?

Da das MVZ als vertragsärztlicher Leistungserbringer einem Vertragsarzt gleichgestellt ist, gelten alle sonstigen kassenarztrechtlichen Regelungen auch für das MVZ. Wie für einen Vertragsarzt ist auch der Betrieb einer Zweigpraxis durch die KV genehmigungspflichtig, ausgelagerte Praxisräume sind auch nur nach den für Vertragsärzte geltenden Regelungen zulässig und anzeigepflichtig. Auch die Vorschriften zur Qualitätssicherung, zur Wirtschaftlichkeitsprüfung, zur Fortbildungsverpflichtung und zur Teilnahme am Notfalldienst gelten selbstverständlich auch für das MVZ.

10 Welche Besonderheiten nach dem VÄndG gelten außerdem für ein MVZ?

Für MVZ, die in der Rechtsform einer Kapitalgesellschaft (GmbH oder AG) geführt werden, wurde eine neue weitere Gründungsvoraussetzung eingeführt: Alle Gesellschafter der Kapitalgesellschaft haben zur Zulassung des MVZ eine selbstschuldnerische Bürgschaftserklärung vorzulegen, die sich auf alle Forderungen von KVen und Krankenkassen gegen das MVZ aus dessen vertragsärztlicher Tätigkeit bezieht. Dies gilt auch für Forderungen, die erst nach Auflösung des MVZ fällig werden.

Ebenso wurde eine Übergangsfrist von sechs Monaten ins Gesetz eingefügt, wenn ein Gesellschafter eines MVZ nicht mehr an der GKV-Versorgung teilnimmt. Erst nach Ablauf dieser Frist kommt eine Zulassungsentziehung wegen Wegfall der Gründervoraussetzungen in Betracht. Diese Übergangsregelung gilt ausdrücklich aber nur für diese Gründungsvoraussetzung, die anderen, wie z. B. Fachübergriff oder ärztliche Leitung müssen durchgehend vorliegen. Im Einzelfall ist beim zuständigen Zulassungsausschuss die regionale Handhabung dieser Probleme nachzufragen.

Auch für die Anstellung von mindestens halbtags angestellten oder verbeamteten Hochschullehrer für Allgemeinmedizin wurde eine Ausnahmeregelung ins Gesetz eingefügt: sie können ohne Berücksichtigung in der Bedarfsplanung auch bei bestehenden Zulassungsbeschränkungen in Hausarztpraxen angestellt werden. Medizinische Versorgungszentren sind zwar in dieser neuen Regelung nicht ausdrücklich erwähnt, diese Ausnahme müsste aber über die generelle Gleichstellung in der vertragsärztlichen Versorgung als Leistungserbringer auch für ein MVZ anwendbar sein.

II Zulässige Rechtsformen

1 Mögliche Rechtsformen

In welcher Rechtsform das Medizinische Versorgungszentrum betrieben werden soll, hängt von den jeweiligen Gründungspartnern und deren Tätigkeitsumfang ab. Aus Praktikabilitätserwägungen und Gründen der Haftungsbeschränkung wird hier die GmbH favorisiert.

Nach § 95 Abs. 1 Satz 3 SGB V können sich medizinische Versorgungszentren aller zulässigen Organisationsformen bedienen. Damit kann das MVZ also auch als GmbH oder GbR betrieben werden. Als weitere Rechtsform könnten in Betracht kommen:

- Körperschaften:
  - Kapitalgesellschaften (z. B. GmbH, AG oder Private Limited Company)
  - Genossenschaften
  - Vereine

  Diese Rechtsformen außer der GmbH spielen bei der bisherigen Umsetzung eines MVZ keine Rolle und werden insoweit auch nicht weiter ausgeführt.
- Personengesellschaften
  - Handelsgesellschaften (OHG oder KG)

    Da es sich bei der ärztlichen Tätigkeit nicht um eine gewerbliche Tätigkeit handelt, scheiden diese Rechtsformen in der Regel für ein MVZ aus.
  - GbR
- Sonstige Rechtsformen
  - Partnerschaftsgesellschaft

2 Juristische Person als Rechtsform

Teilweise beschränken die Heilberufsgesetze der Länder die Gründung von Arztpraxen in der Rechtsform einer juristischen Person (z. B. in Bayern oder Sachsen). Schlüsselbegriff hierbei ist die Auslegung des Begriffes der ärztlichen Praxis. Das sächsische Staatsministerium hat mit Schreiben vom 02.04.2004 – Az: 61 – 5460/3 ein MVZ in der Rechtsform einer GmbH mit dem Kunstgriff akzeptiert, dass es sich bei medizinischen Versorgungszentren nicht um eine ärztliche Praxis im Sinne des sächsischen Kammergesetzes handelt, sondern um eine Einrichtung sui generis, für die diese Einschränkung nicht gilt. Zur Begründung wird eine Entscheidung des Bayerischen Verfassungsgerichtshofs vom 13.12.1999 (Vf. 5-VII-95; Vf. 6-VII-95) verwiesen. Danach umfasst die Regelung nur die Organisationsstruktur einer ärztlichen Praxis. Ein generelles Verbot von Zusammenschlüssen von Ärzten mit Ärzten oder anderen Personen zu juristischen Personen des Privatrechts auf dem Gebiet der Heilkunde sei in der Vorschrift nicht enthalten. Unter ärztlicher Praxis werde alles das verstanden, was die gegenständliche und personelle Grundlage der Tätigkeit des in **freier Praxis** tätigen Arztes bei der Erfüllung seiner Aufgaben bildet. Versorgungszentren fallen deshalb nicht unter den Begriff einer „ärztlichen Praxis."

Das Medizinische Versorgungszentrum kann also als Einzelfirma, BGB-Gesellschaft, Partnerschaftsgesellschaft, Verein, Institut, GmbH oder kleine AG betrieben werden. Für sämtliche Rechtsfolgen gelten die nachstehenden Ausführungen.

3 Vertragsarzt als Angestellter

Strittig ist, unter welchen Voraussetzungen Ärzte gleichzeitig in einem Anstellungsverhältnis zu einer GmbH und im Rahmen einer eigenen Zulassung tätig sein können. Dabei muss stets an die Präsenzpflicht des niedergelassenen Arztes gedacht werden. Unproblematischer ist dies bei Ärzten einer Gemeinschaftspraxis oder bei einem eingeschränkten Umfang der ärztlichen Tätigkeit für das gewerbliche Zentrum (z. B. konsiliarische Tätigkeit).

Die Ausübung der Heilkunde selbst ist weiterhin nach den meisten Landesheilkundegesetzen an die eigene Praxis gebunden, so dass bei einer Leistungserbringung für das gewerbliche Zentrum eine nicht genehmigte Zweigpraxis nach § 18 Abs. 1 der Berufsordnung vorliegen könnte. Die andere ärztliche oder nicht ärztliche Tätigkeit könnte auch als eine der Vertragsarzttätigkeit wesensfremde Tätigkeit gedeutet werden und hätte weitreichende Folgen für den Bestand der Vertragsarztzulassung. Seit 1.1.2007 ist zumindest klargestellt, das die gleichzeitige Tätigkeit eines Vertragsarztes sowohl als Freiberufler als auch als Angestellter in einen Krankenhaus oder einer Vorsorge- oder Rehaklinik zulassungsunschädlich ist. Es spielt dabei auch keine Rolle, in welcher Rechtsform der stationäre Arbeitgeber firmiert.

Die ausschließliche Ausübung der Heilkunde in einem gewerblichen Zentrum ist nicht möglich, wenn die völlige Weisungsfreiheit nicht gewährleistet ist und Beschlüsse gegen das Werbeverbot nicht auszuschließen sind (Urteil des VG Köln vom 04.03.1998 – 9 K 7744/96-)

4 Einzelfirma

Am einfachsten ist die Errichtung eines gewerblichen Gesundheitszentrums als einfacher gewerblicher Unternehmer mit einer sog. Einzelfirma. Ideal ist die Anmeldung der Einzelfirma über eine erwachsene Person, die nicht selbst Arzt ist, da hierbei keinerlei berufsrechtliche Vorgaben zu bedenken sind. Allerdings ist zu bedenken, dass die Privatperson im Schadensfall auch mit dem Privatvermögen haftet. Das Gewerbe ist beim örtlichen Gewerbeamt anzumelden (ca. 20,00 EUR), dazu besitzt das Gewerbeamt einen entsprechenden Vordruck.

Bei der Einzelfirma ist nur der Name des Inhabers, nicht aber ein Firmenname einzutragen. Wird der Name später geändert, z. B. in „MVZ Hamburg-Altona", so erspart dies eine zeitaufwendige Namensprüfung durch die Industrie- und Handelskammer.

Auch bei der Einzelfirma ist die getrennte Buchführung zu beachten. Jede Vermischung mit Einnahmen aus der Praxis könnte dazu führen, dass die Praxiseinkünfte mehrwert- und gewerbesteuerpflichtig werden.

5 Institut

Bei dem Betreiben eines Institutes kann überlegt werden, ob dieses als GmbH, als Verein oder (wenn gewerblich) als Einzelfirma gegründet werden soll. Da der Begriff Institut allerdings in der allgemeinen Wahrnehmung einen wissenschaftlichen Bezug hat, eignet es sich nicht unbedingt für die Leistungserbringung am Patienten und wird im Folgenden auch nicht weiter vertieft.

6 GmbH

Bei der Gründung eines MVZ wird häufig an die Rechtsform einer GmbH gedacht.

Seit der Entscheidung des BGH vom 25.11.1993 – BGH MedR 1994, Seite 152 – Az: I ZR 281/91 steht die GmbH als Rechtsform zur Ausübung ambulanter ärztlicher Tätigkeit zur Verfügung. Vor Gründung eines MVZ in Rechtsform einer GmbH sollte die Möglichkeit, den Arztberuf in dieser Rechtsform ausüben zu können, mit den Heilberufsgesetzen der Länder verglichen bzw. bei der zuständigen Landesärztekammer erfragt werden. In Bayern wurde erst vor kurzem das Berufsrecht angepasst, in Sachsen ist Mitte 2007 das Heilberufsgesetz weiterhin unverändert und damit die Gründung einer Heilberufs-GmbH untersagt, in Berlin, Brandenburg, Niedersachsen und Nordrhein-Westfalen gelten noch Verbote mit Erlaubnisvorbehalt.

Der Vorteil einer GmbH ist die Haftungsbeschränkung auf das Gesellschaftsvermögen. Allerdings betrifft die Minimierung der Haftung nicht die Kreditschulden. Jede Bank verlangt zusätzlich von den Eigentümern/Gesellschaftern eine Kredithaftungserklärung. Seit 1.1.2007 gilt dies über die selbstschuldnerische Bürgschaft auch für den vertragsärztlichen Bereich. So bleibt oftmals nur die Haftungsbeschränkung für Schadensersatz bei Kunstfehlern.

Die GmbH bedarf eines notariell beglaubigten Gesellschaftervertrages (Kosten ca. 2.500,00 EUR). Insbesondere sind in diesem Vertrag Beginn der Gesellschaft, das Geschäftsjahr, Vertretung und Geschäftsführung, Name, Sitz und Gegenstand der Gesellschaft, Höhe des Stammkapitals und wer welche Einlagen leistet, Regelungen zur Gewinnverteilung, zum Ausscheiden und zur Aufnahme neuer Gesellschafter enthalten. Die Gesellschaft muss beim Registergericht (Abteilung des örtlichen Amtsgerichts) mit dem Namen und dem Geschäftsführer angemeldet werden, dazu werden auch die Verträge mit eingereicht und sind öffentlich einsehbar. Zum Eintrag in das Handelsregister mit Veröffentlichung ist von einer Dauer von ca. 3 Monaten zu rechnen.

7 Private Limited Company

Statt einer GmbH könnte eine englische Private Limited Company (Ltd.) gewählt werden. Ihre Vorteile: schnelle, kostengünstige Gründung und wenig Startkapital.

2004 war bereits jede vierte neu gegründete Kapitalgesellschaft in Deutschland eine Limited. Seit Anfang 2003 ist die Limited einer GmbH gleichgestellt. Sie hat in Deutschland die volle Rechtsfähigkeit.

Eine Limited kann innerhalb von drei bis fünf Tagen gegründet werden, auch wenn die Formalitäten in England erledigt werden müssen. Dort ist das Unternehmen anzumelden, die Kosten belaufen sich auf ca. € 300,00. Während bei einer GmbH-Gründung ein Stammkapital von € 25.000,00 hinterlegt werden muss, liegt die Grenze bei einer Limited nur bei 1 Pfund, also ca. € 1,45.

Soll ein MVZ als Limited gegründet werden, kann das Berufsrecht ein Stolperstein sein. Es ist vorab zu prüfen, ob geänderte Berufsordnungen, die die GmbH zulassen, ausländische Rechtsformen ausschließen. Auch wenn die Limited überwiegend in Deutschland agiert, ist sie ein englisches Unternehmen. Neben der Eintragung in das englische Gesellschaftsregister muss ein Firmensitz in England vorgehalten werden, der keine Postfachadresse sein darf. Viele Agenturen stellen solche Firmensitze zur Verfügung. Das registrierte Büro muss auf allen Rechnungen und Geschäftspapieren stehen, wobei auch die deutsche Niederlassung dort vermerkt sein kann.

Für die Gründung einer Limited sind 2 Personen notwendig, der Geschäftsführer (Director) und der Sekretär (Company Secretary). Der Geschäftsführer ist für die fristgerechte Einreichung der Bilanzen und Steuererklärungen verantwortlich. Der Sekretär ist im Prinzip zuständig für die Registrierung des Geschäftsführers und die Einladungen zur Gesellschafterversammlung, diese Tätigkeiten können jedoch auch vom Geschäftsführer übernommen werden.

Wenn das Unternehmen überwiegend in Deutschland agiert und keine echte englische Betriebsstätte hat, ist meist beim englischen Finanzamt kein Jahresabschluss einzureichen. In Deutschland unterliegt die Limited dann den gleichen Steuerregeln wie eine GmbH. Wird eine gewisse Firmengröße nicht überschritten, verzichtet das Handelsregister auf die jährliche Meldung der aktuellen Zahlen.

Schließlich muss beim Betrieb der Limited an die Folgekosten für Bilanzierung und Übersetzung gedacht werden.

8 Aktiengesellschaft

Die Aktiengesellschaft ist wie die GmbH Körperschaft, juristische Person und Formkaufmann. Sie haftet gegenüber den Gläubigern mit ihrem Gesellschaftsvermögen, die Haftung der Aktionäre beschränkt sich auf die Aufbringung der von ihnen gezeichneten Einlage.

Die Satzung ist grundsätzlich an das Aktiengesetz anzugleichen, Abweichungen sind nur zulässig soweit das Aktiengesetz dieses vorsieht. Die Aktiengesellschaft ist durch die Trias ihre Organe Hauptversammlung, Aufsichtsrat und Vorstand gekennzeichnet

Die Hauptversammlung umfasst die Aktionäre als Anteilseigner (wirtschaftliche Eigentümer des Unternehmens), sie beschließt über Gewinnverwendung, Entlastung vom Vorstand etc.

Dem Aufsichtsrat obliegt demgegenüber die Überwachung des Vorstandes. Der Vorstand beschließt eigenverantwortlich über die Geschäfte.

Vorteile der Aktiengesellschaft sind die Haftungsbeschränkung und die Möglichkeit des Ganges an die Börse und damit die Aufnahme von Eigenkapital am organisierten Kapitalmarkt unter gleichzeitiger Herstellung optimaler Fungibilität der Anteile.

Allerdings verlangt die Aktiengesellschaft einen höheren Organisationsaufwand. Sie ist eine kompliziertere Rechtsform als die GmbH.

Die Gründung der Aktiengesellschaft verläuft in folgenden Schritten:

- Errichtung der AG mit Übernahme aller Aktien durch die Gründer
- Wahl des Aufsichtsrat und Abschlussprüfers
- Erbringung der Mindesteinlage auf die übernommene Einlage
- Bericht der Gründer über den Gründungshergang
- Gründungsprüfbericht vom Vorstand und Aufsichtsrat gegengezeichnet

Weiterhin muss die Aktiengesellschaft zum Handelsregister angemeldet und sodann eingetragen bekannt gemacht werden.

9 Kleine Aktiengesellschaft

In Betracht kommt auch der Betrieb des gewerblichen Zentrums in Form der „kleinen" Aktiengesellschaft. Die kleine Aktiengesellschaft hat gegenüber der Aktiengesellschaft Erleichterungen insbesondere bei der Einberufung einer Hauptversammlung, bei der Anwesenheit in der Vollversammlung, bei der notariellen Beurkundung von Beschlüssen, bei der Bildung von Rücklagen. Sie ist jedoch keine eigene Rechtsform.

Der Name resultiert aus einer kleinen Anzahl von Anteilseignern. Die Gründung dieser kleinen AG ist möglich ab einer Person (sonst fünf Personen). Im Verhältnis zur richtigen Aktiengesellschaft gibt es hier vereinfachte Formalien, allerdings ist der kleinen AG der Börsengang verwehrt. Insofern ist die kleine AG eher als eine Vorstufe zur „richtigen" AG zu sehen. Im Übrigen ist der Betrieb der kleinen AG z. B. wegen Offenlegung der Berichte in der Zeitung bürokratischer als der Betrieb einer GmbH.

III Unterschied des MVZ zu bisherigen Kooperationsformen / Gründung eines MVZ nach dem Vertragsarztrechtsänderungsgesetz

Der Vertragsarzt kann sich, entweder in Konkurrenz zu anderen GKV-Leistungserbringern oder als gleichberechtigter Partner, als medizinischer Unternehmer betätigen und ist dementsprechend als Gesellschafter, also als Träger und Betreiber eines MVZ, unmittelbar an dessen Ertrag beteiligt. Er kann sich im Gesellschaftsvertrag Einflussmöglichkeiten und Gestaltungsfreiheiten sichern, die er in seiner Einzelpraxis nicht verwirklichen kann.

Die Synergieeffekte resultierend aus „Logistik-Kooperationen" liegen auf der Hand. Außerdem gilt das MVZ als prädestinierter Vertragspartner für Verträge zur integrierten Versorgung. Bereits vorhandene Gesellschafts- und Organisationsstrukturen können einen unschätzbaren Vorteil gegenüber anderen potentiellen Anbietern von integrierter Versorgung bedeuten, wenn es um inhaltlich konkurrierende Verträge mit den Krankenkassen geht.

Außerdem sind im EBM zukünftig für die Versorgung im Rahmen von kooperativen Versorgungsformen, wie es ein MVZ ist, Fallpauschalen festzulegen, die dem fallbezogenen Zusammenwirken von Ärzten unterschiedlicher Fachrichtungen in diesen Versorgungsformen Rechnung tragen. Für die auch zukünftig arztgruppenbezogenen Regelleistungsvolumina können nach dem Willen des Gesetzgebers ausdrücklich auch für die Versorgung in MVZ abweichende Vergütungsvereinbarungen zwischen der KV und den Krankenkassen vereinbart werden. Dies ist zwar noch „Zukunftsmusik", eröffnet aber auch Möglichkeiten, interdisziplinär effektiver, kostengünstiger und „einnahmestärker" ärztlich tätig zu sein.

Neben der Möglichkeit des Eintritts in ein Medizinisches Versorgungszentrum steht es niedergelassenen Vertragsärzten frei, in sonstiger Weise mit den medizinischen Versorgungszentren zu kooperieren, beispielsweise bestimmte Einrichtungen mitzunutzen.

Der Vorteil der Versorgungszentren liegt in der Kooperation unterschiedlicher Facharztbereiche untereinander und auch mit nichtärztlichen Leistungserbringern, beispielsweise Apotheken (§ 129

Abs. 5b SGB V) oder häuslicher Krankenpflege. MVZ dürfen nur von GKV-Leistungserbringern gegründet werden, Nicht-Leistungserbinger im Sinne des GKV dürfen sich nicht an den Versorgungszentren beteiligen, auch nicht in Form einer kapitalmäßigen Beteiligung. Auch Kliniken profitieren davon, dass im MVZ angestellte Klinikärzte auf Teilzeitbasis arbeiten dürfen.

Seit der Einführung im Jahr 2004 sind 733 MVZ mit durchschnittlich vier Ärzten gegründet worden (Stand Quartal IV/2007). 2934 Ärzte arbeiten in MVZ, davon 1940 als Angestellte. Zum Vergleich: 76 000 Ärzte in Deutschland sind in Einzelpraxen und 17 000 in Gemeinschaftspraxen niedergelassen.

Auch nach dem Inkrafttreten des VÄndG gibt es nach wie vor Gründe, sich auf die Arbeit in einem MVZ einzulassen. Für Vertragsärzte, die ihren Vertragsarztsitz an ein MVZ verkaufen und in ein Angestelltenverhältnis gehen, bedeutet das etwa Alterssicherung und eine sinnvolle Verwertung ihrer Praxis. Weitere Vorteile liegen in der zukunftsorientierten Investitionsmöglichkeit, der Realisierung von Synergieeffekten, einer gemeinsamen Vermarktung, einem professionellen Management, einer guten Startposition für die Integrierte Versorgung und einer besseren Zusammenarbeit mit Kliniken und anderen Heilberufen.

Die Tätigkeit als angestellter Arzt könne vor allem für junge Mediziner, die aus dem Krankenhaus kommen, interessant sein: So entfällt das wirtschaftliche Risiko einer Praxisgründung. Außerdem ist die Arbeit im Medizinischen Versorgungszentrum eine gute Vorbereitung auf die Freiberuflichkeit, birgt keine finanziellen Risiken, garantiert flexible Arbeitszeiten ohne klinischen Nachtdienst. Das neue Vertragsarztrecht lässt es nun zu, dass angestellte Ärzte gleichzeitig in Praxis und Krankenhaus arbeiten, was vorher völlig unmöglich war, aber gerade jungen Ärzten entgegenkommt.

Mit Inkrafttreten des Vertragsarztrechtsänderungsgesetzes (VÄndG) zum 01.01.2007 sind einige Vorteile der MVZ-Gründung gegenüber der herkömmlichen Gemeinschaftspraxis (nunmehr: Berufsausübungsgemeinschaft) entfallen. Die rechtliche Angleichung lässt sich wie folgt darstellen:

Nr.	**Aspekt**	identisch	abweichend
1	Abrechnung nach EBM und HVV	X	
2	Aufschläge auf Ordinationskomplexe	X	
3	Kostenvorteil durch gemeinsame Nutzung Raum, Geräte, Personal	X	
4	Bürokratie neben Praxis zu erledigen	X	
5	Freie Gewinnverteilung zwischen Partnern	X	
6	Steuerliche Behandlung	X	abhängig von der Wahl der Rechtsform
7	Eingebrachte Zulassung bleibt erhalten	X	abhängig von der Wahl der Rechtsform
8	Freiberuflichkeit der Partner	X	abhängig von der Wahl der Rechtsform
9	Zukauf weiterer (fremder) Sitze	**(X)**	X
10	Wachstum durch angestellte Ärzte	**(X)**	X
11	Praxisabgabe und Praxiswert		X

Zu Nr. 9

Im Gegensatz zur Gemeinschaftspraxis können beim MVZ zahlenmäßig unbegrenzt weitere Sitze (auch fachfremde Sitze) hinzugekauft und mit Angestellten besetzt werden. Die Bundesmantelverträge beschränken die Möglichkeit zur Anstellung von Ärzten auf regelmäßig 3 Angestellte bzw. bei überwiegend operativ technischen Leistungen 4 Ärzte pro Vertragsarzt. Dies gilt für ein MVZ mit einer institutionellen Zulassung nicht. Dadurch können in einem MVZ unbeschränkt Arztsitze an einem Standort gebündelt bzw. größere, interdisziplinäre Praxiskonzepte ohne ein weiteres Netzwerk realisiert werden.

Zu Nr. 10

Die Wachstumsmöglichkeiten sind für klassische Einzel- und Gemeinschaftspraxen durch die Pflicht zur persönlichen Leistungserbringung begrenzt. Die Bundesmantelverträge werden die Zahl auf 3 bzw. auf 4 weitere Ärzte beschränken. In einem MVZ besteht die Möglichkeit, weitere Praxen hinzuzukaufen und diese Zulassung durch angestellte Ärzte weiterführen zu lassen, die Bedarfsplanung ist jedoch zu berücksichtigen. Somit gilt lediglich für ein MVZ die Wachstumsgrenze nicht und es bleiben Freiräume für interdisziplinäre Projekte.

Zu Nr. 11

Grundsätzlich gilt, dass ein Arzt mit 68 Jahren seine medizinische Tätigkeit im GKV-Bereich aufgeben musste. Im MVZ ist eine medizinische Tätigkeit im GKV-Bereich auch über das 68. Lebensjahr hinaus nicht möglich. Dies ist nur im Fall einer durch den Landesausschuss festgestellten Unterversorgung denkbar.

Während für einen ausscheidenden Gemeinschaftspraxispartner ein Nachfolger gefunden werden muss, der die Zulassung und den Praxisanteil kauft und die Vertragsarztzulassung weiterführt, können die MVZ-Gesellschafter den Sitz gemeinsam kaufen und einen weiteren Arzt anstellen, was eine geringere Belastung je Arzt bedeutet.

Weitere Vorteile von MVZ:

Die GKV bleibt auch in Zukunft ein geschlossenes Vergütungssystem, in dem die vorhandenen Mittel unter den vorhandenen Leistungserbringern aufgeteilt werden müssen. Wenn ein MVZ „als Komplexdienstleister“ agiert, besteht die Gefahr, dass den Einzelpraxen Honorarvolumen entzogen wird. Durch den Verdrängungswettbewerb könnten umliegende niedergelassene Praxen zur Aufgabe gezwungen werden. Mit kooperativen Konzepten können MVZ zusätzliche Aufschläge erzielen (vgl. EBM 2000 plus Teil B, 1.6 (5 % bis maximal 35 %). Zudem bietet ein MVZ größere Chancen außerhalb der Regelleistungsvolumenvergütungen durch

Ausweitung der privatärztlichen Tätigkeit, individuellen Gesundheitsleistungen und Teilnahme an der integrierten Versorgung zu erhalten.

Kooperationen sind auch mit anderen Gesundheitsberufen wie zum Beispiel Heil- und Hilfsmittelerbringer, Apotheken, häusliche Krankenpflege und Krankenhäuser in Form einer „Medizinischen Kooperationsgemeinschaft" möglich, diese können mit in das Gründungskonzept einbezogen werden.

Bislang war umstritten, ob MVZ Zweigstellen gründen oder ausgelagerte Praxisräume betreiben dürfen. Das neue Vertragsarztrecht regelt, dass Vertragsärzte unter bestimmten Voraussetzungen Zweigpraxen gründen und an mehreren Orten ihrer Tätigkeit nachgehen dürfen, nach herrschender Auffassung stehen dem MVZ diese Möglichkeiten ebenso zu.

IV Steuerliche Rahmenbedingungen für das MVZ

Im Folgenden wird ein knapper Überblick über die steuerlichen Rahmenbedingungen gegeben. Eine vertiefende Darstellung des Themas finden Sie im Buch Das Medizinische Versorgungszentrum – Rechtliche und steuerliche Grundlagen.[2]

1 MVZ als BGB-Gesellschaft oder PartG

Die am MVZ beteiligten Ärzte erzielen Einkünfte aus freiberuflicher Tätigkeit. Die Gewinnanteile der Gesellschafter, also der beteiligten Ärzte, unterliegen der Einkommensteuer. Der Spitzensteuersatz wurde ab 01.01.2005 auf 42 % abgesenkt.

Der Gewinn des MVZ unterliegt nicht der Gewerbesteuer, die Umsätze aus ärztlicher Tätigkeit sind umsatzsteuerfrei.

Der zu versteuernde Gewinn kann durch eine Einnahmen- Überschussrechnung oder Bilanzierung ermittelt werden. Die Ärzte können jederzeit die im MVZ vorhandene Liquidität entnehmen.

2 Altendorfer, Merk, Jensch; MedizinRecht.de Verlag 2004.

2 GmbH

Die GmbH hat Kraft ihrer Rechtsform immer Einkünfte aus Gewerbebetrieb. Der Gewinn der GmbH unterliegt der Körperschaftsteuer mit 25 %.

Daneben unterliegt der Gewinn des MVZ der **Gewerbesteuer**. Die Höhe der Gewerbesteuer richtet sich nach dem Hebesatz der Gemeinde, in der die GmbH tätig ist. Die Gemeinden setzen die Hebesätze individuell fest. In München beträgt der Gewerbesteuerhebesatz beispielsweise 490 %. Die Gewerbesteuer beträgt hier ca. 20 % des Gewinns des MVZ. Allerdings ist die Gewerbesteuer als Betriebsausgabe bei der körperschaftssteuerlichen Gewinnermittlung abziehbar.

Die Umsätze aus ärztlicher Tätigkeit sind **umsatzsteuerfrei**.

Die GmbH unterliegt den Regelungen des Handelsgesetzbuches (HGB). Die GmbH muss damit insbesondere jährlich einen Jahresabschluss, bestehend aus Bilanz, Gewinn- und Verlustrechnung und Anhang erstellen und unterjährig strenge Buchführungsregelungen beachten. Sie darf also anders als freiberufliche Personengesellschaften den Gewinn nicht nach Einnahmen-/Überschussrechnung ermitteln. Gegebenenfalls muss daneben noch ein sogenannter Lagebericht erstellt werden und der Jahresabschluss muss gegebenenfalls veröffentlicht werden.

Es besteht die Möglichkeit steuerlich wirksame Verträge zwischen der GmbH und ihren Gesellschaftern abzuschließen. Hierbei handelt sich im Wesentlichen um Geschäftsführeranstellungsverträge, Miet- und Darlehensverträge.

Geschäfte zwischen Gesellschaft und Gesellschaftern unterliegen strengen Regeln und sind daher sehr beratungsbedürftig.

Die Rechtsform der GmbH ist damit mit erheblichen Rechtsformkosten verbunden.

Für Gewinnausschüttungen an die Gesellschafter der GmbH sind formale Gewinnverwendungsbeschlüsse notwendig.

Die Gewinnausschüttungen werden bei den Gesellschaftern nach dem sog. „Halbeinkünfteverfahren" (vgl. hierzu unten) der Einkommensteuer unterworfen.

3 Steuerliche Beispielsrechnungen

Ein MVZ erzielt Einnahmen von € 500.000, die Betriebsausgaben betragen € 240.000. Die beiden beteiligten Ärzte sind am Gewinn mit jeweils 50 % beteiligt. Beide Ärzte befinden sich im Spitzensteuersatz von 42 %.

a) MVZ als BGB-Gesellschaft oder PartG

Die Steuer berechnet sich wie folgt:

Einnahmen aus ärztlicher Tätigkeit	500.000,00 €
Betriebsausgaben	./. 240.000,00 €
steuerpflichtiger Gewinn	260.000,00 €
Einkommensteuer (42 %)	109.200,00 €
Solidaritätszuschlag (5,5 %)	6.006,00 €
Steuer gesamt	115.206,00 €
Für Gewinnausschüttung steht zur Verfügung	144.794,00 €

b) MVZ als GmbH

Die Steuer berechnet sich wie folgt:

Einnahmen	500.000,00 €
Betriebsausgaben	./. 240.000,00 €
steuerpflichtiger Gewinn	260.000,00 €
Gewerbesteuer (ca. 20 %)	52.000,00 €
Gewinn, der der Körperschaftsteuer unterliegt	208.000,00 €
Körperschaftsteuer (25 %)	52.000,00 €
Solidaritätszuschlag (5,5 %)	2.860,00 €
Steuer gesamt	106.860,00 €
Für Gewinnausschüttung steht zur Verfügung	153.140,00 €

Zwischenergebnis: Verbleibt der Gewinn in der GmbH ist die Steuer um € 8.346,00 niedriger, als bei der BGB-Gesellschaft/PartG.

Wird der verbleibende Gewinn allerdings an die Gesellschafter weitergegeben, also ausgeschüttet, entsteht folgende zusätzliche Besteuerung:

Gewinnausschüttung (siehe oben)	153.140,00 €
davon bei den Gesellschaftern steuerpflichtig 50 %	76.570,00 €
Einkommensteuer (42 %)	32.159,40 €
Solidaritätszuschlag (5,5 %)	1.768,77 €
zusätzliche Steuer gesamt	33.928,17 €

c) Ergebnis

Wird der Gewinn der GmbH vollständig an die Gesellschafter ausgeschüttet, ist die gesamte Steuerbelastung der GmbH und ihrer Gesellschaft um ca. € 22.560,00, also ca. 13% vom Gewinn höher, als bei der BGB-Gesellschaft/PartG.

Die Gewerbesteuer kann durch Geschäftsführergehälter an die tätigen Ärzte noch vermindert werden. Allerdings muss in diesem Zusammenhang geprüft werden, ob diese Gehaltszahlungen der Sozialversicherungspflicht, also der Renten-, Arbeitslosen- und ggf. der Kranken- und Pflegeversicherung unterliegen. Das ist dann der Fall, wenn die Ärzte nicht gleichzeitig Gesellschafter des MVZ sind oder nur Minderheitsbeteiligungen haben und damit kein eigenes echtes wirtschaftliches Risiko als Gesellschafter tragen.

Hat der Arzt Einkünfte aus gewerblicher und freiberuflicher Tätigkeit, besteht für den MVZ-Umsatz die Gefahr einer „Infizierung“ mit der Gewerbesteuer. Der Bundesfinanzhof hat entschieden, dass die Beteiligung einer freiberuflichen Obergesellschaft an einer gewerblichen Untergesellschaft zur Folge hat, dass die gesamten Einkünfte der Obergesellschaft zu Einkünften aus dem Gewerbebetrieb werden (BFH vom 08.12.1994 – 4 R 7/92). Das könnte bei einer fehlenden buchhalterischen Trennung der unterschiedlichen Einkünfte (etwa über verschiedene Konten) dazu führen, dass der gesamte ärztliche Umsatz gewerblich zu versteuern und mehrwertsteuerpflichtig wäre. Die „Infektionsvorschriften" des § 15 Abs. 3 Nr. 1 EStG findet auch dann Anwendung, wenn die gewerbliche Tätigkeit nur einen geringen Umfang einer sonst freiberuflichen GbR hat. Werden beispielsweise Laserbehandlungen als gewerbliche Leistungen aber durch eine andere juristische Person (Gesellschaft des bürgerlichen Rechts, einer GmbH, eines Instituts etc.) vorgenommen, tritt die Folge einer „Infizierung" nicht ein, selbst dann nicht, wenn ganz oder teilweise die gleiche Person an der ärztlichen Gemeinschaftspraxis und der juristischen Person beteiligt ist (BFH vom 08.12.1994, wie zuvor). Eine solche Trennung ist rechtmäßig und beseitigt die „Infektionsgefahr". Allerdings muss sich die gewerbliche Tätigkeit eindeutig von der ärztlichen abgrenzen lassen. Dabei muss z. B. der Gesellschaftsvertrag so gestaltet sein, dass die Gesellschaft wirtschaftlich, organisatorisch und finanziell von der ärztlichen Praxis unabhängig ist. Es sind getrennte Aufzeichnungen oder Bücher zu führen und eigene Rechnungsformulare zu verwenden. Die Gegenstände sind getrennt vom Betriebsvermögen des MVZ zu lagern. Überlässt das MVZ dem gewerblichen Zentrum für dessen Zweck Personal, Räume oder Einrichtungen gegen Aufwendungsersatz, führt dies beim MVZ mangels Gewinnerzielungsabsicht nicht zu Einkünften aus dem Gewerbetrieb. Bei der Vermischung von gewerblichen und ärztlichen Tätigkeiten im MVZ ist daher erhöhte Sorgfalt und Planung gefragt, die im Einzelfall unter Heranziehung von Steuerberatern umgesetzt werden sollte.

d) Die Honorarverteilung

Bei sektorübergreifenden Kooperationen, ggf. mit Beteiligung von Apotheken und Pflegediensten, dürfte insbesondere die Vereinbarung einer für alle akzeptablen Gewinnverteilung außerordentlich schwierig werden. Dieses soll ein Beispiel in den nachfolgenden Darstellungen verdeutlichen:

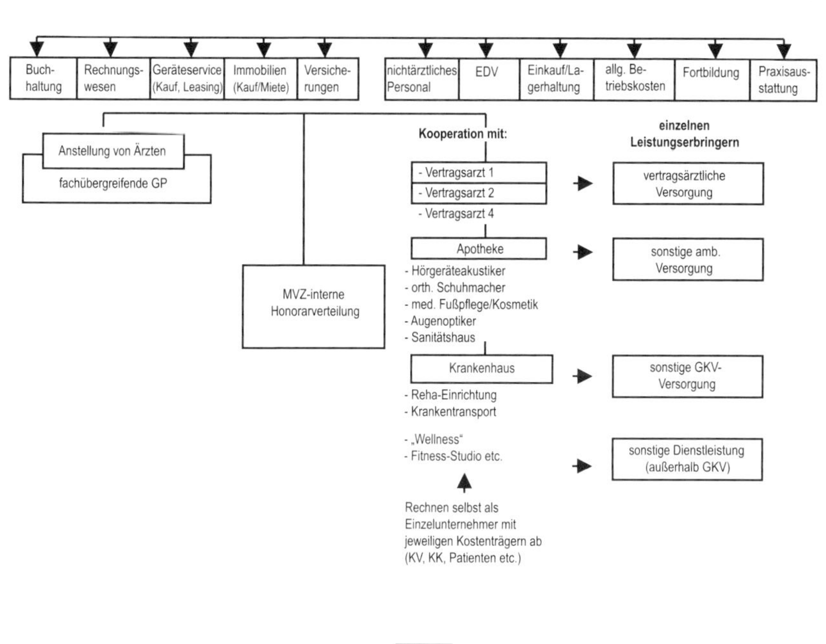

Geldfluss/Vergütung „in“

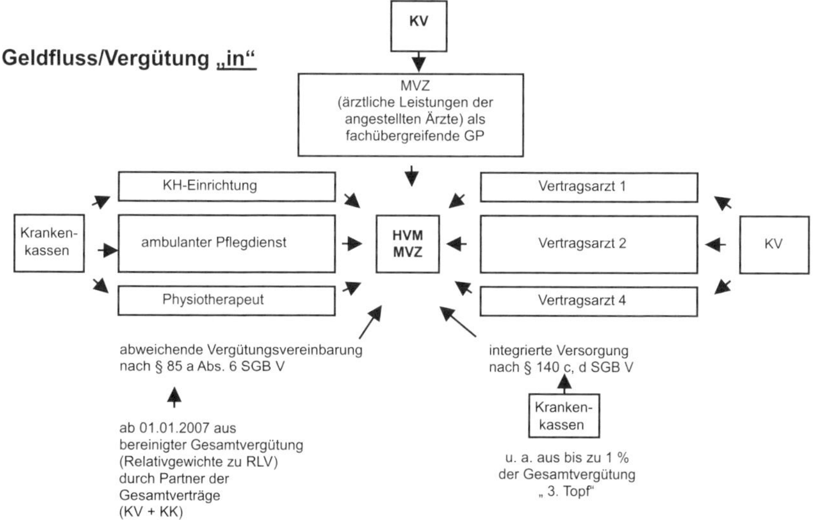

Geldfluss/Vergütung „out"

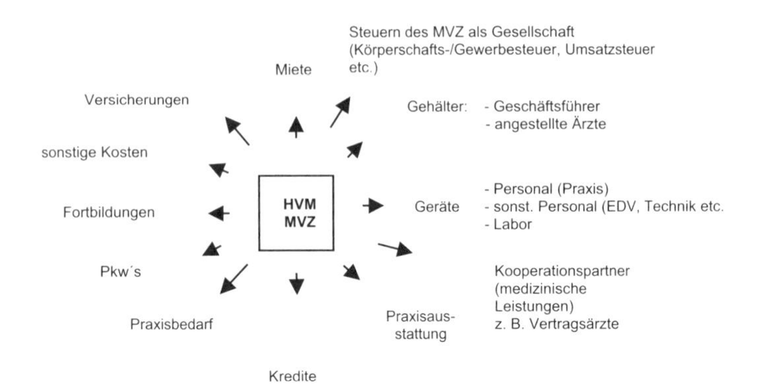

Einnahmen – Ausgaben: Gewinn/Verlustverteilung nach Gesellschaftsanteilen

Besonderheiten bei Vertragsärzten 1, 2, 3 und 4

Vertragsarzt 1 und 2 sind gleichzeitig Gesellschafter und Kooperationspartner des MVZ und haben Mitspracherecht bei der Gesellschaft, Gewinn- und Verlustbeteiligung sowie zusätzlich Vorteile durch die Kooperation.

Vertragsarzt 3 ist nur Gesellschafter, aber weder Leistungserbringer noch Kooperationspartner des MVZ (z. B. wegen Niederlassung in anderem KV-Bereich) und hat nur ein Mitspracherecht bei der Gesellschaft und Gewinn- und Verlustbeteiligung, aber keine zusätzlichen Vorteile durch eine Kooperation.

Vertragsarzt 4 ist nur Kooperationspartner des MVZ, nicht aber Gesellschafter und hat kein Mitspracherecht bei der Gesellschaft, auch keine Gewinn- und Verlustbeteiligung, aber Vorteile durch die Kooperation.

Im Hinblick auf die Erfahrungen mit Auseinandersetzungen zur leistungsgerechten Honorarverteilung ist bei größeren Gebilden zu überlegen, diese Aufgabe mittels Dienstvertrag externen Beratern zu übertragen. Dadurch würden diese Streitigkeiten „outgesourct".

Offen ist derzeit u.a. auch noch die Frage, welche Beträge der Ärzteversorgung unterliegen, wenn die Berufsausübung in der Rechtsform der GmbH betrieben wird.

Mit den Rechtsformen für juristische Personen, GmbH und AG verbindet sich die Hoffnung auf komplette Beschränkung der persönlichen Haftung. Diese vermögen allerdings auch juristische Personen nicht zu gewährleisten. Es sind strenge Kapitalaufbringungs- und Kapitalerhaltungsregeln sowie Insolvenzantragspflichten und vieles mehr zu beachten. Für den Arzt wird in der Regel besonders schwierig sein, dass er mit seiner Kapitalgesellschaft wie ein fremder Dritter umgehen muss, d. h. sich an gesetzliche Ausschüttungsregelungen, Kapitalherabsetzungsvorschriften und schuldrechtliche Vertragsformen halten muss. Wenn der Arzt nicht schwerwiegende, mit Sanktionen behaftete Fehler, begehen will, muss er sich umfassend rechtlich und steuerlich beraten lassen. Dies ist persönlich und zeitlich, aber auch finanziell aufwendig und sollte deshalb vor Gründung einer Kapitalgesellschaft eingehend besprochen werden.

4 Entgeltliche Nutzungsüberlassung von Praxisräumen und medizinischen Geräten

Zu der Frage der umsatzsteuerlichen Behandlung der entgeltlichen Nutzungsüberlassung von Praxisräumen oder medizinischen Geräten durch niedergelassene Ärzte und Medizinische Versorgungszentren hat sich das Bundesministerium der Finanzen mit Schreiben vom 25.09.2006 – IV A 6 – S 7170-67/06 wie folgt geäußert:

§ 4 Nr. 14 UStG befreit im Gegensatz zu § 4 Nr. 16 UStG keine mit dem Betrieb eng verbundenen Umsätze, sondern nur Heilbehandlungsleistungen. Eine Ausdehnung der Steuerbefreiung auf eng verbundene Umsätze, die keine Heilbehandlung darstellen, stünde mit Art. 13 Teil A Abs. 1 Buchst. C der 6. EG-Richtlinie nicht im Einklang.

Danach ist die entgeltliche Nutzungsüberlassung von Praxisräumen oder medizinischen Geräten von Ärzten oder Medizinischen Versorgungszentren an niedergelassene Ärzte ebenfalls steuerpflichtig.

Die Erbringung von Heilbehandlungen (z. B. die Erstellung von Mammographie-Screening-Aufnahmen auch ohne Befundleistung) durch einen Arzt oder ein MVZ stellt dagegen gemäß § 4 Nr. 14 UStG steuerfrei.

B Vertragsmuster

Muster I	Gesellschaftsvertrag MVZ GmbH
Muster II	Gesellschaftsvertrag MVZ VerwaltungsGmbH
Muster III	MVZ GbR-Vertrag
Muster IV	Letter of Intent
Muster V	Ärztliche Leitung des MVZ
Muster VI	Geschäftsführervertrag
Muster VII	Dienstvertrag für den angestellten Arzt
Muster VIII/1.	Übernahme eines Vertragsarztsitzes durch das Klinik-MVZ durch Anstellung des Praxisabgebers und anschließende Anstellung eines Krankenhausarztes
Muster VIII/2.	Dienstvertrag
Muster VIII/3.	Übernahme eines Vertragsarztsitzes als Teil einer früheren Gemeinschaftspraxis
Muster IX	Kooperationsvertrag MVZ mit nichtärztlichem Leistungserbringer (Apotheker)

Muster I
Gesellschaftsvertrag MVZ GmbH

Gesellschaftsvertrag

der 1

Medizinisches Versorgungszentrum

.... GmbH

§ 1 2
Firma, Sitz

(1) Die Firma der Gesellschaft lautet: 3

Medizinisches Versorgungszentrum .... GmbH

(2) Sitz der Gesellschaft ist 4

§ 2 5
Gegenstand des Unternehmens

(1) Gegenstand des Unternehmens ist die Gründung und der Betrieb eines Medizinischen Versorgungszentrums im Sinne des § 95 SGB V zur Erbringung aller hiernach zulässigen ärztlichen und nichtärztlichen Leistungen und aller hiermit im Zusammenhang stehenden Tätigkeiten sowie die Bildung von Kooperationen mit ambulanten und stationären Leistungserbringern der Krankenhausbehandlung und der Vorsorge und Rehabilitation und nicht ärztlichen Leistungserbringern im Bereich des Gesundheitswesens einschließlich des Angebots und der Durchführung neuer ärztlicher Versorgungsformen, wie die integrierte Versorgung.

(2) Die Gesellschaft ist befugt, alle Geschäfte wahrzunehmen, die mit dem in Absatz 1 beschriebenen Unternehmenszweck in Zusammenhang stehen. Sie darf sich an anderen Unternehmen beteiligen, Tochtergesellschaften gründen und Zweigniederlassungen errichten.

6

§ 3
Stammkapital und Gesellschafter

(1) Das Stammkapital beträgt EUR .... (in Worten: ....). Hiervon übernimmt bei Gründung:

- ....(Gesellschafter 1) ....€
- ....(Gesellschafter 2) ....€
- ....(Gesellschafter 3) ....€

(2) Diese Stammeinlagen sind voll eingezahlt worden.

(3) Gesellschafter können nur zugelassene Leistungserbringer in der gesetzlichen Krankenversicherung sein. Gesellschafter, die ihren Zulassungsstatus verlieren scheiden aus der Gesellschaft aus. Ihr Gesellschaftsanteil unterliegt der Einziehung gem. § 12 Abs. 2.

7

§ 4
Dauer der Gesellschaft, Kündigung, Geschäftsjahr

(1) Die Gesellschaft beginnt mit ihrer Eintragung in das Handelsregister. Ihre Dauer ist unbestimmt.

(2) Die Gesellschaft ist von jedem Gesellschafter mit einer Frist von drei Monaten zum Quartalsschluss, ordentlich kündbar. Die Kündigung bedarf der Schriftform. Die Kündigung hat die Auflösung der Gesellschaft zur Folge, sofern die Gesellschaft nicht binnen einer Frist von zwei Monaten seit Empfang der Kündigung die Einziehung aller Geschäftsanteile des kündigenden Gesellschafters gemäß § 12 erklärt oder deren Abtretung an die Gesellschaft oder eine von ihr bestimmte Person gemäß § 11 verlangt.

8 (3) Das Geschäftsjahr ist das Kalenderjahr. Für das Jahr .... wird ein Rumpfgeschäftsjahr bis zum 31.12........... gebildet.

9

§ 5
Geschäftsführer, Prokuristen

(1) Die Gesellschaft hat einen oder mehrere Geschäftsführer. Falls nur ein Geschäftsführer bestellt ist, vertritt dieser die Gesellschaft allein. Falls mehrere Geschäftsführer bestellt sind, vertreten je zwei

von ihnen die Gesellschaft gemeinsam oder, falls auch Prokuristen vorhanden sind, einer gemeinsam mit einem Prokuristen.

(2) Es ist zulässig, Geschäftsführern auch dann, wenn mehrer Geschäftsführer bestellt sind, durch Gesellschafterbeschluss Alleinvertretungsbefugnis zu erteilen. Es ist ferner zulässig, Geschäftsführer durch Gesellschafterbeschluss von den einschränkenden Bestimmungen des § 181 BGB zu befreien.

(3) Die Geschäftsführung bedarf zu folgenden Maßnahmen und Geschäften der vorherigen Zustimmung der Gesellschafterversammlung:

a) Erwerb, Veräußerung von Gegenständen mit einem höheren Anschaffungspreis von EUR .... im Einzelfall, soweit sie nicht Gegenstand eines bereits genehmigten Jahresetats oder Finanz- oder Investitionsplanes sind,
b) Einstellung und Entlassung von Angestellten mit einem Jahresgehalt, das über 50% der Beitragsbemessungsgrenze in der Rentenversicherung der Angestellten liegt oder mit einer Vertragsdauer oder Kündigungsfrist von länger als zwei Jahren,
c) Abschluss von Miet-, Pacht- und Leasingverträgen mit einem Objekt von über EUR .... pro Jahr je Einzelfall oder einer Dauer von länger als zwei Jahren,
d) Aufnahme von Darlehen und Bankkrediten und zum Eingehen von Wechselverbindlichkeiten, soweit sie nicht im genehmigten Finanzplan enthalten sind,
e) Übernahme von Bürgschaften oder Garantieverpflichtungen,
f) Bestellung von Prokuristen und Handlungsbevollmächtigten,
g) Zusicherungen von Ruhegehältern,
h) Erwerb von Vertragsarztsitzen und Abschluss von hierauf bezogenen Anstellungsverträgen,
i) Aufstellung des Jahresetats (Finanzplan),
j) Erwerb, Veräußerung und Vermietung oder Verpachtung von Grundstücken, grundstücksgleichen Rechten und Bauten,
k) Erwerb, Veräußerung oder Belastung von Beteiligten an anderen Unternehmungen,
l) Errichtung Aufhebung von Zweigniederlassungen,

m) Einräumung von Beteiligungen an Vermögen, Umsatz oder Gewinn der Gesellschaft,

n) Bewilligung von Krediten oder Gewährung von Sicherheiten jeder Art.

(4) Für Maßnahmen, die in Abs. 3 nicht bezeichnet sind und die über den gewöhnlichen Geschäftsbetrieb hinausgehen, bedarf die Geschäftsführung ebenfalls der Zustimmung der Gesellschafterversammlung.

10

§ 6
Ärztlicher Leiter

(1) Die Gesellschaft und jede von ihr getragene zugelassene Einrichtung nach § 95 Abs. 1 SGB V hat einen Ärztlichen Leiter. Der Ärztliche Leiter wird jeweils von der Gesellschafterversammlung bestimmt. Der Anstellungsvertrag des Ärztlichen Leiters wird von der Gesellschaft abgeschlossen.

(2) Die Aufgabe des Ärztlichen Leiters besteht in der Überwachung und Kontrolle, dass die Gesellschaft und ihre Gesellschafter bzw. deren Mitglieder die jeweils für sie geltenden vertragsärztlichen Leistungserbringer einhalten. Der Ärztliche Leiter ist bei der Erfüllung seiner Aufgaben frei von Weisungen der Geschäftsführung, und der Gesellschafterversammlung.

(3) Die Berufung und Abberufung des ärztlichen Leiters der Gesellschafters bedarf eines Beschlusses der Gesellschafterversammlung, der mit einer ¾-Mehrheit der vorhanden Stimmen gefasst werden muss.

11

§ 7
Beiträge der Gesellschafter, Nebenleistungspflichten

(1) Alle Gesellschafter sind verpflichtet, für die Dauer des Bestandes des Gesellschaftsverhältnisses die von ihnen in ihren am Sitz der Gesellschaft unterhaltenen Betrieben (Kliniken, Arztpraxen oder Niederlassungen hiervon, Apotheken oder Niederlassungen hiervon, Betriebe oder deren Niederlassungen für den Vertrieb von Heil- und Hilfsmitteln sowie sonstigen Praxen bzw. Niederlassungen) angebotenen Gesundheitsdienstleistungen aufrechtzuerhal-

ten und weiterzuentwickeln, soweit es die Erfüllung des Gesellschaftszwecks erfordert (Generalklausel).

(2) Diejenigen Gesellschafter, die in den Betrieben gem. Abs. 1 vertragsärztliche Leistungen anbieten sind für die Dauer des Gesellschaftsverhältnisses verpflichtet, diese vertragsärztlichen Leistungen unter Beachtung der hierfür in der gesetzlichen Krankenversicherung jeweils geltenden gesetzlichen und vertraglichen Bestimmungen anzubieten und durchzuführen und hierzu ihre Betriebe am Sitz des MVZ zu unterhalten. Quantitativ besteht die Beitragspflicht eines jeden vertragsärztlich tätigen Gesellschafters jeweils kalenderjährlich in dem Umfang, in dem ihm nach Gesetz oder Honorarverteilungsgrundsätze vertragsärztliche Honorare zugerechnet werden.

(3) Die Gesellschafter gemäß Abs. 2 erhalten für die Erbringung ihrer vertragsärztlichen Leistungen sowie für die Bereitstellung ihrer Betriebe gem. Abs. 1 am Sitz des MVZ diejenigen vertragsärztlichen Honorarumsätze ausgezahlt, die sie innerhalb der Gesellschaft für diese erbringen und die von der Gesellschaft als MVZ gegenüber der Kassenärztlichen Vereinigung abgerechnet und von der Kassenärztlichen Vereinigung an die Gesellschaft ausgezahlt werden. Die Auszahlung ist der Höhe nach begrenzt durch die einem jeden Gesellschafter nach Gesetz oder Honorarbeteilungsgrundsätzen zurechenbaren vertragsärztlichen Gesamthonorarvolumens der Gesellschaft überschreiten. Hiernach nicht verteilte vertragsärztliche Honorare sind der Gewinnverteilung unterworfen.

(4) Zur Durchführung der Abrechnung der vertragsärztlichen Tätigkeit durch das MVZ übertragen diejenigen Gesellschafter, die vertragsärztliche Leistungen anbieten und durchführen, ihre Abrechnungsbefugnis gegenüber der Kassenärztlichen Vereinigung auf die Gesellschaft, und zwar für die Dauer des Gesellschaftsverhältnisses.

(5) Die Erfüllung der Beitragspflicht der nichtärztlichen und ärztlichen Gesellschafter einschließlich der Art und Weise der Kooperation mit den nichtärztlichen Gesellschaftern wird in gesonderten Vereinbarungen mit der Gesellschaft geregelt. Die Vereinbarung haben Bestimmungen zu enthalten die sicherstellen, dass die Gesellschafter ihre Pflichten nach dem Gesellschaftsvertrag einzu-

halten in der Lage sind auch soweit eine Beteiligung von Gesellschaftern an anderen MVZ oder Tätigkeit für diese erfolgt.

12

§ 8
Gesellschafterversammlung

(1) Gesellschafterbeschlüsse für die in diesem Vertrag sowie im Gesetz vorgesehene Beschlussgegenstände werden in den Gesellschafterversammlungen gefasst. Es kann jedoch gemäß § 48 Abs. 2 GmbHG auch schriftlich abgestimmt werden.

(2) Für die Einberufung von Gesellschafterversammlungen gelten die §§ 49 bis 51 des GmbH-Gesetzes. Die Versammlung wird von den Geschäftsführern geleitet. Diese haben für ordnungsgemäße Protokollierung der Beschlüsse Sorge zu tragen.

(3) Die Gesellschafterversammlung ist beschlussfähig, wenn mehr als die Hälfte und, falls über Änderungen des Gesellschaftsvertrages abgestimmt werden soll, mehr als ¾ der Stimmen vertreten sind. Fehlt es daran, so ist innerhalb von zwei Wochen eine neue Versammlung mit der gleichen Tagesordnung einzuberufen, die dann stets beschlussfähig ist; hierauf ist in der Einladung gesondert hinzuweisen.

(4) Der Beschlussfassung der Gesellschafter unterliegen diejenigen Maßnahmen, die ihr durch Gesellschaftsvertrag oder Gesetz zugewiesen sind.

(5) Die Gesellschafter fassen ihre Beschlüsse, soweit nicht Gesetz oder Gesellschaftsvertrag eine andere Mehrheit vorschreiben, mit einfacher Mehrheit der abgegebenen Stimmen. Bei Stimmengleichheit gilt ein Antrag als abgelehnt. Jeweils volle EUR .... (*zum Beispiel EUR 100,00*) eines Geschäftsanteils gewähren eine Stimme. Beschlussfassungen zu § 5 Abs. 3 bedürfen einer Mehrheit von ¾ der abgegebenen Stimmen. Beschlussfassungen zu § 5 Abs. 3h. bedürfen zusätzlich der Zustimmung des betroffenen Gesellschafters, wenn ein Vertragsarztsitz erworben wird, der das fachärztliche Gebiet / Schwerpunkt betrifft, in dem der Gesellschafter vertragsärztlich tätig ist. Beschlussfassungen über Änderungen des Gesellschaftsvertrages bedürfen einer Mehrheit von ¾ der vorhandenen Stimmen. Änderungen zu § 7 sowie § 10 können nur einstimmig beschlossen werden.

(6) Beschlüsse der Gesellschaft können nur innerhalb eines Monats durch Klage angefochten werden. Die Frist beginnt zu dem Zeitpunkt, in dem der betreffende Gesellschafter von der Beschlussfassung Kenntnis erlangt hat. Ist seit der Beschlussfassung ein Jahr vergangen, so ist eine Anfechtung in jedem Fall unzulässig.

13

§ 9
Jahresabschluss

(1) Der Jahresabschluss (Bilanz, Gewinn- und Verlustrechnung, Anhang) und der Lagebericht sind von der Geschäftsführung innerhalb der gesetzlichen Frist nach Ablauf eines jeden Geschäftsjahres unter Beachtung der Grundsätze ordnungsgemäßer kaufmännischer Buchführung und Bilanzierung aufzustellen und dem Abschlussprüfer, soweit eine Prüfung gesetzlich oder durch Beschluss der Gesellschafter vorgeschrieben ist, zur Prüfung vorzulegen.

(2) Die Wahl des Abschlussprüfers und die Feststellung des Jahresabschlusses obliegt der Gesellschafterversammlung. Diese ist nach Aufstellung des Jahresabschlusses und, falls die Gesellschafter dessen Prüfung durch einen Wirtschaftsprüfer oder einen Angehörigen der steuerberatenden Berufe beschließen, nach Fertigstellung des Prüfungsberichtes und dessen Versendung an die Gesellschafter unverzüglich von der Geschäftsführung einzuberufen. In dieser Gesellschafterversammlung ist dann auch über die Entlastung der Geschäftsführer zu beschließen.

§ 10
Gewinnverwendung

(1) Am Gewinn nehmen die Gesellschafter im Verhältnis ihrer Geschäftsanteile teil.

(2) Über die Verwendung des Jahresabschlusses bzw. die Ausschüttung des Gewinnes beschließt die Gesellschafterversammlung nach freiem Ermessen. Sie kann die Ausschüttung ganz oder teilweise untersagen. Sie kann auch bestimmen, dass die Gewinne laufend anzusammeln und einer Rücklage zuzuführen sind.

§ 11
Abtretung und Belastung von Geschäftsanteilen

(1) Die Abtretung und Teilung von Geschäftsanteilen bedarf der Zustimmung der Gesellschafterversammlung, die hierüber mit ¾-Mehrheit der vorhandenen Stimmen, im Falle des § 4 Abs. 2 mit einfacher Mehrheit der abgegebenen Stimmen beschließt.

Die Abtretung von Geschäftsanteilen, die von Vertragsärzten oder Gemeinschaften hiervon gehalten werden, ist nur an Vertragsärzte oder Gemeinschaften möglich, die nach Bedarfsplanungskriterien am Sitz des MVZ vertragsärztliche Tätigkeit ausüben können; im Übrigen kann die Abtretung nur an in der gesetzlichen Krankenversicherung zugelassene Leistungserbringer i. S. d. § 95 SGB V erfolgen.

(2) Geschäftsanteile dürfen nicht verpfändet oder mit anderer Art von Rechten Dritter belastet werden. Auch die Belastung mit einem Nießbrauch ist unzulässig. Ausnahmen bedürfen der einstimmigen Einwilligung der Gesellschafterversammlung.

(3) Sollte ein Gesellschafter seinen Geschäftsanteil verkaufen wollen, so ist er unabhängig von der Regelung in Abs. 1 verpflichtet, den Geschäftsanteil seinen Mitgesellschaftern zum Kauf anzubieten. Wird über den Verkauf binnen einer Frist von zwei Monaten keine Einigkeit erzielt, die Zustimmung zum Verkauf gleichwohl erteilt und der Verkauf durchgeführt, steht den anderen Gesellschaftern das Vorkaufsrecht zu. Machen mehrere Gesellschafter von diesem Recht Gebrauch, so sind sie mangels einer Einigung im Verhältnis ihrer Beteiligung an der Gesellschaft zur Ausübung des Vorkaufsrechts berechtigt. Für die Ausübung des Vorkaufsrechts gelten im Übrigen die gesetzlichen Bestimmungen.

§ 12
Einziehung von Geschäftsanteilen

(1) Die Einziehung von Geschäftsanteilen ist zulässig. Sie erfolgt durch Beschluss, im Falle von § 4 Abs. 2 mit einfacher Mehrheit der abgegebenen Stimmen, im Falle des Abs. 2 mit ¾-Mehrheit der vorhandenen Stimmen; bei Beschluss nach Abs. 2 hat der betroffene Gesellschafter kein Stimmrecht.

(2) Die Zwangseinziehung von Geschäftsanteilen kann erfolgen, wenn ein wichtiger Grund vorliegt, insbesondere,

a) wenn ein Geschäftsanteil gepfändet, sequestriert oder sonst wie beschlagnahmt wird und diese Maßnahme nicht binnen drei Monaten wieder aufgehoben ist,

b) wenn über das Vermögen des betreffenden Gesellschafters das Insolvenzverfahren eröffnet wird,

c) wenn der betreffende Gesellschafter seine Gesellschafterpflichten verletzt hat, wozu bei einem Gesellschaftergeschäftsführer auch grobe Pflichtverletzungen als Geschäftsführer gehören,

d) wenn der Gesellschafter verstirbt und sein Geschäftsanteil nicht im Wege der Erbfolge auf einen Gesellschafter übergeht, der die Voraussetzungen des § 3 Abs. 3 erfüllt und soweit der Gesellschafter vertragsärztliche Tätigkeit ausgeübt hat, die Voraussetzungen von § 11 Abs. 2 erfüllt,

e) wenn der Zulassungsstatus eines Gesellschafters schlechthin oder nur im Planungsbereich, der für die Gesellschaft maßgeblich ist, gleich aus welchem Grunde endet, aufgegeben oder entzogen wird.

(3) In allen Fällen, in denen nach diesem Vertrag die Einziehung von Geschäftsanteilen vorgesehen ist, können die übrigen Gesellschafter anstelle der Einziehung die sofort wirksame Übertragung des Geschäftsanteils des betroffenen Gesellschafters beschließen, und zwar auf die Gesellschaft, einen oder mehrere Gesellschafter oder einen oder mehrere Dritte, sofern der Abtretungsempfänger spätestens zum Zeitpunkt der Beschlussfassung sein Einverständnis zur Übernahme des Geschäftsanteils erklärt. § 11 Abs. 2 findet Anwendung. Der Beschluss muss mit der Mehrheit beschlossen werden, die gemäß Abs. 1 für die Beschlussfassung über die Einziehung erforderlich gewesen wäre. Beschlussfassung und Einverständniserklärung des Übernehmers bedürfen der notariellen Beurkundung. Dem Abtretungsempfänger obliegt die Abfindungslast gemäß Ziffer 4.

(4) Bei der Einziehung und den Erwerb durch die Gesellschaft sind die Bestimmungen der §§ 33, 34 HGB zu beachten. Erwerb durch die Gesellschaft ist ausnahmslos nur zulässig, wenn die Abfindung gezahlt werden kann, ohne das Stammkapital anzugreifen.

(5) Dem Gesellschafter, dessen Geschäftsanteil eingezogen wird, steht ein Entgelt zu. Dieses Entgelt entspricht dem Nominalwert seines Geschäftsanteils zuzüglich der anteiligen Beteiligung an Rücklagen und noch nicht ausgeschüttetem Gewinn, abzüglich anteiliger Beteiligung an einem etwaigen Verlust. Wird die Einziehung nicht zum Schluss eines Geschäftsjahres vorgenommen, so erhöht bzw. vermindert sich das Entgelt um den zeitanteiligen Gewinn bzw. Verlust des laufenden Geschäftsjahres.

(6) Das Entgelt wird sieben Monate nach Schluss des Geschäftsjahres fällig, in das der Tag, zu dem die Einziehung vorgenommen wird, fällt.

14

§ 13
Erbfall

(1) Die Gesellschafter können über ihre Geschäftsanteile von Todes wegen frei verfügen. § 12 Abs. 2 bis 5 bleiben unberührt.

(2) Ist ein Geschäftsanteil durch Erbfolge oder Vermächtnis auf mehrere Personen übergegangen, so sind diese gehalten, binnen einer mit dem Erbfall beginnenden Frist von drei Monaten einen gemeinsamen Bevollmächtigten zu benennen, der die Gesellschafterrechte wahrnimmt und der das Stimmrecht für die übergegangenen Geschäftsanteile nur einheitlich ausüben kann. Falls und soweit die Erben bzw. Vermächtnisnehmer innerhalb der Dreimonatsfrist einen gemeinsamen Bevollmächtigten nicht bestimmt haben, ruht bis zu dessen Benennung ihr Stimmrecht.

§ 14
Wettbewerbsklausel

Den Gesellschaftern und den Geschäftsführern der Gesellschaft kann Befreiung vom Wettbewerbsverbot erteilt werden. Über Art und Umfang der Befreiung beschließen die Gesellschafter.

§ 15
Steuerklausel

Der Gesellschaft ist es untersagt, ihren Gesellschaftern zu Lasten des Gewinns mit Rücksicht auf das Gesellschafterverhältnis Vorteile zu gewähren, die sie einer gesellschaftsfremden Person nicht gewähren würde, d. h. eine verdeckte Gewinnausschüttung vorzunehmen. Wird diesem Verbot zuwidergehandelt, so hat die Gesellschaft gegen den begünstigten Gesellschafter einen Anspruch auf Rückgewähr der daraus resultierenden Vorteile.

§ 16
Loyalitäts- und Härteklausel

(1) Bei Gründung der Gesellschaft können nicht alle Möglichkeiten, die sich aus den künftigen medizinischen bzw. medizintechnischen, rechtlichen und wirtschaftlichen Entwicklungen ergeben werden, vorausgesehen und erschöpfend geregelt werden. Die Gesellschafter sind sich darüber einig, dass für ihre Zusammenarbeit die Grundsätze, der sich aus der Durchführung des Gemeinschaftsunternehmens ergebenden gegenwärtigen Loyalität und Treuepflicht zu gelten haben, und sichern zu, die vertraglichen Vereinbarungen in diesem Sinne zu erfüllen und ggf. künftigen Änderungen der Verhältnisse sinngemäß Rechnung zu tragen.

(2) Ergibt sich während der Dauer dieses Vertragsverhältnisses bei seiner Durchführung eine Härte für den eine oder anderen Gesellschafter, die bei Abwägung der jeweiligen Interessen nicht zumutbar ist, so werden sich die Gesellschafter bemühen, eine freundschaftliche Verständigung herbeizuführen; sollte diese Verständigung nicht zu erzielen sein, so ist auch in derartigen Fällen nach § 17 (Schiedsgericht) zu verfahren.

§ 17
Schiedsgericht

Alle Streitigkeiten, die sich im Zusammenhang mit diesem Vertrag oder seiner Gültigkeit ergeben, werden nach der beigefügten Schiedsgerichtsordnung beim Schiedsgericht unter Ausschluss des ordentlichen Rechtsweges endgültig entschieden.

§ 18
Schlussbestimmungen

(1) Sollten einzelne Bestimmungen dieses Vertrages unwirksam sein oder werden, so ist die Wirksamkeit der übrigen Bestimmungen dadurch nicht berührt. Die betreffende unwirksame Bestimmung ist durch eine wirksame zu ersetzen, die dem angestrebten wirtschaftlichen Zweck möglichst nahe kommt.

(2) Bekanntmachungen der Gesellschaft erfolgen im Bundesanzeiger.

(3) Soweit dieser Vertrag nichts anderes bestimmt, gelten die gesetzlichen Bestimmungen, insbesondere diejenigen des GmbH-Gesetzes in ihrer jeweils gültigen Fassung.

(4) Die Gesellschaft trägt die Kosten ihrer Gründung bis zu einem Betrag von EUR 2.500,00. Etwaige darüber hinausgehende Gründungskosten tragen die Gesellschafter pro rata ihrer Beteiligung.

...., den ....

Muster II
Gesellschaftsvertrag MVZ VerwaltungsGmbH

Gesellschaftsvertrag

der

15

Medizinisches Versorgungszentrum

.... VerwaltungsGmbH

§ 1
Firma, Sitz

(1) Die Firma der Gesellschaft lautet:

Medizinisches Versorgungszentrum .... VerwaltungsGmbH.

(2) Sitz der Gesellschaft ist ....

§ 2
Gegenstand des Unternehmers

(1) Gegenstand des Unternehmens ist die Beteiligung an anderen Gesellschaften auch als persönlich haftende Gesellschafterin, insbesondere an Gesellschaften, die Ärzte repräsentiert und ihre Interessen vertritt.

(2) Die Gesellschaft ist befugt, alle Geschäfte wahrzunehmen, die mit dem in Absatz 1 beschriebenen Unternehmenszweck in Zusammenhang stehen. Sie darf sich an anderen Unternehmen beteiligen, Tochtergesellschaften gründen und Zweigniederlassungen errichten.

§ 3
Stammkapital und Gesellschafter

(1) Das Stammkapital beträgt EUR .... (in Worten: Euro ....). Hiervon übernimmt bei Gründung:

- ....(Gesellschafter 1) ....€
- ....(Gesellschafter 2) ....€
- .... (Gesellschafter 3) ....€

(2) Diese Stammeinlagen sind voll eingezahlt worden.

(3) Gesellschafter können nur zugelassene Leistungserbringer in der gesetzlichen Krankenversicherung sein. Gesellschafter, die ihren Zulassungsstatus verlieren scheiden aus der Gesellschaft aus. Ihr Gesellschaftsanteil unterliegt der Einziehung gemäß § 12 Abs. 2.

§ 4
Dauer der Gesellschaft, Kündigung, Geschäftsjahr

(1) Die Gesellschaft beginnt mit ihrer Eintragung in das Handelsregister. Ihre Dauer ist unbestimmt.

(2) Die Gesellschaft ist von jedem Gesellschafter mit einer Frist von drei Monaten zum Quartalsschluss, ordentlich kündbar. Die Kündigung bedarf der Schriftform. Die Kündigung hat die Auflösung der Gesellschaft zur Folge, sofern die Gesellschaft nicht binnen einer Frist von zwei Monaten seit Empfang der Kündigung die Einziehung aller Geschäftsanteile des kündigenden Gesellschafters gemäß § 13 erklärt oder deren Abtretung an die Gesellschaft oder eine von ihr bestimmte Person gemäß § 11 verlangt.

(3) Das Geschäftsjahr ist das Kalenderjahr. Für das Jahr .... wird ein Rumpfgeschäftsjahr gebildet.

§ 5
Geschäftsführer, Prokuristen

(1) Die Gesellschaft hat einen oder mehrere Geschäftsführer. Falls nur ein Geschäftsführer bestellt ist, vertritt dieser die Gesellschaft allein. Falls mehrere Geschäftsführer bestellt sind, vertreten je zwei

von ihnen die Gesellschaft gemeinsam oder, falls auch Prokuristen vorhanden sind, einer gemeinsam mit einem Prokuristen.

(2) Es ist zulässig, Geschäftsführern auch dann, wenn mehrer Geschäftsführer bestellt sind, durch Gesellschafterbeschluss Alleinvertretungsbefugnis zu erteilen. Es ist ferner zulässig, Geschäftsführer durch Gesellschafterbeschluss von den einschränkenden Bestimmungen des § 181 BGB zu befreien.

(3) Die Geschäftsführung bedarf zu folgenden Maßnahmen und Geschäften der vorherigen Zustimmung der Gesellschafterversammlung:

a) Erwerb, Veräußerung von Gegenständen mit einem höheren Anschaffungspreis von EUR .... im Einzelfall, soweit sie nicht Gegenstand eines bereits genehmigten Jahresetats oder Finanz- oder Investitionsplanes sind,

b) Einstellung und Entlassung von Angestellten mit einem Jahresgehalt, das über 50% der Beitragsbemessungsgrenze in der Rentenversicherung der Angestellten liegt oder mit einer Vertragsdauer oder Kündigungsfrist von länger als zwei Jahren,

c) Abschluss von Miet-, Pacht- und Leasingverträgen mit einem Objekt von über EUR .... pro Jahr je Einzelfall oder einer Dauer von länger als zwei Jahren,

d) Aufnahme von Darlehen und Bankkrediten und zum Eingehen von Wechselverbindlichkeiten, soweit sie nicht im genehmigten Finanzplan enthalten sind,

e) Übernahme von Bürgschaften oder Garantieverpflichtungen,

f) Bestellung von Prokuristen und Handlungsbevollmächtigten,

g) Zusicherungen von Ruhegehältern,

h) Erwerb von Vertragsarztsitzen und Abschluss von hierauf bezogenen Anstellungsverträgen,

i) Aufstellung des Jahresetats (Finanzplan),

j) Erwerb, Veräußerung und Vermietung oder Verpachtung von Grundstücken, grundstücksgleichen Rechten und Bauten,

k) Erwerb, Veräußerung oder Belastung von Beteiligten an anderen Unternehmungen,

l) Errichtung Aufhebung von Zweigniederlassungen,

m) Einräumung von Beteiligungen an Vermögen, Umsatz oder Gewinn der Gesellschaft,

n) Bewilligung von Krediten oder Gewährung von Sicherheiten jeder Art,

o) für Maßnahmen, die in Abs. 3 nicht bezeichnet sind und die über den gewöhnlichen Geschäftsbetrieb hinausgehen, bedarf die Geschäftsführung ebenfalls der Zustimmung der Gesellschafterversammlung.

§ 6
Ärztlicher Leiter

(1) Die Gesellschaft und jede von ihr getragene zugelassene Einrichtung nach § 95 Abs. 1 SGB V hat einen Ärztlichen Leiter. Der Ärztliche Leiter wird jeweils von der Gesellschafterversammlung bestimmt. Der Anstellungsvertrag des ärztlichen Leiters wird von der Gesellschaft abgeschlossen.

(2) Die Aufgabe des Ärztlichen Leiters besteht in der Überwachung und Kontrolle, dass die Gesellschaft und ihre Gesellschafter bzw. deren Mitglieder die jeweils für sie geltenden vertragsärztlichen und berufsrechtlichen Pflichten auch in Kooperation mit stationären und / oder nicht ärztlichen Leistungserbringern einhalten. Der Ärztliche Leiter ist bei der Erfüllung seiner Aufgaben frei von Weisungen der Geschäftsführung, und der Gesellschafterversammlung

(3) Die Berufung und Abberufung des ärztlichen Leiters der Gesellschafters bedarf eines Beschlusses der Gesellschafterversammlung, der mit einer ¾-Mehrheit der vorhanden Stimmen gefasst werden muss.

§ 7
Gesellschafterversammlung

(1) Gesellschafterbeschlüsse für die in diesem Vertrag sowie im Gesetz vorgesehene Beschlussgegenstände werden in den Gesellschafterversammlungen gefasst. Es kann jedoch gemäß § 48 Abs. 2 GmbHG auch schriftlich abgestimmt werden.

(2) Für die Einberufung von Gesellschafterversammlungen gelten die §§ 49 bis 51 des GmbH-Gesetzes. Die Versammlung wird von

den Geschäftsführern geleitet. Diese haben für ordnungsgemäße Protokollierung der Beschlüsse Sorge zu tragen.

(3) Die Gesellschafterversammlung ist beschlussfähig, wenn mehr als die Hälfte und, falls über Änderungen des Gesellschaftervertrages abgestimmt werden soll, mehr als ¾ der Stimmen vertreten sind. Fehlt es daran, so ist innerhalb von zwei Wochen eine neue Versammlung mit der gleichen Tagesordnung einzuberufen, die dann stets beschlussfähig ist; hierauf ist in der Einladung gesondert hinzuweisen.

(4) Der Beschlussfassung der Gesellschafter unterliegen diejenigen Maßnahmen, die ihr durch Gesellschaftsvertrag oder Gesetz zugewiesen sind.

(5) Die Gesellschafter fassen ihre Beschlüsse, soweit nicht Gesetz oder Gesellschaftervertrag eine andere Mehrheit vorschreiben, mit einfacher Mehrheit der abgegebenen Stimmen. Bei Stimmengleichheit gilt ein Antrag als abgelehnt. Jeweils volle EUR 50,00 eines Geschäftsanteils gewähren eine Stimme. Beschlussfassungen zu § 5 Abs. 3 bedürfen einer Mehrheit von ¾ der abgegebenen Stimmen. Beschlussfassungen zu § 5 Abs. 3h. bedürfen zusätzlich der Zustimmung des betroffenen Gesellschafters, wenn ein Vertragsarztsitz erworben wird, der das fachärztliche Gebiet / Schwerpunkt betrifft, in dem der Gesellschafter vertragsärztlich tätig ist. Beschlussfassungen über Änderungen des Gesellschaftsvertrages bedürfen einer Mehrheit von ¾ der vorhandenen Stimmen. Änderungen zu § 10 können nur einstimmig beschlossen werden.

§ 8
Jahresabschluss

(1) Der Jahresabschluss (Bilanz, Gewinn- und Verlustrechnung, Anhang) und der Lagebericht sind von der Geschäftsführung innerhalb der gesetzlichen Frist nach Ablauf eines jeden Geschäftsjahres unter Beachtung der Grundsätze ordnungsgemäßer kaufmännischer Buchführung und Bilanzierung aufzustellen und dem Abschlussprüfer, soweit eine Prüfung gesetzlich oder durch Beschluss der Gesellschafter vorgeschrieben ist, zur Prüfung vorzulegen.

(2) Die Wahl des Abschlussprüfers und die Feststellung des Jahresabschlusses obliegt der Gesellschafterversammlung. Diese ist nach

Aufstellung des Jahresabschlusses und, falls die Gesellschafter dessen Prüfung durch einen Wirtschaftsprüfer oder einen Angehörigen der steuerberatenden Berufe beschließen, nach Fertigstellung des Prüfungsberichtes und dessen Versendung an die Gesellschafter unverzüglich von der Geschäftsführung einzuberufen. In dieser Gesellschafterversammlung ist dann auch über die Entlastung der Geschäftsführer zu beschließen.

§ 9
Gewinnverwendung

(1) Am Gewinn nehmen die Gesellschafter im Verhältnis ihrer Geschäftsanteile teil.

(2) Über die Verwendung des Jahresabschlusses bzw. die Ausschüttung des Gewinnes beschließt die Gesellschafterversammlung nach freiem Ermessen. Sie kann die Ausschüttung ganz oder teilweise untersagen. Sie kann auch bestimmen, dass die Gewinne laufend anzusammeln und einer Rücklage zuzuführen sind.

§ 10
Abtretung und Belastung von Geschäftsanteilen

(1) Die Abtretung und Teilung von Geschäftsanteilen bedarf der Zustimmung der Gesellschafterversammlung, die hierüber mit ¾-Mehrheit der vorhandenen Stimmen, im Falle des § 4 Abs. 2 mit einfacher Mehrheit der abgegebenen Stimmen beschließt.

(2) Die Abtretung von Geschäftsanteilen, die von Vertragsärzten oder Gemeinschaften hiervon gehalten werden, ist nur an Vertragsärzte oder Gemeinschaften möglich, die nach Bedarfsplanungskriterien am Sitz des MVZ vertragsärztliche Tätigkeit ausüben können; im Übrigen kann die Abtretung nur an in der gesetzlichen Krankenversicherung zugelassene Leistungserbringer erfolgen.

(3) Geschäftsanteile dürfen nicht verpfändet oder mit anderer Art von Rechten Dritter belastet werden. Auch die Belastung mit einem Nießbrauch ist unzulässig. Ausnahmen bedürfen der einstimmigen Einwilligung der Gesellschafterversammlung.

(4) Sollte ein Gesellschafter seinen Geschäftsanteil verkaufen wollen, so ist er unabhängig von der Regelung in Abs. 1 verpflichtet, den Geschäftsanteil seinen Mitgesellschaftern zum Kauf anzubie-

ten. Wird über den Verkauf binnen einer Frist von zwei Monaten keine Einigkeit erzielt, die Zustimmung zum Verkauf gleichwohl erteilt und der Verkauf durchgeführt, steht den anderen Gesellschaftern das Vorkaufsrecht zu. Machen mehrere Gesellschafter von diesem Recht Gebrauch, so sind sie mangels einer Einigung im Verhältnis ihrer Beteiligung an der Gesellschaft zur Ausübung des Vorkaufsrechts berechtigt. Für die Ausübung des Vorkaufsrechts gelten im Übrigen die gesetzlichen Bestimmungen.

§ 11
Einziehung von Geschäftsanteilen

(1) Die Einziehung von Geschäftsanteilen ist zulässig. Sie erfolgt durch Beschluss, im Falle von § 4 Abs. 2 mit einfacher Mehrheit der abgegebenen Stimmen, im Falle des Abs. 2 mit ¾-Mehrheit der vorhandenen Stimmen; bei Beschluss nach Abs. 2 hat der betroffene Gesellschafter kein Stimmrecht.

(2) Die Zwangseinziehung von Geschäftsanteilen kann erfolgen, wenn ein wichtiger Grund vorliegt, insbesondere,

a) wenn ein Geschäftsanteil gepfändet, sequestriert oder sonst wie beschlagnahmt wird und diese Maßnahme nicht binnen drei Monaten wieder aufgehoben ist,

b) wenn über das Vermögen des betreffenden Gesellschafters das Insolvenzverfahren eröffnet wird,

c) wenn der betreffende Gesellschafter seine Gesellschafterpflichten verletzt hat, wozu bei einem Gesellschaftergeschäftsführer auch grobe Pflichtverletzungen als Geschäftsführer gehören,

d) wenn der Gesellschafter verstirbt und sein Geschäftsanteil nicht im Wege der Erbfolge auf einen Gesellschafter übergeht, der die Voraussetzungen des § 3 Abs. 3 erfüllt und soweit der Gesellschafter vertragsärztliche Tätigkeit ausgeübt hat, die Voraussetzungen von § 11 Abs. 2 erfüllt,

e) wenn der Zulassungsstatus eines Gesellschafters schlechthin oder nur im Planungsbereich, der für die Gesellschaft maßgeblich ist, gleich aus welchem Grunde endet, aufgegeben oder entzogen wird.

(3) In allen Fällen, in denen nach diesem Vertrag die Einziehung von Geschäftsanteilen vorgesehen ist, können die übrigen Gesell-

schafter anstelle der Einziehung die sofort wirksame Übertragung des Geschäftsanteils des betroffenen Gesellschafters beschließen, und zwar auf die Gesellschaft, einen oder mehrere Gesellschafter oder einen oder mehrere Dritte, sofern der Abtretungsempfänger spätestens zum Zeitpunkt der Beschlussfassung sein Einverständnis zur Übernahme des Geschäftsanteils erklärt. § 10 Abs. 2 findet Anwendung. Der Beschluss muss mit der Mehrheit beschlossen werden, die gemäß Abs. 1 für die Beschlussfassung über die Einziehung erforderlich gewesen wäre. Beschlussfassung und Einverständniserklärung des Übernehmers bedürfen der notariellen Beurkundung. Dem Abtretungsempfänger obliegt die Abfindungslast gemäß Ziffer 4.

(4) Bei der Einziehung und den Erwerb durch die Gesellschaft sind die Bestimmungen der §§ 33, 34 HGB zu beachten. Erwerb durch die Gesellschaft ist ausnahmslos nur zulässig, wenn die Abfindung gezahlt werden kann, ohne das Stammkapital anzugreifen.

(5) Dem Gesellschafter, dessen Geschäftsanteil eingezogen wird, steht ein Entgelt zu. Dieses Entgelt entspricht dem Nominalwert seines Geschäftsanteils zuzüglich der anteiligen Beteiligung an Rücklagen und noch nicht ausgeschüttetem Gewinn, abzüglich anteiliger Beteiligung an einem etwaigen Verlust. Wird die Einziehung nicht zum Schluss eines Geschäftsjahres vorgenommen, so erhöht bzw. vermindert sich das Entgelt um den zeitanteiligen Gewinn bzw. Verlust des laufenden Geschäftsjahres.

(6) Das Entgelt wird sieben Monate nach Schluss des Geschäftsjahres fällig, in das der Tag, zu dem die Einziehung vorgenommen wird, fällt.

§ 12
Erbfolge

(1) Die Gesellschafter können über ihre Geschäftsanteile von Todes wegen frei verfügen. § 11 Abs. 2 bis 5 bleiben unberührt.

(2) Ist ein Geschäftsanteil durch Erbfolge oder Vermächtnis auf mehrere Personen übergegangen, so sind diese gehalten, binnen einer mit dem Erbfall beginnenden Frist von drei Monaten einen gemeinsamen Bevollmächtigten zu benennen, der die Gesellschafterrechte wahrnimmt und der das Stimmrecht für die übergegangenen Geschäftsanteile nur einheitlich ausüben kann. Falls und

soweit die Erben bzw. Vermächtnisnehmer innerhalb der Dreimonatsfrist einen gemeinsamen Bevollmächtigten nicht bestimmt haben, ruht bis zu dessen Benennung ihr Stimmrecht.

§ 13
Wettbewerbsklausel

Den Gesellschaftern und den Geschäftsführern der Gesellschaft kann Befreiung vom Wettbewerbsverbot erteilt werden. Über Art und Umfang der Befreiung beschließen die Gesellschafter.

§ 14
Steuerklausel

Der Gesellschaft ist es untersagt, ihren Gesellschaftern zu Lasten des Gewinns mit Rücksicht auf das Gesellschafterverhältnis Vorteile zu gewähren, die sie einer gesellschaftsfremden Person nicht gewähren würde, d. h. eine verdeckte Gewinnausschüttung vorzunehmen. Wird diesem Verbot zuwidergehandelt, so hat die Gesellschaft gegen den begünstigten Gesellschafter einen Anspruch auf Rückgewähr der daraus resultierenden Vorteile.

§ 15
Loyalitäts- und Härteklausel

(1) Bei Gründung der Gesellschaft können nicht alle Möglichkeiten, die sich aus den künftigen medizinischen bzw. medizintechnischen, rechtlichen und wirtschaftlichen Entwicklungen ergeben werden, vorausgesehen und erschöpfend geregelt werden. Die Gesellschafter sind sich darüber einig, dass für ihre Zusammenarbeit die Grundsätze, der sich aus der Durchführung des Gemeinschaftsunternehmens ergebenden gegenwärtigen Loyalität und Treuepflicht zu gelten haben, und sichern zu, die vertraglichen Vereinbarungen in diesem Sinne zu erfüllen und ggf. künftigen Änderungen der Verhältnisse sinngemäß Rechnung zu tragen.

(2) Ergibt sich während der Dauer dieses Vertragsverhältnisses bei seiner Durchführung eine Härte für den eine oder anderen Gesellschafter, die bei Abwägung der jeweiligen Interessen nicht zumutbar ist, so werden sich die Gesellschafter bemühen, eine freundschaftliche Verständigung herbeizuführen; sollte diese Verständi-

gung nicht zu erzielen sein, so ist auch in derartigen Fällen nach § 16 (Schiedsgericht) zu verfahren.

§ 16
Schiedsgericht

Alle Streitigkeiten, die sich im Zusammenhang mit diesem Vertrag oder seiner Gültigkeit ergeben, werden nach der beigefügten Schiedsgerichtsordnung (Anlage 1) beim Schiedsgericht unter Ausschluss des ordentlichen Rechtsweges endgültig entschieden.

§ 17
Schlussbestimmungen

(1) Sollten einzelne Bestimmungen dieses Vertrages unwirksam sein oder werden, so ist die Wirksamkeit der übrigen Bestimmungen dadurch nicht berührt. Die betreffende unwirksame Bestimmung ist durch eine wirksame zu ersetzen, die dem angestrebten wirtschaftlichen Zweck möglichst nahe kommt.

(2) Bekanntmachungen der Gesellschaft erfolgen im Bundesanzeiger.

(3) Soweit dieser Vertrag nichts anderes bestimmt, gelten die gesetzlichen Bestimmungen, insbesondere diejenigen des GmbH-Gesetzes in ihrer jeweils gültigen Fassung.

(4) Die Gesellschaft trägt die Kosten ihrer Gründung bis zu einem Betrag von EUR 2.500,00. Etwaige darüber hinausgehende Gründungskosten tragen die Gesellschafter pro rata ihrer Beteiligung.

...., den ....

Muster III
MVZ GbR-Vertrag

Gesellschaftsvertrag zur Gründung eines Medizinisches Versorgungszentrums (GbR)

zwischen

Herrn Dr. med. ...., FA für ...., ...

Gesellschafter I

und

Frau Dr. med. ...., FÄin für ...., ...

Gesellschafterin II

und

Herrn Dr. med. ...., FA für ...., ...

Gesellschafter III

Präambel

16

Gesellschafter I betreibt in .... eine .... Einzelpraxis, Gesellschafterin II hält am Standort eine .... Einzelpraxis vor. Die Praxen werden bis zum .... in Form einer Praxisgemeinschaft geführt. Zum .... werden die Praxen als **Medizinisches Versorgungszentrum** .... (MVZ) zusammengeführt, dieses soll als GbR fortgeführt werden.

Gesellschafter III beabsichtigt, sich als .... zur vertragsärztlichen Versorgung zuzulassen und wird seinen Vertragsarztsitz in das MVZ einbringen.

Der nachfolgende Vertrag regelt den Eintritt der Gesellschafter in das MVZ zum .... sowie die Bedingungen, unter denen die Gesellschaft vor Ort geführt wird.

17

§ 1
Vertragszweck, Sitz, Beginn

(1) Die Gesellschafter dieses Vertrages üben die vertrags- und privatärztliche Tätigkeit gemeinsam aus. Sitz der Gesellschaft ist ....

(2) Die §§ 705 bis 740 BGB finden Anwendung, soweit sich aus diesem Vertrag nichts Abweichendes ergibt.

(3) § 708 BGB (Haftung des Gesellschafters wie bei Sorgfalt in eigenen Angelegenheiten) wird ausdrücklich abbedungen (Haftung nach objektivem Sorgfaltsbegriff).

(4) Die ärztliche Tätigkeit wird in .... und ggf. an weiteren Orten ausgeübt, soweit dieses rechtlich zulässig ist.

18

§ 2
Praxisbezeichnung

Auf den Praxisschildern, den Briefbögen und Stempeln usw. werden jeweils die Bezeichnungen geführt, die die Berufsordnung ggf. das Vertragsarztrecht hierfür vorsehen bzw. zulassen.

19

§ 3
Zusammenarbeit

(1) Die Gesellschafter verpflichten sich, vertrauensvoll und kollegial zusammenzuarbeiten und alles zu unterlassen, was den Interessen des MVZ schaden könnte.

(2) Sie unterrichten sich gegenseitig über alle wesentlichen Vorgänge im MVZ und leisten einander konsiliarische Hilfe, soweit die nach den jeweiligen Berufsvorschriften möglich ist.

20

§ 4
Freie Arztwahl, Behandlungsverträge

(1) Bei der Ausführung der Behandlung ist der Wunsch eines Patienten, von einem bestimmten Arzt behandelt zu werden, – abgesehen von Not- und Vertretungsfällen – zu respektieren.

(2) Sämtliche Behandlungsverträge schließt die Gesellschaft als MVZ ab. Soweit im Einzelfall der Abschluss von Behandlungsverträgen oder die Übernahme und Ausführung von Gutachtenaufträ-

gen und ähnlichem im Namen des einzelnen Gesellschafters rechtlich geboten ist, handelt der Gesellschafter im Außenverhältnis im eigenen Namen, im Innenverhältnis jedoch auf Rechnung des MVZ.

21

§ 5
Sprechstundenzeiten, Notfalldienst

(1) Die Sprechstundenzeiten werden im gegenseitigen Einvernehmen festgelegt und geändert. Sie müssen der speziellen Bedarfssituation angepasst sein.

(2) Die Festlegung und Ankündigung erfolgt nach den einschlägigen berufsrechtlichen und vertragsärztlichen Vorschriften.

(3) Während der Sprechstundenzeiten müssen die Ärzte zur Verfügung stehen.

(4) Soweit von der Gesellschaft ein ärztlicher Bereitschaftsdienst auf vertraglicher Grundlage wahrzunehmen ist, sind alle Ärzte zur Teilnahme verpflichtet, die über die berufsrechtlich erforderlichen Qualifikationen verfügen. Bei der Heranziehung des MVZ zum allgemeinen ärztlichen Notfalldienst sind die Gesellschafter zur Teilnahme am Notfalldienst im gegenseitigen Wechsel verpflichtet.

22

§ 6
Arbeitseinteilung, Nebentätigkeit

(1) Die Gesellschafter sind verpflichtet, ihre Arbeitskraft dem MVZ voll zur Verfügung zu stellen. Die Arbeitsbelastung soll gleichmäßig auf die Gesellschafter verteilt werden. Jeder Gesellschafter ist in seinem Arbeitsbereich persönlich für die Einhaltung aller rechtlichen Gebote und Verbote verantwortlich.

(2) Die berufliche Weiterbildung erfolgt in zumutbarem Rahmen außerhalb der Praxiszeiten, soweit ein Zeitraum von 5 Arbeitstagen im Jahr überschritten wird. § 21 bleibt unberührt.

(3) Die Übernahme einer Nebentätigkeit, einschließlich einer berufspolitischen Aktivität oder eines Amtes in einer Standesorganisation, bedarf eines Gesellschafterbeschlusses.

23

§ 7
Ärztliche Vertretung

(1) Bei Krankheit, Urlaub, Teilnahme an Fortbildungsveranstaltungen oder sonstiger unverschuldeter Arbeitsunfähigkeit sowie in sprechstundenfreien Zeiten für den Notfalldienst vertreten sich die Gesellschafter gegenseitig, soweit dieses unter Beachtung der berufs- und vertragsärztlichen Regelungen möglich ist.

(2) Bei krankheitsbedingter Abwesenheit vertreten sich die Gesellschafter gegenseitig unentgeltlich bis zu einer Dauer von maximal zehn Arbeitstagen pro Krankheitsfall.

(3) Dauert die Arbeitsunfähigkeit nach Absatz 2 länger als zehn Tage pro Krankheitsfall, wird ab dem elften bis zum 15. Krankheitstag dem vertretenden Gesellschafter das ortsübliche Vertreterhonorar in Höhe von z.Zt. .... Euro pro Arbeitstag gezahlt. Nach Ablauf von 15 Krankheitstagen steht dem vertretenden Gesellschafter das Recht zu, die Bestellung eines Vertreters zu verlangen. Die Kosten der Vertretung trägt der Erkrankte. Die Gesellschafter sichern sich gleichwertig durch eine Krankentagegeldversicherung ab.

24

§ 8
Geschäftsführung und Vertretung in wirtschaftlichen Angelegenheiten, Ärztlicher Leiter

(1) Die Geschäftsführung und Vertretung des MVZ nach außen steht den Gesellschaftern gemeinschaftlich zu. Sie kann einem Gesellschafter (geschäftsführender Gesellschafter) übertragen werden. Zur Führung der laufenden Geschäfte (Außenverhältnis) ist jeder Gesellschafter allein vertretungsberechtigt. Laufende Geschäfte sind solche, deren Wert im Einzelfall 2.500,00 Euro nicht übersteigen und keine Dauerschuldverhältnisse betreffen.

(2) Die Eingehung oder Änderung von Dauerschuldverhältnissen, die Aufnahme von Kredit, die Einstellung oder Entlassung von Mitarbeitern, die Anschaffung oder Veräußerung von Geräten, der Abschluss oder die Veränderung von Wartungs- und Versicherungsverträgen und die Planung und Durchführung von Baumaßnahmen gelten nicht als Gegenstand der laufenden Geschäftsführung und bedürfen eines Gesellschafterbeschlusses. Investitionen können von jedem Gesellschafter auch in eigenem Namen und auf

eigene Rechnung vorgenommen werden, die erworbenen Gegenstände werden im Sonderbetriebsvermögen ausgewiesen.

(3) Soweit bei unaufschiebbaren Geschäften im Rahmen von Absatz 2 ein Gesellschafter allein verpflichtet wurde, werden die anderen Gesellschafter unverzüglich unterrichtet. Das Geschäft gilt als genehmigt, es sei denn, dass die anderen Gesellschafter innerhalb von acht Tagen dem Geschäft schriftlich widersprechen.

(4) Die Gesellschafter bestimmen durch Gesellschafterbeschluss einen Gesellschafter als ärztlichen Leiter. Dieser vertritt die Gesellschaft gegenüber Dritten in medizinischen Fragen.

25

§ 9
Haftung, Haftpflichtversicherung

(1) Für alle Verbindlichkeiten der Gesellschaft für das MVZ haften die Gesellschafter im Außenverhältnis als Gesamtschuldner. Die Gesellschafter sind jedoch im Innenverhältnis nach dem Grad des jeweiligen Verschuldens zum Ausgleich verpflichtet. § 1 Absatz 2 bleibt unberührt.

(2) Eine Übernahme der jeweiligen Altverbindlichkeiten der jeweils anderen Gesellschafter wird ausdrücklich ausgeschlossen.

(3) Für jeden Gesellschafter ist eine gleichhohe und gleichwertige Berufshaftpflichtversicherung bei der selben Versicherungsgesellschaft abzuschließen, die von der Gesellschaft regelmäßig auf die Angemessenheit hin überprüft wird. Deren Kosten gelten als Betriebsausgaben der Gesellschaft gemäß § 734 BGB und § 18.

(4) Schadensersatzansprüche, die von der Haftpflichtversicherung nicht gedeckt sind, gehen zu Lasten des verursachenden Gesellschafters. Dieses gilt auch für die Haftung gegenüber der ärztlichen Selbstverwaltung bei Honorarkürzungen und Regressen.

(5) Die jeweilige Verantwortlichkeit in strafrechtlichen, disziplinarrechtlichen und berufsgerichtlichen Verfahren bleibt unberührt.

26

§ 10
Miet- und Kooperationsverträge

Bestehende Miet- und Kooperationsverträge sind diesem Gesellschaftsvertrag als Anlage beigefügt.

27

§ 11
Anschaffung von Kraftfahrzeugen

Kraftfahrzeuge werden, nur sofern es der Betrieb des MVZ erfordert, von diesem angefordert und unterhalten. In der Regel sind Kraftfahrzeuge jedoch als Sonderbetriebsvermögen der einzelnen Gesellschafter anzusehen.

28

§ 12
Laufende Verträge

(1) Alleiniger Vertragspartner mit Dritten ist die Gesellschaft für das MVZ. Die Gesellschafter treten gemeinsam in bestehende Verträge der vorherigen Einzelpraxen ein, soweit diese nicht gekündigt sind. Die Haftung für Verbindlichkeiten, die sich aus von der Gesellschaft übernommenen Verträgen oder Verpflichtungen ergeben, tragen die Gesellschafter zu gleichen Teilen. Den Gesellschaftern haben sämtliche diesbezügliche Verträge zur Einsicht vorgelegen.

(2) Die Gesellschaft verfügt für das MVZ über eine Überziehungslinie bei der ....-Bank, die z.Zt. nicht in Anspruch genommen wird. Eine Erhöhung bedarf eines einstimmigen Gesellschafterbeschlusses.

29

§ 13
Personalvereinbarungen

(1) Ärztliche und nichtärztliche Mitarbeiter des MVZ werden eingestellt und gekündigt, soweit zuvor ein entsprechender Gesellschafterbeschluss gefasst wurde.

(2) Der Einsatz der Mitarbeiter in dem MVZ wird durch Gesellschafterbeschluss geregelt. Es soll ein Dienstplan und eine Stellenbeschreibung erstellt werden.

(3) Über die Frage, ob ein wichtiger Grund zu einer fristlosen Kündigung eines Mitarbeiters vorliegt, entscheiden die Gesellschafter einstimmig. Kommt ein Einvernehmen über das Vorliegen eines wichtigen Kündigungsgrundes nicht zustande, ist auf Wunsch nur eines Gesellschafters eine ordentliche Kündigung auszusprechen.

(4) Die Betreuung eines in einer Praxis beschäftigten Famulus oder Weiterbildungsassistenten obliegt grundsätzlich allen Gesellschaf-

tern, soweit deren Fachgebiet betroffen ist. Sie sind bei Vorliegen der entsprechenden berufsrechtlichen Voraussetzungen verpflichtet, die erforderlichen Genehmigungen bzw. Weiterbildungsermächtigungen bei der zuständigen Stelle für sich bzw. für das MVZ zu beantragen.

30

§ 14
Konten

(1) Die für die bisherige Einzelpraxen bestehenden Konten werden von den Gesellschaftern I bzw. II fortgeführt, für das MVZ werden zum .... neue Konten durch Gesellschafterbeschluss eingerichtet. Laufende Geschäfte im Sinne des § 8 Abs. 1 bleiben hiervon unberührt.

(2) Sämtliche die Gesellschaft für das MVZ betreffenden Zahlungen (Einnahmen und Ausgaben) haben über Konten der Gesellschaft für das MVZ zu erfolgen.

31

§ 15
Buchführung

(1) Über sämtliche Einnahmen und Ausgaben ist laufend Buch zu führen.

(2) Die Gesellschafter sind sich einig, dass die laufende Buchführung der Gesellschaft und deren betriebswirtschaftliche Auswertung sowie die steuerliche Beratung der Gesellschaft durch das Steuerbüro .... in zu erfolgen hat.

(3) Dem Berater gemäß Absatz 2 werden die buchungsrelevanten Unterlagen zusammen mit den betreffenden Bankauszügen, dem wiederum die entsprechenden Belege zugeordnet sind, quartalsweise mit der Maßgabe übergeben, die Buchführung für jeweils eine Quartal binnen vier Wochen vorzunehmen und die betriebswirtschaftliche Auswertung mit den Buchungsunterlagen umgehend zurückzusenden. Technische Entwicklungen, die die Buchungsabläufe vereinfachen, sollen weitestgehend genutzt werden.

(4) Die Gesellschafter sind verpflichtet, vierteljährlich – im Verhinderungsfall nachträglich ohne schuldhaftes Zögern- von den Sum-

men- und Saldenlisten der KV sowie ggf. sonstigen Buchungsergebnissen und Auswertungen Kenntnis zu nehmen.

(5) Jeder Gesellschafter hat das Recht zur Einsichtnahme in sämtliche Bücher und Geschäftsunterlagen sowie die Posteingänge des MVZ oder eine Person seines Vertrauens Einsicht nehmen zu lassen. Diese Person muss standesrechtlich zur Berufsverschwiegenheit verpflichtet sein.

32

§ 16
Jahresabschlussfeststellungen

(1) Die Feststellung und Verteilung des Gewinns/Verlusts erfolgt jeweils zum Schluss des Kalenderjahres. Es soll zwei Monate nach Zugang der Schlusszahlungen der Kassenärztlichen Vereinigung für das IV. Quartal des betreffenden Jahres, spätestens jedoch zum 30.09. des Folgejahres, vorliegen. Die bisherigen Ansatz- und Bewertungsgrundsätze der vorherigen Einzelpraxen der Gesellschafter I und II werden beibehalten. Die Gesellschaft führt für das MVZ die bisherigen Buchwerte der vorherigen Einzelpraxen der Gesellschafter I und II fort.

(2) Der Gewinn- und Verlustverteilung werden die Bruttohonorareinnahmen nach § 17 dieses Vertrages zu Grunde gelegt. Hiervon werden die gemeinsamen Praxiskosten (Betriebsausgaben des MVZ) in Abzug gebracht.

33

§ 17
Honorar, Einnahmeberechnung

(1) Die aus privater und vertragsärztlicher Tätigkeit der Ärzte nach Zulassung des MVZ entstehenden Honorare stehen der Gesellschaft zu.

(2) Honorare für außerhalb der Praxis ausgeübte Nebentätigkeiten stehen jedem Gesellschafter allein zu, wobei der gleiche Leistungsanteil bzw. der gleichwertige Leistungsumfang durch die Nebentätigkeit nicht beeinträchtigt werden darf.

(3) Die Privatliquidationen der Gesellschaft für das MVZ werden nach jeweils einheitlich festgelegten Tarifen durchgeführt und werden über .... abgerechnet.

§ 18 Betriebsausgaben

34

Zu den Betriebsausgaben gehören alle steuerrechtlich der Gesellschaft zuzurechnenden Aufwendungen.

§ 19 Sonderbetriebsausgaben

35

Die Kosten für Beiträge zur ärztlichen Versorgungsanstalt, für die Anschaffung der Berufskleidung, besondere Fortbildungskosten o. ä. sind keine gemeinsamen Kosten, sondern werden von jedem Gesellschafter entsprechend seiner persönlichen Situation selbst aufgebracht. Gleiches gilt für die Anschaffung von Büchern und sonstiger Literatur mit Ausnahme der Kosten einer fachlichen Präsenzbibliothek.

Auch die Anschaffungskosten und Unterhaltungskosten für Fahrzeuge sind prinzipiell Sonderbetriebsvermögen.

§ 20 Beteiligungs- und Vermögensverhältnisse, Gewinn- und Verlust, Führung von Kapitalkonten

36

(1) Die Gesellschafter sind bis auf Weiteres wie folgt an den materiellen Vermögenswerten der Gesellschaft beteiligt:

Gesellschafter I: 50%

Gesellschafter II: 50%

Gesellschafter III: 0%

Die Gesellschafter I und II beabsichtigen, ihre Gesellschaftsanteile an Gesellschafter III und ggf. an einen weiteren Nachfolger zu übertragen. Jede künftige Änderung der Beteiligungsverhältnisse wird durch einvernehmlichen Gesellschafterbeschluss geregelt. Die Übertragung von Gesellschaftsanteilen kann nur an Leistungserbringer i. S. d. Sozialgesetzbuches V erfolgen. Die Abtretung von Ansprüchen aus dem Gesellschaftsverhältnis ist ausgeschlossen.

(2) Die Gewinn- und Verlustbeteiligung regeln die Gesellschafter bis auf Weiteres wie folgt: Jeweils ein Drittel des Gewinns bzw. Verlustes des MVZ erfolgt

- nach den Anteilen am materiellen Gesellschaftsvermögen,
- nach dem prozentualen Anteil der behandelten Patienten,
- nach dem Anteil am erwirtschafteten Honorarvolumen.

Die monatlichen Entnahmerechte sowie Änderungen der Beteiligungs- und Gewinnverhältnisse werden durch Gesellschafterbeschluss geregelt.

(3) Überschreiten die Entnahmen der Gesellschafter den festgestellten Jahresgewinn, so haben sie die zuviel entnommenen Beträge bis spätestens zum 30.09. des folgenden Jahres zurückzuzahlen.

(4) Über Entnahmen und Einlagen werden Kapitalkonten geführt; diese werden nicht verzinst. Bei der Feststellung des Gewinns werden die Ansatz- und Bewertungsgrundsätze der bisherigen Einzelpraxis beibehalten.

(5) Persönliche Abgaben und Steuern, Steuervorauszahlungen und Steuernachzahlungen zahlen die Gesellschafter aus ihrem eigenen Vermögen.

(6) Die Gesellschafter verpflichten sich, die Praxiseinrichtung pfleglich zu behandeln, sowie auf dem neuesten Stand zu halten. Neuanschaffungen müssen im Rahmen des Praxisablaufs medizinisch sinnvoll und finanziell vertretbar sein. Sie werden bis auf Weiteres von Gesellschafter I und II finanziert.

37

§ 21
Urlaub

(1) Den Gesellschaftern steht ein Anspruch auf einen jährlichen Erholungsurlaub von insgesamt 30 Arbeitstagen (bei fünf Arbeitstagen pro Woche) zu.

(2) Der Vorrang bei der Wahl des Urlaubszeitpunkts wechselt turnusmäßig unter den Gesellschaftern unter Berücksichtigung sozialer Belange.

(3) Im Fall von Katastrophen, Epidemien oder der Erkrankung eines Gesellschafters muss eine Abwesenheit nötigenfalls abgebrochen werden, wobei die damit verbundenen Kosten von der Gesellschaft zu tragen sind.

(4) Nicht genommener Urlaub eines Kalenderjahres verfällt, es sei denn, betriebsbedingte Gründe haben die Nichtinanspruchnahme verursacht. In diesem Fall können maximal 10 Urlaubstage in das folgende Kalenderjahr übertragen werden. Dieser Urlaub ist ohne Ausnahme bis zum 15. Mai zu nehmen. Auf Verlangen kann nicht genommener Urlaub mit dem jeweiligen Satz, den ein Vertreter kosten würde, pro Arbeitstag als Vorabgewinn erstattet werden.

(5) Über Fehltage (Urlaub, Krankheit) ist fortlaufend Buch zu führen.

38

§ 22
Berufs- und Erwerbsunfähigkeit

(1) Ist ein Gesellschafter länger als neun Monate erkrankt und ist eine Wiederherstellung der vollen Arbeitskraft nicht abzusehen, so kann der andere Gesellschafter verlangen, dass sich der Erkrankte einer Untersuchung durch einen Sachverständigen zwecks Klärung der Frage seiner dauernden Berufsunfähigkeit unterzieht.

(2) Der Gutachter soll im Zweifel von der Ärztekammer .... benannt werden.

(3) Stellt der Gutachter fest, dass die Arbeitsfähigkeit eines Gesellschafters für die Praxis auf absehbare Zeit nicht vorliegt, so gilt der erkrankte Gesellschafter mit Beginn der unbefristeten Rentenzahlung als ausgeschieden. Die Rente ist unverzüglich zu beantragen. Die Verzögerung des Verfahrens durch den Erkrankten gilt als eine die Ausschließung durch wichtigen Grund rechtfertigende Vertragsverletzung.

(4) Ist ein Gesellschafter innerhalb eines Jahres länger als drei Monate erkrankt und ist eine Vertretung erforderlich, hat der Erkrankte bei der Kassenärztlichen Vereinigung auf die Genehmigung einer Vertretung erforderlichenfalls dadurch hinzuwirken, dass er seine vertragsärztliche Tätigkeit für ruhend erklärt. Das gleiche gilt, wenn eine zeitlich befristete BU-Rente bewilligt wird.

39

§ 23
Vertragsdauer, ordentliche Kündigung

(1) Der Vertrag wird auf unbestimmte Zeit geschlossen. Bis zum .... kann der Vertrag mit einer Frist von 6 Wochen zum Quar-

talsende, ab dem .... mit einer Frist von 12 Monaten zum Monatsende gekündigt werden. Wird die Gesellschaft gekündigt, so scheidet der kündigende Gesellschafter aus der Gesellschaft aus. Der verbleibenden Gesellschafter führen das MVZ fort.

(2) Jeder Gesellschafter kann aus wichtigem Grund mit sofortiger Wirkung kündigen.

40

§ 24
Ausscheiden eines Gesellschafters

(1) Ein Gesellschafter scheidet aus der Gesellschaft aus

- mit der Wirksamkeit der Kündigung des Gesellschafters,
- wenn einem Gesellschafter die Approbation oder die Zulassung als Vertragsarzt entzogen wurde,
- wenn ein Gesellschafter die eidesstattliche Versicherung über die Zahlungsunfähigkeit abgegeben hat bzw. über sein Vermögen ein Insolvenzverfahren eröffnet wurde,
- wenn ein Gesellschafter wegen einer Straftat rechtskräftig verurteilt worden ist und das Verfahren zu erheblichen Honorareinbußen in der Gemeinschaftspraxis geführt hat. Dies gilt nicht für Strafverfahren wegen behaupteter Falschabrechnung.
- Wenn die Rechte eines Gesellschafters durch den anderen Gesellschafter nachhaltig verletzt wurden und ersterem die Fortsetzung der Gesellschaft deshalb nicht zugemutet werden kann.

Scheidet ein Gesellschafter aus dem MVZ aus, wird dieses von den verbleibenden Gesellschaftern fortgesetzt, sofern mindestens zwei Gesellschafter verbleiben und die Voraussetzungen zur Gründung eines MVZ vorliegen.

41 (2) Scheidet ein Gesellschafter aus dem MVZ aus, so ist er im Falle von Zulassungssperren in dem Planungsbereich mit dem Tag seines Ausscheidens zum Verzicht auf seine Vertragsarztzulassung verpflichtet. Bei Kündigung und Aufgabe der vertragsärztlichen Tätigkeit im Planungsgebiet .... verpflichtet sich der ausscheidende Gesellschafter, alle notwendigen Erklärungen zum Erhalt des Vertragsarztsitzes am Ort des MVZ abzugeben. Dies gilt insbesondere für Erklärungen gegenüber der Zulassungsstelle der KV

.... Der ausscheidende Gesellschafter genehmigt alle notwendigen Erklärungen gegenüber dem Zulassungsausschuss der Ärzte .... durch die Gesellschaft für das MVZ und/oder den neuen Gesellschafter. Diese Erklärungen werden wechselseitig angenommen.

§ 25
Übernahme bei Tod oder Ausscheiden, Abfindung

42

(1) Stirbt oder kündigt ein Gesellschafter oder tritt sonst ein Grund ein, der nach den einschlägigen Regelungen des BGB die Auflösung der Gesellschaft zur Folge haben würde, so übernehmen der oder die anderen Gesellschafter das Vermögen der Gesellschaft ohne Liquidation mit sämtlichen Aktiva und Passiva, sofern und sobald dieser bzw. diese Gesellschafter gegenüber dem erstgenannten Gesellschafter oder dessen Erben innerhalb von 2 Wochen nach Kenntnis des Ausscheidensgrundes, spätestens innerhalb von 6 Wochen, eine entsprechende Erklärung abgeben.

(2) Auf den Tag des Ausscheidens ist eine Vermögensübersicht aufzustellen, in die alle Vermögensgegenstände und Schulden mit ihren wirklichen Werten einzustellen sind.

(3) Bis zur verbindlichen Feststellung des Auseinandersetzungsguthabens haben der Ausscheidende bzw. dessen Erben Anspruch auf monatliche Abschlagzahlungen, die den durchschnittlichen früheren Entnahmen des Ausscheidenden entsprechen. Im übrigen ist ein Auseinandersetzungsguthaben nach der Feststellung von dessen Höhe in sechs Monatsraten auszuzahlen. Die erste Rate ist einen Monat nach Feststellung des Auseinandersetzungsguthabens fällig. Das Guthaben ist jeweils mit 2 % über dem Basiszinssatz der Europäischen Zentralbank zu verzinsen. Die Zinsen sind innerhalb von 14 Tagen nach der letzten Zahlung zu entrichten. Besteht ein negatives Kapitalkonto, so ist dieses spätestens drei Monate nach dessen Feststellung auszugleichen. Das Ausscheidensguthaben wird sofort fällig, wenn ein neuer Gesellschafter an die Stelle des Ausscheidenden tritt oder die verbleibenden Gesellschafter mit der Abfindungszahlung länger als zwei Monate in Rückstand geraten.

(4) Können sich die Beteiligten über die Höhe der Abfindung nicht einigen, so wird diese durch einen von der Ärztekammer Hamburg

zu benennenden vereidigten Sachverständigen mit bindender Wirkung für die Beteiligten festgestellt. Die Kosten des Schiedsgutachtens tragen die verbleibenden und ausscheidenden Gesellschafter je zu Hälfte.

43

§ 26
Aufnahme neuer Gesellschafter

(1) Die Gesellschaft kann für das MVZ weitere Gesellschafter (Leistungserbringer gemäß Sozialgesetzbuch V) aufnehmen. Die Aufnahme ist schriftlich zu beantragen.

(2) Über die Aufnahme neuer Gesellschafter und über die Aufnahmebedingungen entscheiden die Gesellschafter durch einstimmigen Beschluss.

44

§ 27
Gesellschafterversammlung, Stimmrecht, Beschlüsse

(1) Die Beschlüsse der Gesellschafter erfolgen in der Regel in einer Gesellschafterversammlung. Das Stimmrecht erfolgt gemäß der Gewinnbeteiligung (für jedes Prozent eine Stimme).

(2) Gesellschafterbeschlüsse werden, soweit in diesem Vertrag nichts anderes bestimmt ist, mit einfacher Mehrheit gefasst. Die Änderung des Gesellschaftsvertrages erfolgt einstimmig, soweit in diesem Vertrag etwas anderes nicht ausdrücklich bestimmt ist.

(3)

a) Die Gesellschafter sollen einmal im Jahr unter Hinzuziehung des steuerlichen und wirtschaftlichen Beraters eine Versammlung abhalten. In dieser Gesellschafterversammlung wird insbesondere über die Billigung des Jahresabschlusses für das vergangene Jahr und des Voranschlags für das kommende Jahr beschlossen.

b) Ist die Gesellschafterversammlung nicht beschlussfähig, so kann mittels eingeschriebenem Brief mit einer Frist von zwei Wochen erneut geladen werden. Bleibt ein Gesellschafter unbegründet der nächsten Gesellschafterversammlung fern, so kann auch ohne ihn wirksam beschlossen werden. Der abwesende Gesellschafter ist über den Beschluss oder die Maßnahme zu informieren.

c) Jeder Gesellschafter hat das Recht zu den Gesellschafterversammlungen einen zur Verschwiegenheit verpflichteten Berater hinzuziehen. Auf Antrag ist diesem das Rederecht zu gewähren. Die Ausübung des Stimmrechts kann einem Berater nur ausnahmsweise bei unabwendbarer Verhinderung und nur in nichtärztlichen Fragen übertragen werden.

d) Bei allen Unstimmigkeiten über Fragen der Gesellschaft ist von den Gesellschaftern ein gemeinsames Gespräch spätestens innerhalb einer Frist von 14 Tagen zu vereinbaren.

(4) Die Protokollführung obliegt den Gesellschaftern wechselseitig. Sie kann einem Berater übertragen werden. Das Protokoll ist schriftlich niederzulegen und innerhalb von zwei Wochen in Maschinenschrift zu erstellen und den Gesellschaftern zu übermitteln. Das Protokoll gilt als angenommen, wenn innerhalb von acht Tagen nach Zustellung keine Einsprüche erfolgen.

45

§ 28
Schiedsgericht

Alle Streitigkeiten, die sich im Zusammenhang mit diesem Vertrag oder über seine Gültigkeit ergeben, werden nach der Schiedsgerichtsordnung der .... vom Schiedsgericht unter Ausschluss des ordentlichen Rechtsweges endgültig entschieden.

§ 29
Genehmigung

Vorstehender Vertrag wird unter dem Vorbehalt geschlossen, dass Gesellschafter III sowie das MVZ zur vertragsärztlichen Versorgung zugelassen werden und der Zulassungsausschuss bei der Kassenärztlichen Vereinigung .... die Genehmigung zur Ausübung einer Gesellschaft in Form des MVZ erteilt. Die Gesellschafter werden diese Genehmigung und die entsprechenden Voraussetzungen für die Erteilung der Genehmigung unverzüglich erfüllen und die erforderlichen Anträge stellen.

46

§ 30
Schriftform, Vertragsgültigkeit

(1) Etwaige Änderungen, Ergänzungen oder Berichtigungen dieses Vertrages bedürfen zu ihrer Gültigkeit der Schriftform. Dies gilt auch für die Abbedingung der Schriftform.

(2) Sollten einzelne Bestimmungen dieses Vertrages nichtig oder unwirksam sein oder werden, so wird die Gültigkeit des Vertrages im übrigen hiervon nicht berührt.

(3) Die Gesellschafter verpflichten sich, etwaige nichtige oder undurchführbare Vertragsbestimmungen durch solche zu ersetzen oder zu ergänzen, die sie bei Kenntnis des Mangels und unter Berücksichtigung des Vertragszwecks und der Vertragstreue vereinbart hätten.

(4) Die Vertragsparteien erhalten jeweils eine Ausfertigung des Vertrages.

(5) Sämtliche Gründungskosten einschließlich der Kosten dieses Vertrages trägt die Gesellschaft für das MVZ.

...., den ....

....

Dr. med. .... Frau Dr. med. ....

....

Dr. med. ....

Muster IV
Letter of Intent

Letter of Intent

47

zwischen

Herrn Dr. med. ...., FA für Chirurgie, ...

Gesellschafter I

und

Frau Dr. med. ...., FÄin für Anästhesiologie, ...

Gesellschafterin II

und

Herrn Dr. med. ...., FA für Plastische Chirurgie, ...

Gesellschafter III

(1) Die Gesellschafter I und II beabsichtigen, ihre ärztliche Tätigkeit in .... zu beenden und auch auf ihre Zulassungen zur vertragsärztlichen Versorgung im Bereich der KV .... zu verzichten. Zur Absicherung der Veräußerung der Vertragsarztpraxen sollen die vertragsärztlichen Zulassungen auf das zwischen den Gesellschaftern zu gründende MVZ übertragen werden. In das MVZ treten sämtliche Gesellschafter vorbehaltlich der Genehmigung des Zulassungsausschusses ein. Gesellschafter III beabsichtigt, das Gesellschaftsvermögen zu übernehmen, das MVZ weiterführen sowie die Nachfolger für ausscheidende Gesellschafter bestimmen.

(2) Die Gesellschafter sind sich darüber einig, dass der Gesamtwert des materiellen und ideellen Vermögens der Praxen von Gesell-

schafter I und II insgesamt ....EUR beträgt. Diesen Betrag wird Gesellschafter III den Gesellschaftern I und II auf ein von den Gesellschaftern I und II zu benennendes Konto einzahlen, sobald das MVZ rechtskräftig zugelassen wurde und die Gesellschafter I und II aus dem MVZ ausgeschieden sind.

(3) Das Ausscheiden der Gesellschafter I und II soll zum .... erfolgen.

(4) Die Gesellschafter vereinbaren, dass dieser zwischen ihnen vereinbarte Letter of Intent verbindlich gelten soll und im Falle der Nicht- oder Schlechterfüllung der vertraglichen Abreden Schadensersatzansprüche geltend gemacht werden können.

..........., den ....

....,den ....

....

Dr. med. .... Frau Dr. med. ....

....

Dr. med. ....

Muster V
Ärztliche Leitung des MVZ

Ärztliche Leitung des MVZ

48

Das MVZ..........., vertreten durch die Geschäftsführer,

– nachfolgend Gesellschaft genannt –

und

Herrn Dr. ....

– nachfolgend Arzt genannt –

schließen folgende Vereinbarung:

Gemäß dem zwischen den Parteien geschlossenen Gesellschaftsvertrag *(bzw. Anstellungsvertrag)* vom .... übernimmt der Arzt im MVZ die Stellung des ärztlichen Leiters im Sinne des § 95 Abs. 1 SGB V.

Im Rahmen seiner Stellung als ärztlicher Leiter hat er gegenüber der Kassenärztlichen Vereinigung für die Einhaltung vertragsarztrechtlicher Vorgaben alle im MVZ tätigen ärztlichen und nichtärztlichen Mitarbeiter, wie sie sich zum Beispiel aus der Ärzte-ZV oder dem Bundesmantelvertrag/Ärzte ergeben einzustehen.

Insoweit ist die Gesellschaft hinsichtlich der vom Arzt auszuübenden Leitungsfunktion nicht berechtigt, dem Arzt Weisungen zu erteilen.

Auf der anderen Seite werden dem Arzt die für die Gewährleistung der vertragsärztlichen Vorschrift im MVZ notwendigen Weisungsbefugnisse gegenüber allen im MVZ nichtärztlichen und ärztlichen Mitarbeitern eingeräumt, die Freiheit der ärztlichen Berufsausübung bleibt unberührt. Der Arzt fungiert in seiner Funktion als ärztlicher Leiter gegenüber der Kassenärztlichen Vereinigung als Ansprechpartner und ist im Verhältnis zu dieser für die Einhaltung der vertragsärztlichen Pflichten im MVZ verantwortlich. Dem Arzt wird seitens der Gesellschaft versichert, dass sich die im MVZ tätigen ärztlichen und nichtärztlichen Mitarbeiter durch gesonderte Erklärung den dem Arzt im Zusammenhang mit der Gewährleistung der vertragsärztlichen Vorgaben im MVZ eingeräumten Weisungsbefugnisse im Rahmen der sonstigen rechtlichen Beschränkungen (beispielsweise Berufsrecht, Einhaltung Fachgebietsgrenzen etc.) unterwerfen.

...., den ....

....

Ärztlicher Leiter

....

Für die Gesellschaft
Geschäftsführer

Muster VI
Geschäftsführervertrag

Geschäftsführervertrag

49

zwischen

der MVZ .... GmbH, vertreten durch die Gesellschafter

Dr. med. ....

Gesellschafter 1

und

Dr. med. ....

Gesellschafter 2

und

Dr. med. ....

Gesellschafter 3

– nachfolgend Gesellschaft genannt –

und

Dr. med. ....

– im Folgenden Geschäftsführer genannt –

wird unter Bezugnahme auf die §§ 11 und 12 des Gesellschaftsvertrages der Gesellschaft vom .... der nachfolgende Dienstvertrag eines Geschäftsführers geschlossen:

§ 1
Pflichten des Geschäftsführers

(1) Der Geschäftsführer führt selbstständig, verantwortlich und mit der Sorgfalt eines ordentlichen Kaufmanns die Geschäfte der Gesellschaft im Rahmen von Satzung und Recht nach Maßgabe der Beschlüsse der Gesellschafter und der geschlossenen Verträge.

(2) Der Geschäftsführer verpflichtet sich zur Geheimhaltung aller Vorgänge, die ihm während seiner Tätigkeit für die Gesellschaft bekannt werden. Diese Verpflichtung dauert auch über ein Ausscheiden aus der Geschäftsführung hinaus fort.

§ 2
Rechte der Gesellschaft

(1) Die Gesellschaft ist berechtigt, dem Geschäftsführer weitere oder andere Aufgaben im Unternehmensbereich, und ihn zum Geschäftsführer anderer Gesellschaften des Unternehmensbereiches zu bestellen, wenn der Geschäftsbereich der anderen Gesellschaft und die weiteren oder anderen Aufgaben nicht wesentlich vom bisherigen Tätigkeitsbild des Geschäftsführers abweichen und die Übernahme solcher Funktionen unter den Bedingungen dieses Vertrages zumutbar ist.

(2) Dieser Vertrag regelt über die Geschäftsführertätigkeit gemäß § 1 hinaus grundsätzlich auch alle weiteren oder anderen Tätigkeiten im Sinne von § 2 Ziff. 1.

§ 3
Vertretung

(1) Gegenüber dem Geschäftsführer wird die Gesellschaft durch die Gesellschafter gemeinsam vertreten.

(2) Der Geschäftsführer beteiligt sich während der Dauer des Dienstvertrages nicht an einem Unternehmen, das mit der Gesellschaft in Konkurrenz steht oder in wesentlichem Umfang Geschäftsbeziehungen mit der Gesellschaft oder einem Gesellschafter der Gesellschaft unterhält.

§ 4
Inhalt der Vertretungsbefugnis

(1) Inhalt und Umfang der Vertretungsbefugnis und der Zeichnungsberechtigung des Geschäftsführers ergeben sich aus den Gesellschafterbeschlüssen in Verbindung mit der Satzung der Gesellschaft.

(2) Soweit ein Geschäftsverteilungsplan besteht, der in einer Gesellschafterversammlung beschlossen wurde, ist dieser Bestandteil des Anstellungsvertrages.

§ 5
Unterrichtung der Gesellschaft

(1) Der Geschäftsführer unterrichtet die Gesellschaft zeitnah, umfassend und kontinuierlich oder auf Ersuchen über Geschäftsverlauf, Planung und einzelne Vorgänge von besonderem Interesse.

(2) Soweit keine besonderen satzungsmäßigen Bestimmungen oder Anweisungen der Gesellschafter bestehen, gelten die folgenden Regelungen:

a) Der Geschäftsführer berichtet regelmäßig monatlich und im Halbjahresrhythmus zum 30. Juni und 31. Dezember eines jeden Jahres über den Gang der Geschäfte und die Lage der Gesellschaft; nach besonderer Absprache erfolgt die Unterrichtung nur vierteljährlich zum Quartalsende und in Einzelfällen auf besondere Anforderung des Gesellschafters. Form und Inhalt der Berichte werden in einer besonderen Vereinbarung festgehalten. Der turnusmäßige Bericht vom 30. Juni eines jeden Jahres kann mit der Vorlage und Erläuterung zum Jahresabschluss des vorangegangenen Jahres verbunden werden, wenn zwischen der Vorlage des Jahresabschlusses und dem 30. Juni weniger als 2 Monate liegen.

b) Im letzten Viertel eines jeden Jahres legt der Geschäftsführer den Gesellschaftern den Jahres-Finanzplan für das folgende Jahr zur Genehmigung vor. Dieser Plan enthält eine detaillierte Kosten- und Erlösvorschau und einen Investitions- und Zahlungsplan. Aus ihm sind alle wesentlichen vorgesehenen oder zu erwartenden Geschäftsvorgänge und Veränderungen unter Einschluss möglicher Alternativen ersichtlich.

c) Im Falle einer Ablehnung des Finanzplans als Ganzes oder in Teilen hat der Geschäftsführer in angemessener Frist einen aufgrund der Vorschläge der Gesellschafter überarbeiteten Finanzplan vorlegen. Beginnt das Geschäftsjahr ohne genehmigten Finanzplan, so führt der Geschäftsführer die Geschäfte im bisher üblichen Rahmen.

§ 6
Zustimmungsfreie Geschäfte

(1) Innerhalb des genehmigten Finanzplans und ohne Änderung seines grundsätzlichen Rahmens entscheidet der Geschäftsführer frei.

(2) Erfolgen Entscheidungen der Gesellschafter aus irgendwelchen Gründen nicht, nicht rechtzeitig oder ist Gefahr im Verzuge, so entscheidet der Geschäftsführer nach den Grundsätzen eines ordentlichen Kaufmanns unter Berücksichtigung der Interessen der Gesellschafter.

§ 7
Beschränkung der Geschäftsführung

(1) Der Geschäftsführer hat – unbeschadet weitergehender Bestimmungen des Gesellschaftervertrages – für folgende Geschäfte die vorherige Zustimmung der Gesellschafter einzuholen:

a) das Verhandeln und den Abschluss von Leistungsverträgen aller Art, durch die die Tätigkeit der Gesellschafter betroffen ist;
b) die Bestellung von Prokuristen und den Widerruf von Prokuren;
c) die Zustimmung zum Abschluss oder zur Änderung von Anstellungsverträgen;
d) den Erwerb, die Veräußerung oder die Belastung von Grundstücken oder grundstücksgleichen Rechten;
e) den Erwerb und die Veräußerung von Beteiligungen und sonstige Verfügungen darüber;
f) Erwerb oder Veräußerung von Gegenständen des Anlagevermögens, wenn der Wert des einzelnen Geschäftsvorfalles 1.000,00 EUR übersteigt;
g) den Abschluss oder die Änderung von Dauerschuldverhältnissen, wie z. B. Lizenz-, Know-how-, Beratungs-, Management-, oder Mietverträgen, wenn die der Gesellschaft daraus erwach-

sende Belastung 500,00 EUR pro Monat oder 6.000,00 EUR pro Jahr übersteigt;

h) die Erklärung von Bürgschaften, Garantieerklärungen oder Schuldübernahmen oder -beitritten oder ähnlicher Haftungen, wenn diese im Einzelfall 1.000,00 EUR übersteigen;

i) Ausstellung und Annahme von Wechseln sowie Aufnahme von kurzfristigen Krediten, wenn diese das jährlich zu genehmigende kurzfristige Kreditlimit übersteigen; die Aufnahme von langfristigen Krediten, wie Hypotheken und Maschinenkredite;

j) Rechtsgeschäfte zwischen der Gesellschaft und
   - einem Gesellschafter oder
   - dem Geschäftsführer oder
   - einer anderen Gesellschaft, die der Geschäftsführer ebenfalls vertritt.

Soweit der Geschäftsführer generell oder für bestimmte Geschäftsvorfälle von den Vorschriften des § 181 BGB befreit ist, wird er den Gesellschaftern jeweils unaufgefordert darüber Nachricht geben, wenn er von dieser Befreiung Gebrauch macht.

(2) Darüber hinaus ist die Zustimmung der Gesellschafter bei allen sonstigen über den gewöhnlichen Geschäftsbetrieb hinausgehenden Entscheidungen einzuholen.

§ 8
Honorar

(1) Der Geschäftsführer erhält für ihre Tätigkeit bis auf weiteres ab dem .... ein Honorar von monatlich .... EUR.

(2) Die Erstattung von Aufwendungen, die dem Geschäftsführer in der Ausübung seiner Aufgaben im Rahmen dieses Vertrages entstehen, einschließlich Reise- und Bewirtungskosten, richtet sich nach den jeweils geltenden internen Richtlinien der Gesellschaft.

§ 9
Vertragsdauer, Kündigung

(1) Dieser Vertrag wird auf unbestimmte Dauer abgeschlossen. Er kann von jeder Partei mit einer Frist von sechs Monaten zum Ende eines Kalendervierteljahres gekündigt werden.

(2) Im Übrigen endet das Anstellungsverhältnis

a) frühestens mit Ablauf des Monats, in dem der Geschäftsführer das 63. Lebensjahr vollendet (Alterskündigung);

b) wenn der Geschäftsführer zur Ausübung seiner Tätigkeit dauernd unfähig ist (Erwerbsunfähigkeit im Sinne des § 43 Abs. 2 SGB VI) mit Ablauf des Monats, in dem die Erwerbsunfähigkeit durch Gutachten festgestellt wird. Die Gesellschaft kann auf eigene Kosten den Grad der Arbeitsunfähigkeit durch Einholung eines vertrauensärztlichen Gutachtens ermitteln lassen, das für beide Vertragspartner verbindlich ist.

(3) Die Bestellung des Geschäftsführers kann durch Beschluss der Gesellschafterversammlung jederzeit widerrufen werden, unbeschadet seiner Ansprüche nach diesem Vertrag. Der Widerruf gilt als Kündigung des Dienstvertrages zum nächst zulässigen Zeitpunkt.

(4) Im Falle der Umwandlung der Gesellschaft in eine OHG oder andere Gesellschaftsform, erhält der Geschäftsführer bei im Übrigen unveränderter Fortgeltung dieses Vertrages die Rechtsstellung eines Prokuristen.

§ 10
Schlussbestimmungen

(1) Änderungen und Ergänzungen dieses Vertrages bedürfen der Schriftform, wozu auch die Aufhebung dieser Schriftformklausel gehört.

(2) Für den Fall, dass einzelne Bestimmungen dieses Vertrages unwirksam sein sollten, bleiben die übrigen Bestimmungen bestehen. Die unwirksame Bestimmung ist durch eine wirksame zu ersetzen, die dem ursprünglich gewollten Sinn am nächsten kommt.

........, den	Für die Gesellschaft:	Für die Gesellschaft:	Für die Gesellschaft:
....	....	....	....
Geschäftsführer	Gesellschafter I	Gesellschafter II	Gesellschafter III
	....	....	....

Muster VII
Dienstvertrag für den angestellten Arzt

Dienstvertrag

50

zwischen

51

MVZ .... GmbH

und

Dr. med. ....

Medizinisches Versorgungszentrum .... **GmbH**, vertreten durch den Geschäftsführer ...., ...

- nachfolgend MVZ genannt –

und

Dr. med..........., Facharzt für ...., ...

– nachfolgend Arzt genannt –

schließen folgenden Dienstvertrag:

Präambel

(1) Das MVZ ist zur vertragsärztlichen Versorgung für den Planungsbereich .... zugelassen. Die Betriebsstätte befindet sich in ....

(2) Dr. med. .... ist Facharzt für ....

(3) Das MVZ und Dr. med. .... vereinbaren für das Angestelltenverhältnis i. S. d. § 101 I Nr. 5 SGB V („Job-Sharing“) die folgenden Bestimmungen:

52, 53

§ 1
Vertragsgegenstand

Dr. med. .... wird mit Wirkung vom Eintritt der in § 11 dieses Vertrages genannten aufschiebenden Bedingung als Facharzt für .... für das MVZ eingestellt.

54

§ 2
Stellung des Arztes

(1) Der Arzt übt seine Tätigkeit im Rahmen des MVZ nach folgenden Maßnahmen aus:

1. das Selbstbestimmungsrecht und die Würde der Patienten sind zu respektieren und ihre Privatsphäre zu achten und die Bestimmungen zur ärztlichen Schweigepflicht und zum Datenschutz einzuhalten;
2. seinen ärztlichen Beruf nach freiem Gewissen, den Geboten der ärztlichen Ethik und der Menschlichkeit und unter Beachtung der jeweils geltenden gesetzlich, insbesondere berufsrechtlich, aufgestellten Grundsätze einer korrekten ärztlichen Berufsausübung und unter Beachtung seines Fachgebiets. Er darf keine Grundsätze anerkennen und keine Vorschriften oder Anweisungen beachten, die mit seiner ärztlichen Aufgabe oder gesetzlichen Bestimmungen nicht vereinbar sind oder deren Befolgung er nicht verantworten kann. Er hat seinen ärztlichen Beruf gewissenhaft auszuüben und dem ihm bei seiner Berufsausübung entgegengebrachten Vertrauen zu entsprechen;
3. er übt seinen ärztlichen Beruf eigenverantwortlich und selbstständig aus und ist in seiner originären ärztlichen Berufsausübung, insbesondere seiner ärztlichen Verantwortung bei Diagnostik und Therapie unabhängig und nur dem Gesetz unterworfen und insbesondere hat er in seinen ärztlichen Entscheidungen keine Weisungen von Nichtärzten entgegenzunehmen oder zu beachten. Im Übrigen – außerhalb des Bereichs der originären ärztlichen Berufsausübung – ist er an die Weisungen des MVZ gebunden;
4. er hat das Recht der Patienten, den Arzt frei zu wählen oder zu wechseln, zu achten;
5. er darf den begründeten Wunsch des Patienten, einen weiteren Arzt hinzuzuziehen oder an einen anderen Arzt überwiesen zu werden nicht ablehnen;

6. er darf im Zusammenhang mit den ärztlichen Leistungen keine Waren und andere Gegenstände an die Patienten abgeben oder einer solchen Abgabe mitwirken, sowie sonstige mit dem ärztlichen Beruf unvereinbare gewerbliche Dienstleitungen nicht erbringen, soweit nicht die die Abgabe des Gegenstandes oder die Dienstleistung wegen ihrer Besonderheit notwendiger Bestandteil der ärztlichen Therapie sind;
7. er hat die jeweils für das MVZ geltenden berufrechtlichen, sozialversicherungsrechtlichen und sonstigen gesetzlichen Bestimmungen einzuhalten;
8. er ist bei der Ausübung seiner Rechte als Mitglied der Kassenärztlichen Vereinigung .... frei von Weisungen des MVZ.

(2) Der Arzt hat den Weisungen des MVZ Folge zu leisten. Soweit mehrer Ärzte des gleichen Fachgebiets beschäftigt werden, hat der Arzt gemeinschaftlich mit diesen die Aufgaben nach Absatz 1 zu übernehmen, soweit das MVZ dies verlangt.

(3) Der Arzt ist zur vertrauensvollen Zusammenarbeit mit allen in dem MVZ tätigen Personen verpflichtet.

(4) Der Arzt hat über sämtliche das MVZ und seine Patienten betreffenden Angelegenheiten – auch nach Beendigung dieses Dienstvertrages – Stillschweigen zu bewahren. Insbesondere ist es ihm deshalb untersagt, Informationen über das MVZ und seine internen Verhältnisse nach außen mitzuteilen und an Dritte weiterzugeben, soweit dies Kredit und Ansehen schädigen könnte. Diese Pflicht zur Vertraulichkeit endet dort, wo der Arzt zur Wahrnehmung seiner eigenen berechtigten Interessen handelt oder er von Gesetzes wegen zur Offenlegung verpflichtet ist.

§ 3
Dienstaufgaben des Arztes

55

(1) Der Arzt hat nach Maßgabe der von dem MVZ bestimmten Aufgabenstellung und Zielsetzung alle hierzu anfallenden Tätigkeiten zu besorgen, soweit diese nicht nach der jeweils gültigen Nebentätigkeitserlaubnis ausdrücklich zu den Nebentätigkeiten gehören, und sich nach Maßgabe der berufs- und vertragsarztrechtlichen Vorgaben in Abstimmung mit dem MVZ fortzubilden. Die regelmäßige Arbeitszeit des Arztes beträgt ....Stunden pro Woche.

Der Beginn und das Ende der täglichen Arbeitszeit und die Verteilung der wöchentlichen Arbeitszeit auf die Werktage (Montag bis Samstag) richten sich nach den Erfordernissen des MVZ und sind mit dieser abzustimmen.

(2) Zu den Dienstaufgaben des Absatz 1 gehören insbesondere die Untersuchung und Befundung der zugewiesenen Patienten, ...,. die konsiliarische Zusammenarbeit mit den anderen für das MVZ tätigen Personen, und die Teilnahme am ärztlichen Not- und Bereitschaftsdienst.

(3) Der Arzt hat für jeden Patienten eine Dokumentation zu führen. Eigentümer der Dokumentation ist das MVZ, das diese unter Beachtung der einschlägigen Datenschutzbestimmungen und der ärztlichen Schweigepflicht aufbewahrt. Der Arzt hat jederzeit Zugang zu den für die Patienten geführten Dokumentationen. Nach dem Ausscheiden aus dem MVZ erstellt der Arzt unter Beachtung der datenschutzrechtlichen Bestimmungen und des informationellen Selbstbestimmungsrechts des betroffenen Patienten des MVZ auf seine Kosten Abschriften oder Auszüge aus der Dokumentation, falls er dies wünscht, hieran ein berechtigtes Interesse hat und gesetzliche Bestimmungen nicht entgegenstehen. Vorstehende Regelungen gelten sinngemäß auch für ähnliche, insbesondere technische Aufzeichnungen und Bilder.

(4) Der Arzt hat an die Einhaltung der hygienerechtlichen Vorschriften mitzuwirken und diese (mit) zu überwachen. § 2 II 1 dieses Vertrages bleibt unberührt.

(5) Der Arzt hat an Maßnahmen der Qualitätssicherung mitzuwirken.

(6) Der Arzt ist verpflichtet, Vorkommnisse von erheblicher oder grundsätzlicher Bedeutung unverzüglich mitzuteilen.

(7) Der Arzt ist verpflichtet, für die Dauer dieses Vertrages seinen Wohnsitz so zu wählen, dass er von dort spätestens innerhalb von dreißig Minuten Fahrzeit die Räume des MVZ erreichen kann (§ 24 II Ärzte-ZV).

56

§ 4
Persönliche Leistungserbringung

(1) Der Arzt hat die von ihm nach diesem Vertrag übernommenen Aufgaben grundsätzlich persönlich zu erfüllen. § 2 I Nr. 2 dieses Vertrages bleibt unberührt.

(2) Eine Delegation von Einzelaufgaben oder bestimmten feststehenden Tätigkeitsbereichen auf nachgeordnete Ärzte, Weiterbildungsassistenten und nichtärztliche Mitarbeiter ist nur insoweit zulässig, wenn im Einzelfall nicht das persönliche Tätigwerden des Arztes, insbesondere nach den berufs-, weiterbildungs- und vertragsarztrechtlichen Bestimmungen erforderlich ist.

(3) Der Arzt kann weitere Ärzte des MVZ konsiliarisch hinzuziehen. Sonstige Ärzte und ärztlich geleitete Einrichtungen kann der Arzt, soweit hierdurch Kosten für das MVZ bedingt sind, im Einvernehmen mit dem MVZ hinzuziehen. § 2 I Nr. 6 dieses Vertrages bleibt unberührt.

57

§ 5
Wirtschaftlichkeitsgebot

(1) Der Arzt ist Rahmen der Aufgabenstellung und im Rahmen des ärztlich Notwendigen zu zweckmäßiger, wirtschaftlicher und sparsamer Behandlung verpflichtet. Im Falle eines Verstoßes gegen das Wirtschaftlichkeitsgebot hat der Arzt dem MVZ den hierdurch entstandenen Schaden zu ersetzen, es sei denn, dass der Arzt den Schaden nicht schuldhaft verursacht hat.

(2) Vor der Einführung neuer Untersuchungs- und Behandlungsformen, die wesentliche Mehrkosten verursachen und aus diesem Grunde dem Gebot nach Absatz 1 zuwiderlaufen könnten, hat der Arzt hierüber Einvernehmen mit dem MVZ herzustellen. Dies gilt nicht, wenn ausnahmsweise die medizinische Notwendigkeit in Einzelfällen solche Maßnahmen unabdingbar macht.

(3) Die vorstehenden Bestimmungen gelten entsprechend für die Verordnung von Arzneimitteln und für den medizinischen Sachbedarf.

§ 6
Mitwirkung in Personalangelegenheiten

(1) Der Arzt hat in ärztlichen Angelegenheiten das Weisungsrecht gegenüber nichtärztlichen Mitarbeitern.

(2) Bei der Zuweisung von Aufgaben an nachgeordnete hat er den Bildungsstand der Mitarbeiter und deren Arbeits-, Ausbildungs- und/oder Weiterbildungsverträge sowie die Einhaltung der jeweils vereinbarten Arbeitszeiten zu beachten.

(3) Zeugnisse über die ärztliche Weiterbildung oder ähnliche Bescheinigungen stellt der Arzt aus. Sie sind vor ihrer Ausfertigung dem MVZ zur Kenntnisnahme vorzulegen. Der Arzt ist nicht berechtigt Arbeitszeugnisse auszufertigen. Auf Verlangen des MVZ hat er jedoch eine fachliche Beurteilung abzugeben.

§ 7
Urlaub, Fortbildung und Krankheit

(1) Der Arzt hat einen Anspruch auf Erholungsurlaub von .... Wochen im Kalenderjahr. Der Zeitpunkt des Urlaubsantritts und die Dauer des Urlaubs ist unter Berücksichtigung der betrieblichen Erfordernisse rechtzeitig vor dem beabsichtigtem Urlaubsantritt im Einvernehmen mit dem MVZ festzulegen. Ausschließlich Sonntage und gesetzliche Feiertage gelten nicht als Arbeitstage.

(2) Der Arzt ist verpflichtet, sich nach Maßgabe des § 95d SGB V fortzubilden und den Nachweis gegenüber über das MVZ der für sie zuständigen Ärztekammer und Kassenärztlichen Vereinigung entsprechend § 95d III SGB V zu erbringen. Die hierfür anfallenden Fortbildungskosten trägt die Praxis.

(3) Der Arzt hat einen Anspruch auf Freistellung von der Arbeit zum Zweck der Teilnahme an ärztlichen Fortbildungskursen zur Erfüllung der Verpflichtung nach Absatz 2 von maximal zehn Arbeitstagen im Kalenderjahr, soweit im Einzelfall der Fortbildungskurs den vertragsärztlichen Erfordernissen Rechnung trägt. Während der Dauer der Freistellung werden die Bezüge nach § 8 I f. dieses Vertrages gewährt. Reise- und sonstige Kosten übernimmt das MVZ nur nach gesonderter vorheriger Vereinbarung.

(4) Im Falle einer krankheitsbedingten Arbeitsunfähigkeit wird dem Arzt die Vergütung nach § 8 I f. dieses Vertrages bis zur Dauer von maximal drei Monaten fortgewährt.

59

§ 8
Bezüge; Versicherungsschutz

(1) Das MVZ zahlt dem Arzt eine Festvergütung in Höhe von .... € (in Worten: .... Euro) brutto monatlich. Der Nettobetrag ist jeweils am letzten Tag eines Monats fällig.

(2) Der Arzt erhält darüber hinaus eine Gewinnbeteiligung; der Nettobetrag wird spätestens innerhalb eines Zeitraums von neun Monaten nach Abschluss des jeweiligen Geschäftsjahres fällig. Die Höhe der Gewinnbeteiligung des in dem, nach steuerlichen Vorschriften aufgestellten Jahresabschluss für das MVZ ausgewiesenen Gewinns und steht diesen Ärzten zu. Am Verlust nimmt der Arzt nicht teil.

Soweit angestellte Fachärzte nicht vollzeitbeschäftigt werden, partizipieren diese in Relation ihres Tätigkeitsumfangs zum Tätigkeitsumfang der vollzeitangestellten Ärzte an der Gewinnbeteiligung.

Soweit das Anstellungsverhältnis des Arztes im Laufe des Geschäftsjahres beginnt oder endet, wird die Gewinnbeteiligung anteilig für jeden vollen Kalendermonat gezahlt.

(3) Durch die Vergütung nach Absatz 1 und 2 sind sämtliche Ansprüche auf Vergütung der Teilnahme an Ruf- und Bereitschaftsdiensten, am allgemeinen ärztlichen Notfalldienst, von eventuellen Überstunden, Samstags- und Sonntags-, Feiertags- oder sonstige Mehrarbeit abgegolten. Erstattungen für Krankenbesuche oder andere praxisbedingte Fahrten sowie Reisekosten erfolgen nach steuerlichen Höchstsätzen. Der Arzt hat keinen Anspruch darauf, dass ihm das MVZ für bestimmte Leistungen das Liquidationsrecht einräumt.

(4) Ansprüche auf zusätzliches Weihnachts-, Urlaubs- oder ähnliche Sondervergütungen oder Gratifikationen bestehen nicht. Sollte das MVZ im Einzelfall solche Gratifikationen leisten, begründet dies keinen diesbezüglichen Anspruch des Arztes für die Zukunft.

(5) Das MVZ schließt für die Tätigkeiten des Arztes aus diesem Vertrag eine ausreichende Haftpflichtversicherung gegen Schadensersatzansprüche Dritter ab. Der Arzt ist zur Einsichtnahme in den Versicherungsschein berechtigt.

60

§ 9
Entwicklungsklausel

Das MVZ kann nach Anhörung des Arztes sachlich gebotene strukturelle Veränderungen vornehmen.

61

§ 10
Nebentätigkeiten

Der Arzt darf Nebentätigkeiten nur mit vorheriger Zustimmung des MVZ ausüben. Nebentätigkeiten, die mit § 20 I und/oder § 20 II der Zulassungsverordnung für Vertragsärzte (Ärzte-ZV) oder mit den Interessen des MVZ unvereinbar sind, sind nicht genehmigungsfähig. Das MVZ kann die Zustimmung zu einer Nebentätigkeit unter Nutzung der Ressourcen des MVZ davon anhängig machen, dass der Arzt sich verpflichtet, dem MVZ einen Vorteilsausgleich zu leisten und die im Falle der Nutzung der Ressourcen, dem MVZ entstehenden Kosten zu erstatten. Es kann die Genehmigung unter einen Widerrufsvorbehalt stellen.

§ 11
Vertragsdauer

(1) Dieser Vertrag tritt an dem Tage in Kraft, an dem die Zulassungsgremien der zuständigen Kassenärztlichen Vereinigung das MVZ die Genehmigung bestandskräftig erteilt haben, den Arzt in Rahmen der vertragsärztlichen Versorgung zu beschäftigen. Der Arzt ist verpflichtet, alle erforderlichen Erklärungen gegenüber dem MVZ, der Kassenärztlichen Vereinigung und den Zulassungsgremien abzugeben, die zur Erlangung der vorgenannten Genehmigung erforderlich sind.

(2) Dieser Vertrag ist auf unbestimmte Dauer geschlossen. Jede Vertragspartei ist berechtigt, ihn unter Einhaltung einer Frist von sechs Monaten zum Ende eines jeden Kalenderjahres, erstmalig zum ...., ordentlich zu kündigen. Unberührt durch die vorste-

henden Regelungen bleibt das Recht einer jeden Vertragspartei zur außerordentlichen Kündigung aus wichtigem Grund.

(3) Der Vertrag endet darüber hinaus, ohne dass es einer Kündigung bedarf, mit dem Tod des Arztes und mit dem Ende des Kalenderjahres, in dem er das achtundsechzigste Lebensjahr vollendet.

62

§ 12
Nachvertragliches Wettbewerbsverbot

(1) Dem Arzt ist es für die Dauer von zwei Jahren nach Beendigung dieses Vertrages untersagt:

1. sich in einem Umkreis von fünf Kilometern um das MVZ in eigener Praxis oder in einer Berufsausübungsgemeinschaft und/oder Kooperationsgemeinschaft als Facharzt für .... niederzulassen,
2. als freier Mitarbeiter oder angestellter Facharzt für .... in einer im vorgenannten räumlichen Schutzbereich gelegenen Arztpraxis oder ärztlich geleiteten Einrichtung ärztlich auch im Bereich der ambulanten Heilkunde in vorgenannten Fachgebieten tätig zu werden.

(2) Für jeden Fall der Zuwiderhandlung gegen das Verbot hat der Arzt eine Vertragsstrafe in Höhe von .... € (in Worten: .... Euro) zu zahlen. Im Fall eines Dauerverstoßes wird die Vertragsstrafe für jeden angefangenen Tag neu verwirkt. Die Geltendmachung eines darüber hinausgehenden Schadens und sonstiger Ansprüche bleibt vorbehalten.

(3) Das MVZ zahlt dem Arzt während der Dauer des nachvertraglichen Wettbewerbsverbots eine Entschädigung, die für jedes Jahr des Verbots die Hälfte der von dem Arzt zuletzt bezogenen vertragsmäßigen Leistung beträgt.

(4) Das Wettbewerbsverbot gilt auch mit einem gesetzlichen oder rechtsgeschäftlichen Rechtsnachfolgers des MVZ, insbesondere geht es bei einer Übertragung des MVZ auf den Erwerber über.

(5) Im Übrigen finden auf das nachvertragliche Wettbewerbsverbot die Regelungen der §§ 74 ff. HGB entsprechende Anwendung.

(6) Dem MVZ steht es frei auf die Inhalte und Wirkungen des § 12 dieses Vertrages durch schriftliche Erklärung gegenüber dem Arzt

zu verzichten mit der Folge, dass § 12 insgesamt keine Anwendung findet. Diese Erklärung ist innerhalb von drei Monaten nach Zugang der Kündigungserklärung abzugeben.

§ 13
Schlussbestimmungen

(1) Mündliche Nebenabreden bestehen nicht. Änderungen, Ergänzungen sowie eine Vereinbarung über die Auflösung dieses Vertrages bedürfen zu ihrer Wirksamkeit der Schriftform.

(2) Jeder Unterzeichner erhält ein Exemplar dieses Vertrages.

(3) Jede Vertragspartei allein trägt die von ihr im Zusammenhang mit dem Abschluss dieses Vertrages veranlassten Kosten für Unternehmens-, Steuer- und Rechtsberatung.

(4) Sollte eine Bestimmung dieses Vertrages unwirksam sein oder während der Vertragsdauer unwirksam werden, so wird der Vertrag in allen übrigen Bestimmungen dadurch nicht berührt und gilt unverändert weiter. Die unwirksame Bestimmung soll unter Berücksichtigung des Grundsatzes der Vertragstreue durch eine andere, zulässige Bestimmung ersetzt werden, die dem Sinn und Zweck der unwirksamen Bestimmung am nächsten kommt. Entsprechendes gilt auch im Falle einer Vertragslücke.

...., den ....

....

Dr. med. ....   Dr. med. ....
als Geschäftsführer des MVZ

Muster VIII

MVZ am Krankenhaus

Durch das VÄndG bekommt vor allem die Angliederung eines MVZ an ein Krankenhaus zunehmend strategische Bedeutung. Ein unter Führung des Krankenhauses stehendes angegliedertes MVZ zielt auf eine schnellere Entlassung sowie eine stationäre und zuzüglich ambulante Abrechnung eines Behandlungsfalls. Durch die Änderung der Zulassungsverordnung-Ärzte ist es nunmehr möglich, dass Ärzte unter gewissen Bedingungen gleichzeitig Vertragsärzte und Krankenhausärzte sein können. Erhalten stationäre Ärzte eine Vertragsarztzulassung, können die im Krankenhaus begonnenen Therapien nahtlos durch die gleichen Personen im ambulanten Bereich fortgeführt werden. Jedoch kann durch das Vorhalten eines breiten ambulanten Spektrums eine Konkurrenzsituation zu den Zuweisern entstehen. Voreilig gegründete Versorgungszentren an Krankenhäusern haben deshalb zu einem Einweisungsrückgang geführt. Medizinische Versorgungszentren mit einem breiten ambulanten Spektrum können deshalb nur dann erfolgreich geführt werden, wenn es mit den niedergelassenen Zuweisern Kooperations- und Beteiligungsmodelle gibt. Derzeit sind ca. 32 % der MVZ in Klinikhänden, demgegenüber werden ca. 64 % aller MVZ von niedergelassenen Ärzten geleitet. Der wesentliche Unterschied ist, dass Klinik-MVZ in der Regel personell größer sind und im Wesentlichen ausschließlich mit angestellten Ärzten arbeiten.

Das nachfolgende Modell berücksichtigt deshalb das Vorhaben eines Krankenhauses zum Aufkauf einer niedergelassenen Vertragsarztpraxis unter gleichzeitiger Anstellung des Zulassungsinhabers.

Muster VIII/1.

Übernahme eines Vertragsarztsitzes durch das Klinik-MVZ durch Anstellung des Praxisabgebers und anschließende Anstellung eines Krankenhausarztes

Praxisübernahmevertrag

Klinikum-MVZ XY GmbH, Geschäftsführer Dr. ....

– Erwerberin –

und

Dr. ....

– Veräußerer –

schließen den nachfolgenden

Praxisübernahmevertrag

Die Klinikum-MVZ XY GmbH betreibt ein Medizinisches Versorgungszentrum (MVZ) im Sinne des § 95 Abs. 1 SGB V in der vertragsärztlichen Versorgung der gesetzlichen Krankenversicherten mit Vertragssitz in .... Die Erweiterung des MVZ soll u. a. erfolgen durch Verzicht des Veräußerers auf seine Vertragsarztzulassung zugunsten des MVZ. Unter der aufschiebenden Bedingung, dass der Klinikum-MVZ XY GmbH die bestandskräftige Genehmigung erteilt wird, den Veräußerer als angestellten Arzt im MVZ zu beschäftigen, schließen die Parteien den nachfolgenden Praxisübernahmevertrag.

§ 1
Gegenstand des Vertrages

(1) Die Erwerberin übernimmt die bisher vom Veräußerer geführte ....praxis in .... Dabei handelt es sich um das materielle

Betriebsvermögen gemäß Anlage 1 und das immaterielle Betriebsvermögen (goodwill).

(2) Die Praxisübernahme erfolgt zum .... 2007.

(3) Der Veräußerer hat der Erwerberin durch Übergabe der Einnahme-Überschuss-Rechnungen für die Jahre 2004, 2005 und 2006 über alle wirtschaftlichen Angelegenheiten der Praxis informiert. Beide Parteien gehen von der Richtigkeit der Unterlagen aus.

§ 2
Inventar

(1) Mit dem Kaufpreis gemäß § 8 ist das Inventar gemäß Inventarverzeichnis als Anlage 1 zu diesem Vertrag abgegolten.

(2) Mit der Praxisübergabe übergibt der Verkäufer alle in der Praxis befindlichen Einrichtungsgegenstände, Instrumente und Materialien an den Käufer. Die Übernahme des Inventars erfolgt wie besichtigt. Eine Haftung des Verkäufers für Sach- und Rechtsmängel ist ausgeschlossen. Die vom Verkäufer zu übertragenen Einrichtungsgegenstände, Instrumente und Materialien stehen im freien, unbelasteten Eigentum des Verkäufers. Das Eigentum an den übernommenen Gegenständen geht erst mit vollständiger Zahlung des Kaufpreises auf den Käufer über; bis zur vollständigen Zahlung behält sich der Verkäufer das Eigentum an sämtlichen Gegenständen vor. Der Käufer ist vor der vollständigen Kaufpreiszahlung nicht berechtigt, über die Praxis, Teile der Praxis oder sonstige übernommene Gegenstände zu verfügen.

§ 3
Patientenkartei

(1) Der Veräußerer übergibt dem Erwerber seine gesamte Patientenkartei einschließlich – soweit vorhanden – des Röntgenarchivs sowie sonstige Patientenunterlagen (Alt-Kartei) zur Verwahrung unter Beachtung des informativem Selbstbestimmungsrechts der Patienten. Auf das Verwahrungsverhältnis finden die §§ 688 ff. Anwendung, soweit im Folgenden nichts Abweichendes vereinbart wird.

(2) Die Erwerberin verpflichtet sich, die Alt-Kartei in einem geschlossenen Aktenschrank unter Verschluss zu nehmen und zu

halten, und zwar getrennt von seiner laufenden Kartei und sicher vor dem Zugriff des Praxispersonals. Die Aufbewahrung der Altkartei für den Veräußerer erfolgt unentgeltlich. Der Veräußerer bleibt Eigentümer der Altkartei.

(3) Die Erwerberin verpflichtet sich sicherzustellen, dass die MVZ-Mitarbeiter auf die Alt-Kartei nur dann im Einzelfall Zugriff nehmen, wenn der Patient ihrer Nutzung durch die MVZ-Mitarbeiter oder ihrer Überlassung an einen mit- oder nachbehandelnden Arzt in Kopie schriftlich zugestimmt hat, oder wenn er durch die Inanspruchnahme der Erwerberin schlüssig zum Ausdruck bringt, dass er die Nutzung der Alt-Kartei durch die MVZ-Mitarbeiter billigt. Erklärt der Patient auf diese Weise sein Einverständnis zur Nutzung der Alt-Kartei, dürfen seine Unterlagen aus der Alt-Kartei entnommen und in die laufende Patientenkartei eingebracht bzw. versandt werden. Die Erwerberin hat die aus der Alt-Kartei entnommenen Vorgänge in einer fortlaufenden Liste zu dokumentieren. Mit der Einbringung der Patientenunterlagen aus der Alt-Kartei in die laufende Patientenkartei gehen die Unterlagen in das Eigentum der Erwerberin über.

(4) Die Erwerberin verpflichtet sich, die Alt-Kartei sorgfältig aufzubewahren und die Aufbewahrungsfristen nach Gesetz und Berufsordnung (insbesondere § XY der Berufsordnung der Ärztekammer XY) einzuhalten.

Nach Ablauf der gesetzlichen Aufbewahrungspflichten ist sie berechtigt, diese Unterlagen zu vernichten oder unter Beachtung der vorstehenden Schutzvorschriften zur Einhaltung der ärztlichen Schweigepflicht weiterhin zu verwerten. Der Veräußerer verzichtet auf sein Rückforderungsrecht mit der Maßgabe, dass die Erwerberin ihm im Einzelfall Abschriften der Alt-Kartei auszuhändigen hat, soweit dies aus sachlichem Grund, insbesondere zur Abwehr von Haftpflichtansprüchen der Patienten oder Regress- und sonstigen Ansprüchen der Kassenärztlichen Vereinigung oder der Krankenkassen des Landes XY.

(5) Auf die EDV-gespeicherten Patientenunterlagen finden die vorstehenden Regelungen entsprechende Anwendung.

§ 4
Anstellungsvertrag

Der Veräußerer wird mit der Erwerberin einen Anstellungsvertrag schließen. Dieser erfolgt in gesonderter Vereinbarung.

§ 5
Übernahme des Personals

(1) Die Erwerberin übernimmt das Personal der Praxis und tritt in alle Rechte und Pflichten aus den im Zeitpunkt der Übernahme bestehenden Arbeitsverhältnissen – Anlage 2 – ein. Der Veräußerer verpflichtet sich, bei den einzelnen Mitarbeitern auf die Forstsetzung der Arbeitsverträge mit der Erwerberin hinzuwirken.

(2) Soweit die Erwerberin nach Abs. 1 zur Zahlung von Weihnachtsgeld, Urlaubsgeld oder sonstigen regelmäßig wiederkehrenden Gehaltszulagen verpflichtet ist, hat der Veräußerer ihm die jeweiligen Beträge für die Zeit bis zur Praxisübergabe anteilig zu erstatten. Entsprechendes gilt für das Urlaubsentgelt.

(3) Der Veräußerer wird keine neuen Arbeitsverhältnisse bis zum Übergabestichtag begründen.

(4) Der Veräußerer teilt verbindlich mit, dass eine besondere betriebliche Altersversorgung mit den Mitarbeitern nicht vereinbart ist.

(5) Der Veräußerer wird das Personal rechtzeitig vor dem Übergabestichtag von der bestehenden Praxisübernahme schriftlich in Kenntnis setzen. Den Vertragsparteien ist bekannt, dass das Personal dem Übergang der Anstellungsverhältnisse auf die Erwerberin innerhalb einer Frist von 1 Monat seit Zugang der Information widersprechen kann (§ 613a BGB).

§ 6
Eintritt in sonstige laufende Verträge

Die Erwerberin tritt in folgende sonstige laufenden Verträge der Praxis des Veräußerers ein:

Hier muss eine Aufzählung der Verträge erfolgen, die das Klinikum-MVZ übernehmen soll.

Die Verträge sind als Originale dem Erwerber zu übergeben und werden als Kopie in der Anlage zu diesem Vertrag beigefügt.

§ 7
Abwicklung bestehender Honorarforderungen

Die entstandenen Honorare für Leistungen, die bis zur Praxisübergabe erbracht worden sind, stehen dem Veräußerer zu, der auch ihre Einziehung übernimmt.

§ 8
Kaufpreis

(1) Der Kaufpreis beträgt für die Praxiseinrichtung gemäß Anlagenliste 1 und für den ideellen Praxiswert (Goodwill) insgesamt € .... Dabei wurden für die Praxiseinrichtung € .... (€ .... laut Inventarliste und € .... für das Röntgengerät) eingesetzt und für den Goodwill €............

(2) Der Gesamtkaufpreis nach Abs. 1 ist am Tag der Praxisübergabe fällig.

§ 9
Haftung gegenüber Gläubigern des Veräußerers

(1) Der Veräußerer versichert, dass die Praxis nicht sein ganzes oder nahezu sein ganzes Vermögen im Sinne der §§ 419, 1365 BGB darstellt.

(2) Die Erwerberin übernimmt keine gegen den Veräußerer gerichteten Ansprüche, die aufgrund oder im Zusammenhang mit dem Praxisbetrieb und mit der medizinischen Tätigkeit des Verkäufers entstanden sind oder bis zum Übergabezeitpunkt entstehen (z. B. Haftpflichtschäden, Honorarkürzungen, Arzneimittelregresse, sonstige Schäden etc.).

(3) Für den Fall, dass die Erwerberin von Gläubigern des Veräußerers wegen im Zeitpunkt der Praxisübernahme bestehender Verbindlichkeiten des Veräußerers in Anspruch genommen wird, verpflichtet sich der Veräußerer, der Erwerberin im Innenverhältnis von sämtlichen Ansprüchen freizustellen.

§ 10
Tod, Berufsunfähigkeit des Veräußerers oder des Erwerbers

(1) Der Tod oder die Berufsunfähigkeit des Veräußerers hindern die Durchführung dieses Vertrages nicht.

(2) Wird der Erwerber vor der Übertragung des Vertragsarztsitzes des Veräußerers berufsunfähig oder verstirbt er, so erlöschen die wechselseitigen Rechte und Pflichten aus diesem Vertrag. Im Übrigen hindert der Tod oder die Berufsunfähigkeit des Erwerbers die Durchführung dieses Vertrages nicht. Der Erwerber oder deren Erben sind in diesem Fall verpflichtet, in Abstimmung mit Dr. .... einen geeigneten Nachfolger zu suchen.

§ 11
Wettbewerbsverbot

(1) Dem Veräußerer ist es untersagt, sich ab Übergabedatum innerhalb von zwei Jahren im Umkreis von fünf Kilometern Luftlinie vom Praxissitz als .... niederzulassen oder eine sonstige ärztliche Tätigkeit dieses Fachgebietes in freiberuflicher oder abhängiger Stellung anzunehmen. Gelegentliche Praxisvertretungen und Notdienste bis zu einer Dauer von sechs Wochen im Kalenderjahr bleiben außer Betracht.

(2) Im Falle der Nichteinhaltung der Verpflichtung nach Abs. 1 hat der Veräußerer dem Erwerber den Kaufpreis für den ideellen Wert des Gesellschaftsanteils zurückzuerstatten. Weitergehende Schadensersatz- und Unterlassungsansprüche des Erwerbers bleiben unberührt.

§ 12
Zulassung als MVZ

Dieser Vertrag wird unter der aufschiebenden Bedingung geschlossen, dass die Zulassungsgremien im Bereich der Kassenärztlichen Vereinigung XY der Erwerberin eine Zulassung als Medizinisches Versorgungszentrum für den Vertragsarztsitz in ...., sowie Genehmigung bestandskräftig erteilen, den Veräußerer als angestellten Arzt des MVZ der Erwerberin zu beschäftigen. Dr. .... wird unverzüglich nach Unterzeichnung dieses Vertrages gegenüber den Zulassungsgremien unter diesen aufschiebenden Bedingungen auf seine Zulassung als Vertragsarzt zugunsten seiner Anstellung am MVZ der Erwerberin verzichten, um im MVZ des Erwerbers tätig zu werden.

§ 13
Kosten

Die Kosten für den Abschluss und die Durchführung dieses Vertrages trägt jede Vertragspartei selbst.

§ 14
Schriftform, Teilnichtigkeit

(1) Änderungen und Ergänzungen dieses Vertrages bedürfen der Schriftform. Mündliche Nebenabreden sind nicht getroffen.

(2) Sollten einzelne Bestimmungen dieses Vertrages rechtsunwirksam sein oder werden, so wird hierdurch die Wirksamkeit der übrigen Vertragsbestimmungen nicht berührt. Nichtige Vertragsbestimmungen sind unter Wahrung des Grundsatzes der Vertragstreue neu zu regeln.

..........., den ....

....

MVZ im Klinikum .... GmbH Dr. ....
Dr. ....

Muster VIII/2.

Dienstvertrag

zwischen

der Klinikum-MVZ XY GmbH, (MVZ), ...

handelnd durch Geschäftsführer Dr. ....

– nachstehend MVZ genannt –

und

Herrn Dr. ....

– nachstehend Arzt genannt –

wird der folgende **Dienstvertrag** geschlossen.

Präambel

(1) Die Klinikum-MVZ XY GmbH betreibt ein Medizinisches Versorgungszentrum (MVZ) im Sinne des § 95 Abs. 1 SGB V in der vertragsärztlichen Versorgung der gesetzlichen Krankenversicherten mit Vertragssitz in ....

(2) Herr .... ist als Facharzt .... in eigener Praxis niedergelassen und durch die Zulassungsgremien im Bereich der Kassenärztlichen Vereinigung XY zur vertragsärztlichen Versorgung zugelassen.

(3) Die Klinikum-MVZ XY GmbH und Dr. .... sind sich darin, dass Herr Dr. .... auf der Grundlage eines gesonderten Kaufvertrages die von ihm bisher betriebene Arztpraxis an die Klinikum-MVZ XY GmbH veräußert und die Klinikum-MVZ XY GmbH die Arztpraxis des Herrn Dr. .... im Rahmen eines MVZ im Sinne des § 95 Abs. 1 i. V. m. § 103 Abs. 4a SGB V fortführt, indem Herrn Dr. .... zukünftig als leitender Arzt der Abteilung .... des MVZ tätig sein wird. Die Klinikum-MVZ XY GmbH und Dr. ....

vereinbaren für dieses Angestelltenverhältnis die folgenden Bestimmungen:

§ 1
Vertragsgegenstand

Herr Dr. ....wird mit Wirkung vom Eintritt der in § 10 dieses Vertrages genannten aufschiebenden Bedingungen als Facharzt für .... für das MVZ eingestellt. Ihm obliegt die Leitung der Abteilung .... im MVZ.

§ 2
Stellung des Arztes

(1) Der Arzt übt seine Tätigkeit im Rahmen des MVZ nach folgenden Maßgaben aus:

1. Das Selbstbestimmungsrecht und die Würde der Patienten sind zu respektieren und ihre Privatsphäre zu achten und die Bestimmungen zur ärztlichen Schweigepflicht und zum Datenschutz einzuhalten.
2. Er übt seinen ärztlichen Beruf nach freiem Gewissen, den Geboten der ärztlichen Ethik und der Menschlichkeit und unter Beachtung der jeweils geltenden gesetzlichen insbesondere berufsrechtlich aufgestellten Grundsätze einer korrekten ärztlichen Berufsausübung unter Beachtung seines Fachgebietes aus. Er hat seinen ärztlichen Beruf gewissenhaft auszuüben und dem bei seiner Berufsausübung entgegengebrachten Vertrauen zu entsprechen.
3. Er übt seinen ärztlichen Beruf eigenverantwortlich und selbstständig aus und ist in seiner originären ärztlichen Berufsausübung, insbesondere seiner ärztlichen Verantwortung bei Diagnostik und Therapie unabhängig und nur dem Gesetz unterworfen und insbesondere hat er bei seinen ärztlichen Entscheidungen keine Weisungen von Nichtärzten entgegenzunehmen oder zu beachten. Im Übrigen – außerhalb des Bereichs der ärztlichen Berufsausübung – ist er an die Weisungen des MVZ, vertreten durch den ärztlichen Leiter oder den Geschäftsführer der Klinikum-MVZ XY GmbH gebunden.
4. Er hat das Recht der Patienten, den Arzt frei zu wählen oder zu wechseln, zu achten.

5. Er darf den begründeten Wunsch des Patienten, einen weiteren Arzt hinzuzuziehen oder an einen anderen Arzt überwiesen zu werden, nicht ablehnen.
6. Er darf im Zusammenhang mit ärztlichen Leistungen keine Waren oder andere Gegenstände an die Patienten abgeben oder an einer solchen Abgabe mitwirken oder sonstige mit dem ärztlichen Beruf unvereinbare gewerbliche Dienstleistungen nicht erbringen, soweit nicht die Abgabe des Gegenstandes oder die Dienstleistung in ihrer Besonderheit notwendiger Bestandteil der ärztlichen Therapie sind.
7. Er hat die jeweils für das MVZ geltenden berufsrechtlichen, sozialversicherungsrechtlichen und sonstigen gesetzlichen Bestimmungen genau einzuhalten.
8. Er ist bei der Ausübung seiner Rechte als Mitglied der Kassenärztlichen Vereinigung frei von Weisungen des Arbeitgebers.
9. Ihm obliegt die Sicherstellung der ärztlichen Aufzeichnung und Dokumentation in seiner Abteilung.
10. Er sorgt für die Sicherstellung der Hygiene und für kontinuierliche Qualitätskontrollen der Leistungen des MVZ in seiner Abteilung.

(2) Zwischen den Parteien gilt der Grundsatz der vertrauensvollen Zusammenarbeit.

§ 3
Dienstaufgaben des Arztes

(1) Der Arzt hat nach Maßgabe der von dem MVZ bestimmten Aufgabenstellung und Zielsetzung alle hierzu anfallenden Tätigkeiten zu besorgen, soweit diese nicht nach der jeweils gültigen Nebentätigkeitserlaubnis ausdrücklich zu den Nebentätigkeiten gehören und sich nach Maßgabe der berufs- und vertragsrechtlichen Vorgaben in Abstimmung mit dem MVZ fortzubilden. Die regelmäßige Arbeitszeit des Arztes beträgt 40 Stunden pro Woche. Der Beginn und das Ende der täglichen Arbeitszeit und die Verteilung der wöchentlichen Arbeitszeit auf die Werktage richten sich nach den Erfordernissen des MVZ und sind mit diesem abzustimmen.

(2) Zu den Dienstaufgaben des Abs. 1 gehören insbesondere die Untersuchung und Behandlung der Patienten, die konsilarische

Zusammenarbeit mit anderen für das MVZ tätigen Personen und die Teilnahme am kassenärztlichen Not- und Bereitschaftsdienst.

(3) Der Arzt hat für jeden Patienten eine Dokumentation zu führen. Eigentümer der Dokumentation ist das MVZ. Dem Arzt ist jederzeit Einsicht in die Dokumentation zu gewähren. Das Einsichtsrecht besteht auch nach Beendigung des Dienstverhältnisses.

(4) Der Arzt hat an der Einhaltung der gebührenrechtlichen Vorschriften mitzuwirken und diese zu überwachen. Die Abrechnung des MVZ übernimmt die Krankenhausverwaltung und untersteht der Aufsicht des Geschäftsführers des Klinikums.

(5) Der Arzt hat an allen Maßnahmen der Qualitätssicherung mitzuwirken.

(6) Der Arzt ist verpflichtet, Vorkommnisse von erheblicher oder grundsätzlicher Bedeutung unverzüglich mitzuteilen.

(7) Der Arzt ist in jeder Hinsicht zur Verschwiegenheit über die Patientendaten, aber auch über alle inneren Angelegenheiten des MVZ verpflichtet. Er ist insbesondere nicht berechtigt, Geschäftsdaten des MVZ an Dritte weiterzugeben. Ein Verstoß gegen diese Verpflichtung ist ein schwerer Verstoß gegen die Pflichten aus diesem Anstellungsvertrag. Diese Verpflichtung gilt über die Beendigung des Dienstvertrages hinaus. Die Auskunftspflichten des Arztes gegenüber der Kassenärztlichen Vereinigung, der Ärztekammer und sonstigen Behörden aufgrund gesetzlicher oder berufsrechtlicher Verpflichtungen bleiben davon unberührt.

§ 4
Persönliche Leistungserbringung

(1) Der Arzt hat die von ihm nach diesem Vertrag übernommenen Aufgaben grundsätzlich persönlich zu erfüllen.

(2) Eine Delegation von Einzelaufgaben auf ärztliche und nichtärztliche Mitarbeiter ist nur insoweit zulässig, wenn im Einzelfall nicht das persönliche Tätigwerden des Arztes, insbesondere nach den berufs-, weiterbildungs- und vertragsarztrechtlichen Bestimmungen, erforderlich ist.

(3) Ärzte und andere Einrichtungen außerhalb des MVZ kann der Arzt, soweit dem MVZ dadurch Kosten entstehen, nur im Einvernehmen mit dem MVZ hinzuziehen.

§ 5
Wirtschaftlichkeitsgebot

(1) Der Arzt ist im Rahmen der Aufgabenstellung und im Rahmen des ärztlich notwendigen zu zweckmäßiger, wirtschaftlicher und sparsamer Behandlung verpflichtet. Im Falle eines Verstoßes gegen das Wirtschaftlichkeitsgebot hat der Arzt dem MVZ den hierdurch entstandenen Schaden zu ersetzen, wenn ein Fall grober Fahrlässigkeit oder Vorsatz vorliegt. Die Beweislast trifft das MVZ.

(2) Vor der Einführung neuer Untersuchungs- und Behandlungsformen, die wesentliche Mehrkosten verursachen, hat der Arzt hierüber Einvernehmen mit dem MVZ herzustellen. Dies gilt dann nicht, wenn ausnahmsweise die medizinische Notwendigkeit in Einzelfällen solche Maßnahmen unabdingbar macht oder vertragsärztliche Regelungen diese Maßnahme verpflichtend zugrunde legen.

(3) Die vorstehenden Bestimmungen gelten entsprechend für die Verordnung von Arzneimitteln und für den medizinischen Sachbedarf.

§ 6
Mitwirkung in Personalangelegenheiten

(1) Der Arzt hat in ärztlichen Angelegenheiten das Weisungsrecht gegenüber nichtärztlichen Mitarbeitern. Bei Einstellung und Entlassung des Personals seiner Abteilung ist er vorher anzuhören.

(2) Bei der Zuweisung von Aufgaben auf Nachgeordnete hat er den Bildungsstand der Mitarbeiter und deren Qualifikation sowie die Einhaltung der Arbeitszeiten zu beachten.

(3) Der Arzt erfüllt die Aufgaben der ärztlichen Weiterbildung.

(4) Zeugnisse über die ärztliche Weiterbildung und ähnliche Bescheinigungen, die sich ausschließlich mit den ärztlich-wissenschaftlichen Qualifikationen befassen, stellt der Arzt aus. Arbeitszeugnisse werden vom Klinikum unter Verwendung einer von dem Arzt abzugebenden fachlichen Beurteilung ausgestellt. Die

fachliche Beurteilung und das Arbeitszeugnis werden in einer Urkunde zusammengefasst.

§ 7
Urlaub, Fortbildung, Krankheit

(1) Der Arzt hat einen Anspruch auf Erholungsurlaub von 28 Tagen im Kalenderjahr unter Zugrundelegung einer 5-Tage-Woche. Sonntage und gesetzliche Feiertage gelten nicht als Arbeitstage.

(2) Der Arzt ist berechtigt und verpflichtet, sich nach Maßgabe des § 95d SGB V fortzubilden. Er führt darüber Nachweis gegenüber dem MVZ. Die hierfür anfallenden Fortbildungskosten trägt das MVZ. Die konkrete Fortbildungsveranstaltung ist vor Antritt vom MVZ genehmigen zu lassen.

(3) Der Arzt hat einen Anspruch auf Freistellung von der Arbeit zum Zwecke der Teilnahme an ärztlichen Fortbildungsveranstaltungen zur Erfüllung der Verpflichtungen nach Abs. 2 von maximal 20 Arbeitstagen (5-Tage-Woche) im Kalenderjahr.

(4) Im Falle krankheitsbedingter Arbeitsunfähigkeit erfolgt Entgeltfortzahlung für die Dauer von maximal drei Monaten

§ 8
Bezüge, Versicherungsschutz

(1) Das MVZ zahlt dem Arzt eine Festvergütung von monatlich € .... (in Worten: ....) brutto. Der Nettobetrag ist jeweils am letzten Tag des Monats fällig.

(2) Der Arzt erhält darüber hinaus eine Umsatzbeteiligung an seinen ärztlichen Umsätzen (ohne Arzneimittel, ohne Heil- und Hilfsmittel, ohne sonstige Sachkosten) im Kalenderjahr. Der Nettobetrag wird spätestens am 01.10. des Folgejahres fällig. Die Höhe der Umsatzbeteiligung bemisst sich nach dem Jahres-Gesamtumsatz des Arztes in der Abteilung .... im MVZ. Die Umsatzbeteiligung beträgt im ersten Jahr .... %, ab dem zweiten Jahr ....%. Die Festvergütung gemäß Abs. 1 wird auf die Umsatzbeteiligung nicht angerechnet. Der Arzt hat das Recht, in sämtliche Unterlagen einzusehen, aus denen sich sein Jahres-Gesamtumsatz im MVZ ergibt.

Soweit das Anstellungsverhältnis des Arztes im Laufe des Geschäftsjahres beginnt oder endet, wird die Umsatzbeteiligung nur anteilig für den jeweiligen vollen Kalendermonat gezahlt. Auf die Umsatzbeteiligung erhält der Arzt im ersten Jahr einen monatlichen Abschlag in Höhe von .... € (in Worten: .... EUR) brutto. Ab dem zweiten Jahr erhält der Arzt einen Abschlag in Höhe von .... € (in Worten: .... EUR) brutto. Der entsprechende Nettobetrag wird mit der Netto-Festvergütung gemäß Ziff. 1 monatlich ausgezahlt. Sollte sich nach der kalenderjährlichen Abrechnung ergeben, dass die gezahlten Abschläge die Umsatzbeteiligung für das Kalenderjahr überschreiten, ist der Arzt zur Erstattung in entsprechender Höhe verpflichtet.

(3) Mit der Vergütung gemäß Abs. 1 und 2 dieser Vorschrift sind sämtliche Ansprüche auf Vergütung der Teilnahme an Ruf- und Bereitschaftsdiensten, Notfalldiensten, Überstunden, Samstags- und Sonntagsarbeit, sowie Feiertags- und sonstige Mehrarbeit abgegolten. Erstattungen für Krankenbesuche erfolgen nach steuerlichen Höchstsätzen. Der Arzt hat keinen Anspruch darauf, dass ihm das MVZ für bestimmte Leistungen das Liquidationsrecht einräumt.

(4) Ansprüche auf zusätzliches Weihnachts-, Urlaubsgeld oder ähnliche Sondervergütungen oder Gratifikationen bestehen nicht.

(5) Das MVZ schließt für die Tätigkeit des Arztes aus diesem Vertrag eine ausreichende Haftpflichtversicherung gegen Schadensersatzansprüche Dritter ab. Der Arzt ist jederzeit berechtigt, in den Versicherungsschein einzusehen.

(6) Der Arzt ist nicht berechtigt, sein Gehalt an Dritte abzutreten, es sei denn, der Arbeitgeber stimmt der Gehaltsabtretung ausdrücklich zu.

§ 9
Nebentätigkeiten

Der Arzt darf Nebentätigkeiten mit vorheriger schriftlicher Zustimmung des MVZ ausüben. Nicht genehmigungsfähig sind Nebentätigkeiten die mit § 20 Abs. 1 und Abs. 2 der Zulassungsverordnung für Vertragsärzte oder mit den Interessen des MVZ unvereinbar sind. Das MVZ kann die Zustimmung zu einer Nebentätigkeit davon abhängig machen, dass der Arzt sich verpflichtet, dem

MVZ einen Vorteilsausgleich zu leisten und die im Falle der Nutzung der Ressourcen dem MVZ entstehenden Kosten zu erstatten. Es kann die Genehmigung unter einem jederzeitigen Widerrufsvorbehalt ausstellen.

§ 10
Vertragsdauer

(1) Dieser Vertrag tritt an dem Tag in Kraft, an dem die Zulassungsgremien der zuständigen Kassenärztlichen Vereinigung dem MVZ die Genehmigung bestandskräftig erteilt haben, den Arzt im Rahmen der vertragsärztlichen Versorgung zu beschäftigen, frühestens am .... 2007.

Der Arzt ist verpflichtet, alle erforderlichen Erklärungen gegenüber dem MVZ, der Kassenärztlichen Vereinigung und den Zulassungsgremien abzugeben, die zur Erlangung der vorgenannten Genehmigung erforderlich sind.

(2) Dieser Vertrag ist auf unbestimmte Dauer geschlossen. Jede Partei ist berechtigt, diesen Vertrag unter Einhaltung einer Frist von sechs Monaten zum Ende eines Quartals, erstmalig zum xx.xx.2xxx ordentlich zu kündigen. Unberührt durch die vorstehende Regelung bleibt das Recht einer jeden Vertragspartei zur außerordentlichen Kündigung aus wichtigem Grund.

(3) Der Vertrag endet darüber hinaus, ohne dass es einer Kündigung bedarf, mit dem Tod des Arztes und mit dem Ende des Kalenderjahres, in dem der Arzt das gesetzliche Rentenalter vollendet.

§ 11
Schlussbestimmungen

(1) Mündliche Nebenabreden bestehen nicht. Änderungen, Ergänzungen sowie Vereinbarungen über die Auflösung dieses Vertrages bedürfen der Schriftform. Der TVÖD (Tarifvertrag für den Öffentlichen Dienst) findet auf diesen Vertrag keine Anwendung.

(2) Jede Vertragspartei trägt allein die von ihr im Zusammenhang mit dem Abschluss dieses Vertrages veranlassten Kosten für Unternehmens-, Steuer- und Rechtsberatung.

(3) Sollte eine Bestimmung dieses Vertrages unwirksam sein oder während der Vertragsdauer unwirksam werden, so wird der Ver-

trag in allen übrigen Bestimmungen dadurch nicht berührt und gilt unverändert weiter. Die unwirksame Bestimmung soll unter Berücksichtigung des Grundsatzes der Vertragstreue durch eine andere zulässige Bestimmung ersetzt werden, die dem Sinn und Zweck der unwirksamen Bestimmung am Nächsten kommt. Entsprechendes gilt auch im Falle einer Vertragslücke.

..........., den ....

....	....
Klinikum-MVZ GmbH Geschäftsführer	Dr. ....

Muster VIII/3.

Übernahme eines Vertragsarztsitzes als Teil einer früheren Gemeinschaftspraxis

Will das Klinik-MVZ einen Vertragsarztsitz übernehmen, der zuvor aus einer Gemeinschaftspraxis herauszulösen ist, muss dieses strategisch geplant werden.

Dazu müsste die bestehende Gemeinschaftspraxis des abgabewilligen Arztes ein oder zwei Quartale vor dessen Abgabe aufgelöst werden, damit der abgabewillige Vertragsarzt durch Zulassungsverzicht seinen Praxis- und Vertragsarztsitz in das MVZ verlegen kann. Nach seinem Anstellungsende würde dann das MVZ die Nachbesetzung bestimmen können.

Besteht derzeit noch kein Krankenhaus-MVZ, so gestaltet sich die Situation etwas komplizierter. Das MVZ benötigt zwei fachübergreifende Zulassungen. Die Erlangung der Zulassung aus bestehenden Gemeinschaftspraxen könnte wie folgt vor sich gehen:

1. Aufhebungsvereinbarungen der beiden Gesellschaften
2. Sitzverlegung der abgabewilligen Vertragsärzte an das Krankenhaus
3. Gründung eines MVZ durch beide (fachübergreifende) Vertragsärzte (Zulassungsverzicht zugunsten MVZ-Anstellung) und Beantragung der Zulassung als MVZ, gleichzeitig Genehmigung der Anstellungen.

Oder bei Übernahme der Zulassung und gleichzeitiger Neuniederlassung eines Klinikarztes anstelle des abgabewilligen Vertragsarztes:

1. Aufhebungsvereinbarung zwischen den beiden Vertragsärzten
2. Praxisanteilsübernahmevertrag zwischen dem Klinikum und dem verbleibenden Gesellschafter

3. Gründung einer Gemeinschaftspraxis für ein Quartal zwischen den verbleibendem Gesellschafter und dem ehemaligen Klinikarzt als neuem Vertragsarzt
4. Aufhebungsvereinbarung der Gemeinschaftspraxis und Sitzverlegung des Neu-Vertragsarztes an das Klinikum
5. Gründung des MVZ

Nachfolgend wird nur der Praxisanteilsübernahmevertrag abgebildet, die weiteren Verträge sind im Werk bereits enthalten.

Praxisanteilsübernahmevertrag

zwischen

Dr. med. ....

– Veräußerer –

und

Dr. ....

– Erwerber –

Präambel

Der Erwerber ist derzeit Klinikarzt und im Klinikum .... angestellt. Diese ist Trägerin des Klinikums .... und betreibt ein Medizinisches Versorgungszentrum (MVZ) im Sinne des § 95 Abs. 1 SGB V in der vertragsärztlichen Versorgung der gesetzlichen Krankenversicherten mit Vertragsarztsitz in .... Die Erweiterung des MVZ soll durch Zulassungsverzicht des Veräußerers zugunsten des Dr. .... erfolgen, dieser wird in einem zweiten Schritt den Sitz in das MVZ einbringen.

Derzeit besteht zwischen dem Veräußerer und Dr. .... eine Gemeinschaftspraxis. In diese Gemeinschaftspraxis wird Dr. .... für die Dauer eines Quartals eintreten. Nach Genehmigung der Gemeinschaftspraxis durch den Zulassungsausschuss werden die Ärzte der Gemeinschaftspraxis diese auflösen und der Erwerber wird die Verlegung seines Sitzes in das MVZ beantragen. Dr. .... bestätigt durch die Unterschrift dieses Vertrages, dass er mit diesem Vorgehen einverstanden ist.

Der Erwerber wird für die Dauer der Niederlassungstätigkeit aus dem Angestelltenverhältnis entlassen, für ihn wird ein anderweitiges Rückkehrrecht vereinbart. Über die Bereitstellung des Kaufpreises wird eine gesonderte Vereinbarung geschlossen.

Dieser Vertrag steht unter der aufschiebenden Bedingung der Genehmigung der Gemeinschaftspraxis zwischen Dr. .... und dem Erwerber sowie unter der aufschiebenden Bedingung, dass dem Klinikum-MVZ die bestandskräftige Genehmigung erteilt wird, den Erwerber als angestellten Arzt im MVZ zu beschäftigen. Die Parteien sichern sich gegenseitig die Rückkehrabwicklung dieses Vertrages zu, soweit das Vorhaben nicht genehmigt werden sollte. Unter diesen Voraussetzungen schließen die Parteien folgenden Vertrag:

§ 1
Gegenstand des Vertrages

(1) Zwischen dem Veräußerer und Dr. .... besteht eine Gemeinschaftspraxis mit Sitz in .... Am Vermögen der Gemeinschaftspraxis sind der Veräußerer und Dr. .... je zur Hälfte beteiligt. Der Veräußerer verkauft hiermit zum .... seinen Anteil am immateriellen Vermögen der Gemeinschaftspraxis zwischen dem Veräußerer und Dr. .... an den Erwerber. Zu diesem Zweck tritt der Veräußerer diesen Anteil an der Gesellschaft mit Dr. .... am .... an den Erwerber ab, der diese Abtretung annimmt. Der Anteil der Veräußerung am materiellen Vermögen der Gemeinschaftspraxis ist nicht Gegenstand dieses Vertrages.

(2) Herr Dr. .... stimmt der Abtretung des Gesellschaftsanteils der Veräußerer gemäß Abs. 1 an den Erwerber durch Unterzeichnung dieses Vertrages zu.

§ 2
Übergang der Gesellschaftsanteile

(1) Die Abtretung des Anteils des Veräußerers an der Gemeinschaftspraxis mit Dr. .... ist aufschiebend bedingt durch die vollständige Zahlung des Kaufpreises durch den Erwerber.

(2) Der Erwerber hat vor Unterzeichnung dieses Vertrages die Abschlüsse der Gemeinschaftspraxis zwischen dem Veräußerer und Dr. .... für die letzten drei abgerechneten Geschäftsjahre

eingesehen. Der Veräußerer übernimmt keine Gewähr für die zukünftige Entwicklung von Patientenzahlen und/oder Umsatz.

§ 3
Patientenkartei

(1) Mit der Abtretung des Gesellschaftsanteils an der Gemeinschaftspraxis mit Dr. ....und der vollständigen Zahlung des Kaufpreises geht der durch den Miteigentumsanteil von Dr. .... gesamthänderisch gebundene Miteigentumsanteil des Veräußerers an der Patientenkartei der Gemeinschaftspraxis zwischen dem Veräußerer und Dr. .... (im Folgenden: die Patientenkartei) mit sämtlichen Krankenunterlagen in das durch den Miteigentumsanteil von Dr. .... gebundene Miteigentum des Erwerbers über, soweit eine schriftliche Einwilligungserklärung der Patienten vorliegt.

(2) Im Übrigen nimmt der Erwerber die Patientenkartei für den Veräußerer zusammen mit Dr. .... in Verwahrung. Der Erwerber verpflichtet sich, auf die Patientenunterlagen nur dann Zugriff zu nehmen, wenn der Patient ihrer Nutzung durch den Erwerber oder ihre Überlassung an einem mit- oder nachbehandelnden Arzt im Original oder in Kopie schriftlich zugestimmt hat oder wenn er durch sein Erscheinen in der Praxis des Erwerbers schlüssig zum Ausdruck bringt, dass er die Nutzung der Patientenunterlagen durch den Erwerber billigt.

Erklärt der Patient auf diese Weise sein Einverständnis zur Nutzung der Patientenunterlagen, dürfen seine Unterlagen aus der Kartei entnommen und in die laufende Patientenkartei des Erwerbers eingebracht bzw. versandt werden. Die aus der Patientenkartei entnommenen Vorgänge werden von dem Erwerber in einer fortlaufenden Liste erfasst. Die Aufbewahrung der Kartei für den Veräußerer erfolgt unentgeltlich.

Die Aufbewahrungsfrist des Erwerbers endet mit Ablauf der in der ärztlichen Berufsordnung vorgeschriebenen Aufbewahrungsfristen, sofern nicht nach anderen Vorschriften längere Aufbewahrungsfristen bestehen. Sollten Patienten dem Verbleiben ihrer Behandlungsunterlagen in der Praxis des Erwerbers widersprechen, kann der Erwerber hieraus einen Anspruch auf Minderung des Kaufpreises nicht herleiten.

(3) Wird die Patientenkartei EDV-geschützt geführt, so ist durch die Verwendung eines Pass-Wortes sicherzustellen, das der Erwerber auf die Datei nur zugreifen kann, wenn der jeweilige Patient zugestimmt hat.

§ 4
Vermietung der Praxisräume

Der Veräußerer hat zusammen mit Dr. .... bezüglich der Praxisräume einen Mietvertrag geschlossen. Dieser Mietvertrag wird mit Zustimmung des Vermieters von Dr. .... übernommen und unter Freistellung des Veräußerers von den Rechten und Pflichten aus diesem Mietvertrag fortgeführt. Der Erwerber tritt nicht in den Mietvertrag ein. Dr. .... gewährleistet, dass der Erwerber im Innenverhältnis die Praxisräume entsprechend der berufs- und vertragsarztrechtlichen Vorgaben nutzen kann.

§ 5
Übernahme des Personals, Eintritt in sonstige laufende Verträge

Der Erwerber tritt gemäß § 613a BGB in die Arbeitsverträge der Mitarbeiter der Gemeinschaftspraxis zwischen dem Veräußerer und Dr. .... ein. Der Erwerber tritt in die laufenden Verträge der Gemeinschaftspraxis zwischen dem Veräußerer und Dr. .... nicht ein. Dr. .... gewährleistet, dass der Erwerber die Rechte aus den sonstigen laufenden Verträgen so nutzen kann, dass die berufs- und vertragsarztrechtlichen Vorgaben gewahrt sind.

§ 6
Kaufpreis

(1) Der Kaufpreis für den Gesellschaftsanteil des Veräußerers an der Gemeinschaftspraxis zwischen dem Veräußerer und Dr. .... beträgt € .... (in Worten: ....).

(2) Der Kaufpreis ist am .... fällig. Kommt der Erwerber mit der Zahlung des Kaufpreises ganz oder teilweise in Verzug, so ist die jeweilige Restkaufpreisschuld mit einem Zinssatz von 8 % p. a. zugunsten des Veräußerers zu verzinsen.

§ 7
Rechnungsabgrenzung: Rechtsfolgen des Eintritts in eine Gesellschaft bürgerlichen Rechts

(1) Verbindlichkeiten aus den Verträgen der Gemeinschaftspraxis zwischen dem Veräußerer und Dr. ....trägt der Veräußerer als Gesellschafter der Gemeinschaftspraxis mit Dr. .... bis .... zusammen mit Dr..........., darüber hinaus geleistete Zahlungen hat die Gemeinschaftspraxis zwischen dem Erwerber und Dr. .... der bisherigen Gemeinschaftspraxis zurückzuerstatten. Im Übrigen stellt der Erwerber zusammen mit Dr. .... dem Veräußerer ab dem Zeitpunkt der Übernahme des Gesellschaftsanteils von allen Verbindlichkeiten aus den genannten Verträgen frei.

(2) Die bis zum .... entstandenen Honorarforderungen stehen der bisherigen Gemeinschaftspraxis zu; ihre Erziehung übernimmt die bisherige Gemeinschaftspraxis.

(3) Dem Erwerber ist bekannt, dass seit der Entscheidung des Bundesgerichtshofs vom 07.04.2003 der in eine Gesellschaft bürgerlichen Rechts eintretende Gesellschafter für die Altverbindlichkeiten haftet. Der Veräußerer stellt zusammen mit Dr. .... den Erwerber im Innenverhältnis von allen Altverbindlichkeiten der bisherigen Gemeinschaftspraxis frei. Der Erwerber wurde darauf hingewiesen, dass diese Haftungsfreistellung nur im Innenverhältnis gegenüber dem Veräußerer im Außenverhältnis in Anspruch genommen werden kann.

Der Erwerber wurde darauf hingewiesen, dass aus diesem Grunde eine sorgfältige Prüfung der Altverbindlichkeiten der bisherigen Gemeinschaftspraxis und gegebenenfalls einer Haftungsfreistellung mit dem Gläubiger der jeglichen Altverbindlichkeiten anzuraten ist.

§ 8
Verbot der Weiterveräußerung

Der Erwerber ist vor der vollständigen Zahlung des Kaufpreises nicht berechtigt, den Gesellschaftsanteil ohne Zustimmung des Veräußerers an einen Dritten weiter zu veräußern.

§ 9
Wettbewerbsklausel

(1) Dem Veräußerer ist es untersagt, sich innerhalb von zwei Jahren nach Abtretung des Gesellschaftsanteils im Umkreis von fünf Kilometern Luftlinie vom Praxissitz als .... niederzulassen oder eine sonstige ärztliche Tätigkeit dieses Fachgebietes in freiberuflicher oder abhängiger Stellung anzunehmen. Gelegentliche Praxisvertretungen und Notdienste bis zu einer Dauer von sechs Wochen im Kalenderjahr bleiben außer Betracht.

(2) Im Falle der Nichteinhaltung der Verpflichtung nach Abs. 1 hat der Veräußerer dem Erwerber den Kaufpreis für den ideellen Wert des Gesellschaftsanteils zurückzuerstatten. Weitergehende Schadensersatz- und Unterlassungsansprüche des Erwerbers bleiben unberührt.

§ 10
Tod, Berufsunfähigkeit des Veräußerers oder des Erwerbers

(1) Der Tod oder die Berufsunfähigkeit des Veräußerers hindern die Durchführung dieses Vertrages nicht.

(2) Wird der Erwerber vor der Übertragung des Vertragsarztsitzes des Veräußerers berufsunfähig oder verstirbt er, so erlöschen die wechselseitigen Rechte und Pflichten aus diesem Vertrag. Im Übrigen hindert der Tod oder die Berufsunfähigkeit des Erwerbers die Durchführung dieses Vertrages nicht. Der Erwerber oder deren Erben sind in diesem Fall verpflichtet, in Abstimmung mit Dr. .... einen geeigneten Nachfolger zu suchen.

§ 11
Vorbehalt der Vertragsarztzulassung

(1) Dieser Vertrag steht unter der Bedingung der Übertragung des Vertragsarztsitzes des Veräußerers auf den Erwerber und der Genehmigung der gemeinsamen vertragsärztlichen Tätigkeit des Erwerbers und Dr. .... durch den Zulassungsausschuss.

(2) Der Erwerber versichert, dass seiner Zulassung zu den Kassen keine persönlichen Hinderungsgründe entgegenstehen.

Der Erwerber verpflichtet sich, sich auf den Vertragsarztsitz des Veräußerers zu bewerben und das Nachbesetzungsverfahren durchzuführen. Dr. .... erklärt durch Mitunterzeichnung dieses Vertrages, dass er den Erwerber als den von ihm gewünschten Bewerber im Nachbesetzungsverfahren dem Zulassungsausschuss benennen wird.

§ 12
Zusicherung des Veräußerers

Der Veräußerer sichert zu, dass der Kaufgegenstand nicht sein alleiniges Vermögen im Sinne des § 365 BGB darstellt.

§ 13
Kosten

Die Kosten für den Abschluss und die Durchführung dieses Vertrages trägt jede Vertragspartei selbst.

§ 14
Schriftform, Teilnichtigkeit

(1) Änderungen und Ergänzungen dieses Vertrages bedürfen der Schriftform. Mündliche Nebenabreden sind nicht getroffen. Die Schriftformabrede gilt auch für eine Änderung des Schriftformerfordernisses.

(2) Sollen einzelne Bestimmungen dieses Vertrages rechtsunwirksam sein oder werden, so wird hierdurch die Wirksamkeit der übrigen Vertragsbestimmungen nicht berührt. Nichtige Vertragbestimmungen sind unter Wahrnehmung des Grundsatzes der Vertragstreue neu zu regeln.

Sollte eine Regelung über den Verbleib der Patientenkartei aus irgendeinem Grunde unwirksam sein, so ist der Vertrag dennoch durchzuführen und mit der Patientenkartei nach Recht und Gesetz zu verfahren.

..........., den ....

. . . .	. . . .
Veräußerer	Erwerber

Einverstanden:

. . . .

Dr. ....

Übernahme eines Vertragsarztsitzes durch den Chefarzt bzw. Klinikarzt

Durch das neue Arztrecht ist es möglich, gleichzeitig Klinikarzt und Vertragsarzt zu sein. Praktisch entstehen dann organisatorische und rechtliche Probleme, wenn der die Zulassung übernehmende Klinikarzt nach wie vor in leitender Stellung in der Klinik tätig ist und insoweit nicht voll umfänglich zur vertragsärztlichen Versorgung zur Verfügung steht. Nach der Rechtsprechung kann eine Nebentätigkeit zur Zulassung allenfalls 13 Stunden pro Woche betragen, so dass insoweit allenfalls eine kooperative Abteilungsleitung in der Klinik in Betracht kommt, soll der gesamte Vertragsarztsitz übernommen werden.

Eine weitere Chance besteht jedoch darin, dass der übernehmende Vertragsarztsitz halbiert wird. Der zu übernehmende und in das MVZ einzugliedernde Vertragsarztsitz wird dann durch zwei Ärzte ausgefüllt, die jeweils zur Hälfte den Sitz ausfüllen. Die Vorgehensweise könnte sich wie folgt darstellen:

1. Sitzverlegung des abgebenden Arztes in das MVZ und Ausscheiden des abgebenden Arztes
2. Nachbesetzung durch das MVZ und gleichzeitig Beantragung der Aufteilung des Sitzes auf 2 vom MVZ zu benennende Ärzte
3. Einstellungsverträge im MVZ
4. Genehmigung der einzelnen Schritte durch den Zulassungsausschuss

Bei der Aufteilung eines Vertragsarztsitzes wird das bisherige Budget insgesamt beibehalten. Die Nachbesetzung und Aufteilung kann nur fachgebietsidentisch erfolgen. Eine Ausdehnung der vertragsärztlichen Tätigkeit ist meist nur im Rahmen der Steigerung der gesamten Fachgruppe in dem jeweiligen KV-Bereich oder bis zur 3 %-Job-Sharing-Grenze möglich.

Im Regelfall sind die Vertragsärzte, die bei einer Aufteilung eines Sitzes im MVZ beteiligt sind, dort auch angestellt. Dies ist insoweit unproblematisch, als die meisten Honorarverteilungsverträge der einzelnen KV-Bezirke die Übernahme des Budgets auch bei einer Anstellung erlaubt.

Insoweit müssen die Vertragspartner kein Selbstständigkeitsverhältnis konstruieren, das möglicherweise weit in den Graubereich der Scheinselbstständigkeit hineinragt.

Die Selbstständigkeit auch ohne Kapitalbeteiligung ist jedoch von der Rechtsprechung auch weiter gestärkt worden. § 32 Ärzte-ZV bestimmt, dass der Arzt seine Tätigkeit persönlich in freier Praxis ausüben muss. Dazu gehört nach Auffassung der sozialgerichtlichen Rechtsprechung auch die Übernahme unternehmerischen Risikos, was problematisch sein könnte, wenn die neu zugelassenen (Halbtags-)Vertragsärzte nicht oder nur geringfügig beteiligt sind. Für einige Jahre werden von den Zulassungsgremien und KVen auch Null- oder Minderkapitalbeteiligungen akzeptiert, an der Übernahme des unternehmerischen Risikos wurde bislang festgehalten.

Schon vor Jahren hatte aber das Bundessozialgericht entschieden, dass auch Ärzte zur vertragsärztlichen Versorgung zugelassen werden können, selbst wenn Ihnen die für ihre ärztliche Tätigkeit genutzte Einrichtung nicht selbst gehört. Als entscheiden wurde die Dispositionsbefugnis und die Weisungsfreiheit in medizinischen Angelegenheiten angesehen (BSG – 6 RKa 39/96).

Am 13. August 2002 hatte das LSG Niedersachsen-Bremen entschieden, dass von einem Arzt, der für ein Festgehalt in der vertragsärztlichen Praxis arbeitet, keine Gefahr für die Versorgung der Patienten ausgehen kann. Vielmehr spreche einiges dafür, dass jemand, der nicht unter dem Druck der Amortisation der Praxis stehe, wirtschaftlich ungebunden und medizinisch sinnvoller agieren könne. Insoweit wäre die KV auch nicht befugt, im Fall der Nichtbeteiligung rechtswidrige Honorarvorteile zu vermuten und Honorar zurückzufordern. Das LSG Brandenburg hat in seiner Entscheidung vom 25.10.2004 – L 5B 106/04 KA ER – diese Auffassung bestätigt. Danach kann eine Honorarabschlagszahlung nicht auf Null gekürzt werden mit der Begründung, dass sich der Vertragsarzt vertraglich in eine weitgehend unselbstständige Situation gebracht habe.

Etwaige Zweifel an solchen Konstellationen können für die Zukunft jedoch wirtschaftlich jedoch unproblematisch dadurch aufgehoben werden, dass der Juniorpartner vollends angestellt wird.

Muster IX
Kooperationsvertrag MVZ mit nichtärztlichem Leistungserbringer (Apotheker)

Kooperationsvertrag

63

zwischen

der MVZ...........GmbH

– nachfolgend MVZ –

und

Apotheke ....

– nachfolgend Apotheke –

64

§ 1
Vertragszweck

Das MVZ ist als Medizinisches Versorgungszentrum im Sinne des § 95 SGB V zur vertragsärztlichen Versorgung zugelassen. Die ärztlichen Behandlungsschwerpunkte liegen im Bereich ....

Der Apotheker ist ebenfalls Leistungserbringer im Sinne des SGB V und Eigentümer der vom MVZ gemieteten Räume. Dazu wurde ein separater Mietvertrag vereinbart. Die Apotheke hält ihren Betrieb im gleichen Gebäude, jedoch vom MVZ getrennten Räumlichkeiten vor.

Die Partner möchten die neuen rechtlichen Kooperationsmöglichkeiten nutzen, um durch Optimierung der Behandlungsabläufe die

Behandlungsqualität bei der Arzneimittelversorgung und den Patientenservice zu erhöhen.

§ 2
Leistungen des MVZ

Das MVZ erstellt eine einrichtungsinterne Arzneimittel-Positivliste von qualitätsgesicherten Präparaten,

- die in der Versorgung der Versicherten als wirtschaftlich gelten,
- die dem aktuellen Stand der medizinischen Erkenntnisse unter Berücksichtigung des medizinischen Fortschritts entsprechen,
- mit denen die behandelnden Ärzte besonders gute Erfahrungen gemacht haben,
- die sie aufgrund der Patientenstruktur und der Behandlungsschwerpunkte (Hauptindikationen) überdurchschnittlich verordnen.

Die Präparateliste wird vom MVZ monatlich aktualisiert.

65

§ 3
Leistungen der Apotheke

Die Apotheke verpflichtet sich, die auf der jeweils aktualisierten Positivliste des MVZ gelisteten Präparate vorrätig zu halten bzw. die erforderlichen Rezepturen jeweils kurzfristig herzustellen. Insbesondere verpflichtet sich die Apotheke, die gemäß der Positivliste erstellten Präparate nicht auszutauschen bzw. nur nach Rücksprache auszutauschen.

Die Apotheke verpflichtet sich, Patienten des MVZ eingehend pharmakologisch zu beraten und den Patienten eine kostenlose Service-Hotline zur Verfügung zu stellen. Zudem verpflichtet sich die Apotheke, Medikamente kostenlos nach Hause oder an einen vom Patienten gewünschten Ort innerhalb von 6 Stunden, spätestens am nächsten Werktag, zu liefern, soweit diese nicht vorrätig sind.

§ 4 Zusammenarbeit

66

Das MVZ verpflichtet sich, während der Laufzeit dieser Vereinbarung keine andere Apotheke (auch Versandapotheke) zu unterstützen.

Das MVZ nennt als Ansprechpartner gegenüber der Apotheke einen Beauftragten. Das MVZ gestattet die Auslegung von Informationen der Apotheke in ihren Räumlichkeiten, soweit dieses gesetzlich und berufsrechtlich zulässig ist.

§ 5 Berufsrechtliche Beachtung

67

Die Parteien sind sich darüber einig, dass Provisionen für die Weiterempfehlung der Apotheke an Patienten – oder anders herum für die Empfehlung einer der Ärzte des MVZ – auf keinen Fall geleistet werden. Ebenso wenig wird das MVZ seinen Patienten die Apotheke ohne sachlichen Grund empfehlen.

§ 6 Vertragsdauer

68

Dieser Vertrag beginnt am .... und hat eine feste Laufzeit von .... Monaten. Diese feste Laufzeit endet am .... Mit Ende der Laufzeit verlängert sich der Vertrag automatisch um jeweils 1 Jahr, wenn er nicht von einer Partei bis spätestens 9 Monate vor Ablauf der festen Laufzeit zu deren Händen gekündigt wird.

Die Rechte zur Kündigung aus wichtigem Grund bleiben unberührt. Insbesondere liegt ein wichtiger Grund bei Wegfall der Voraussetzungen zur Teilnahme an der Versorgung Gesetzlich Versicherter vor.

Jede Kündigung bedarf zu ihrer Wirksamkeit der Schriftform.

§ 7 Salvatorische Klausel

Falls eine oder mehrere Bestimmungen dieses Vertrages unwirksam sein sollten oder dieser Vertrag Lücken enthält, wird dadurch die Wirksamkeit der übrigen Bestimmungen nicht berührt. Anstelle der unwirksamen Bestimmung werden die Vertragspartner diejenige wirksame Bestimmung vereinbaren, welche dem Sinn und Zweck der unwirksamen Bestimmung entspricht.

Im Falle von Lücken werden die Vertragspartner diejenige Bestimmung vereinbaren, die dem entspricht, was nach Sinn und Zweck des Vertrages vereinbart worden wäre, hätte man die Angelegenheit von vornherein bedacht.

...., den ....

....	....
Apotheker	MVZ, vertreten durch Geschäftsführer

C Erläuterungen

Mindestinhalt E 1

Die gewählte Rechtsform ist eine GmbH.

Ein MVZ kann nicht in der Rechtsform einer gGmbH firmieren. Nach dem Gesellschaftsrecht muss die Rechtsform (etwa OHG, KG oder AG) festgelegt sein. Im Handelsregister sind keine Kürzel für Extra-Angaben vermerkt. So ist der Zusatz gGmbH abmahnrelevant, dieser Firmenname sollte nicht gebraucht werden. Die Gemeinnützigkeit und die daraus entstehenden Privilegien bleiben auch nach der Umfirmierung bestehen (OLG München – 31Wx084/06). Wer die Gemeinnützigkeit trotzdem zum Ausdruck bringen möchte, kann statt xy-MVZ gGmbH besser „gemeinnütziges xy-MVZ gGmbH“ firmieren, dieses ist GmbH-rechtskonform.

Bei der Entscheidung, ob eine Personengesellschaft oder eine Kaptialgesellschaft zur Rechtsform für ein MVZ gewählt wird, sind auch steuerliche Überlegungen heranzuziehen. Die GmbH als Kaptialgesellschaft ist eine gewerbliche Rechtsform. Der Zusammenschluss von Vertragsärzten zu einer GbR mit dem Zweck der Gründung eines MVZ kann ähnlich wie eine Berufsausübungsgemeinschaft (bisher Gemeinschaftspraxis) freiberuflich gehandhabt werden.

Da MVZ als Personengesellschaften auch zwischen Vertragsärzten (freiberuflich) und Apothekern oder Kliniken (gewerblich) als Gesellschaft gegründet werden können, kann auch eine GbR deutlich zum gewerblichen Unternehmen werden, wenn nicht ausschließlich freiberuflich tätige Leistungserbringer im MVZ als Gesellschafter beteiligt sind. Insoweit sind zwei steuerliche Ebenen zu unterscheiden:

- Die Leistungserbringerebene (angestellte oder freiberuflich tätige Ärzte),
- Gesellschafterebene (zugelassene Leistungserbringer, Vertragsärzte, Apotheke, Kliniken, Sanitätshäuser etc.).

Darüber hinaus ist noch die Unterscheidung zwischen vertrags- und privatärztlicher Tätigkeit unter ertragssteuerlichen Gesichtspunkten zu beachten.

Bei der Ebene der Leistungserbringer kommt es steuerlich darauf an, wie die Zusammenarbeit zwischen den leistungserbingenden Ärzten und dem MVZ geregelt ist.

Nach dem neuen Vertragsarztrecht ist auch die Anstellung fachfremder Kollegen oder die Anstellung weiterer Ärzte für die Tätigkeit in ausgelagerten Filialen zulässig. Wenn niedergelassene Ärzte Kollegen anstellen, müssen sie die Mitarbeiter kontrollieren und überwachen können, damit ihnen die Tätigkeit noch verantwortlich zugerechnet werden kann. Dieses ist fraglich, wenn angestellte Kollegen in der Zweitpraxis eingesetzt oder fachfremde Kollegen beschäftigt werden. Es besteht die Gefahr, dass das Finanzamt wegen der fehlenden Eigenverantwortlichkeit eine gewerbliche Leistung annimmt.

Sicherheit kann nur eine vorherige verbindliche Anfrage beim Finanzamt bringen, die ca. € 200,00 kostet. Das Finanzamt ist an die verbindliche Auskunft gebunden.

Auf der Gesellschafterebene ist Vorsicht geboten, wenn freiberufliche und gewerbliche Leistungserbringer Gesellschafter sind.

Personengesellschaften sind:

- Gesellschafter/Inhaber sind nur vertragsärztlich niedergelassene Ärzte, die auch im MVZ als Leistungserbringer tätig sind,
- Gesellschafter sind freiberuflich tätige Vertragsärzte, Leistungserbringer sind nur angestellte Ärzte und/oder freiberuflich tätige Ärzte (nicht Gesellschafter),
- Gesellschafter sind freiberuflich tätige Ärzte und nicht ärztliche Leistungserbringer (z. B. Apotheker, Kliniken, Physiotherapeuten), Leistungserbringer sind entweder freiberuflich tätige Ärzte und/oder angestellte Ärzte.

Kapitalgesellschaften

Hier spielt es auf Gesellschafterebene keine Rolle, ob und inwieweit vertragsärztlich niedergelassene Ärzte und/oder nichtärztliche Leistungserbringer wie zum Beispiel Kliniken und Apotheken Gesellschafter sind. Die Kapitalgesellschaft ist als gewerbliche Rechtsform zu versteuern.

Steuerlich sind bei einer MVZ GmbH folgende Konstellationen zu unterscheiden:

- Gründung einer MVZ GmbH ohne Beteiligung von Vertragsärzten auf Gesellschafterebene. Leistungserbringer ausschließlich angestellte Ärzte. Ein nichtärztlicher Leistungserbringer gründet eine GmbH und stellt Ärzte an.
- Gründung einer MVZ GmbH unter Beteiligung von Vertragsärzten auf Gesellschafterebene und Tätigkeit dieser Vertragsärzte als Angestellte innerhalb der MVZ GmbH.
- Gründung einer MVZ GmbH und Kooperation mit Vertragsärzten, die ihre vertragsärztliche Zulassung nicht einbringen. Es sind auch Mischformen (angestellte und freiberuflich tätige Ärzte im MZV) zulässig.

Steuerlich ist zu fragen, ob die Praxis insgesamt in das MVZ eingegliedert wird. Die Einbringung der gesamten Praxis in ein MVZ kann eine formwechselnde Umwandlung darstellen, mit der steuerlich unerwünschten Folge der Aufdeckung stiller Reserven. Im Regelfall werden weder das Umwandlungssteuerrecht noch das Einkommensteuerrecht die Übertragung von Praxisteilen steuerneutral durchführen. Die Aufdeckung stiller Reserven ist daher nur in eng begrenzten Einzelfällen verhinderbar.

Gewerbesteuer droht für die laufende Besteuerung aus entsprechender Wahl der Rechtsform, der Ablösetheorie und der Beteiligung einer juristischen Person oder eines nichtärztlichen Leistungserbringers.

Umsatzsteuerlich ist die Einbringung einer ganzen Praxis mit allen wesentlichen Betriebsgrundlagen als nicht steuerbare Geschäftsveräußerung im Ganzen zu werten. Insoweit einzelne Wirtschaftsgüter gegen Gewährung von Gesellschafterrechten übertragen werden, ist von einer entgeltlichen Lieferung auszugehen. Unter allgemeinen Voraussetzungen (Nutzung der Wirtschaftsgüter für umsatzfreie ärztliche Leistungen) ist diese Lieferung steuerfrei.

Umsatzsteuerliche Behandlung der entgeltlichen Nutzungsüberlassung von Praxisräumen oder medizinischen Geräten

Gleichlautend haben das Bundesfinanzministerium der Finanzen vom 25.09.2006 – IVA6-S7170-67/06, und das Bayerische Staatsministerium der Finanzen Az: 36-S7170-045-38662/06 zur Frage der umsatzsteuerlichen Behandlung der entgeltlichen Nutzungsüberlassung von Praxisräumen oder medizinischen Geräten im Rahmen des Mammographie-Screening wie folgt Stellung genommen:

§ 4 Nr. 14 UStG befreit im Gegensatz zu § 4 Nr. 16 UStG keine mit dem Betrieb eng verbundenen Umsätze, sondern nur Heilbehandlungsleistungen. Eine Ausdehnung der Steuerbefreiung auf eng verbundene Umsätze, die keine Heilbehandlung darstellen, stünde mit Artikel 13 Teil A Abs. 1c der 6. EG-Richtlinien nicht im Einklang. Die dargestellte Rechtslage gilt auch für MVZ. Nach § 95 SGB V nehmen diese an der vertragsärztlichen Versorgung teil und erbringen steuerfreie Leistungen gemäß § 4 Nr. 14 UStG.

Danach ist die entgeltliche Nutzungsüberlassung von Praxisräumen oder medizinischen Geräten im Rahmen des Mammographie-Screening von MVZ an niedergelassene Ärzte steuerpflichtig. Die Erstellung von Mammographie-Screening-Aufnahmen auch ohne eigene Befundleistungen durch einen Arzt oder ein MVZ stellt dagegen eine steuerfreie Heilbehandlung im Sinne des § 4 Nr. 14 UStG dar.

E 2 Bareinlage

Es handelt sich um einen Gesellschaftsvertrag bei Bareinlage. Bestimmungen zur Erbringung von Sacheinlagen sind nicht geregelt, ebenso keine Nachschusspflicht.

E 3 Firma

Der Name der Firma kann eine Person- oder Sachfirma sein. Die Gesellschaft kann den Namen eines Gesellschafters auch nach dessen Ausscheiden ohne seine Einwilligung weiterführen.

Sitz E 4

Die Gesellschafter können den Sitz der Gesellschaft grundsätzlich frei bestimmen. Der Sitz der Gesellschaft ist unabhängig vom Sitz der Zulassung. Wenn also die vertragsärztliche Zulassung für eine bestimmte Postanschrift erteilt wird, so könnte die kaufmännische Geschäftsführung dennoch an einem anderen Ort sitzen.

Filialpraxis

Grundsätzlich wird das MVZ mit einem Sitz zugelassen, andere Standorte müssten als Filiale (Zweigpraxis) durch die KV (soweit im gleichen Planungsbereich) oder durch den Zulassungsausschuss (soweit außerhalb des Planungs- oder KV-Bereichs) genehmigt werden (siehe Antragsmuster).

Keine Nachteile gegenüber überörtlicher Gemeinschaftspraxis

Ein MVZ mit Filialen ist gegenüber überörtlichen Gemeinschaftspraxen honorarmäßig nicht benachteiligt. Für überörtliche Praxen entfällt der Ordinationskomplex-Zuschlag. Nach dem EBM 2000 plus ist geregelt, dass für Gemeinschaftspraxen, medizinische Versorgungszentren und Praxen mit angestellten Ärzten der Ordinationskomplex unter Berücksichtigung eines Aufschlags errechnet wird. Unter diese Regelung fallen nicht Berufsausübungsgemeinschaften mit mehreren Praxissitzen – weil sie eben keine typischen Gemeinschaftspraxen sind.

Die Vorschrift ist unter dem Gesichtspunkt aufgenommen worden, Ärzten die Aufgabe einer Einzelpraxis und die Gründung einer Gemeinschaftspraxis zu erleichtern. Es soll die Gründung von organisatorisch größeren Versorgungseinheiten unterstützt werden, um die Wirtschaftlichkeit der ärztlichen Praxen zu verbessern. Überörtliche Berufsausübungsgemeinschaften sind aber zunächst nicht wirtschaftlicher unter Kostengesichtspunkten, und eine Förderung dieser Kooperationsform würde in sich die Möglichkeit eines gewissen Missbrauchs beinhalten, der ausgeschlossen werden soll.

Die überörtliche Berufsausübungsgemeinschaft hat mit einer Gemeinschaftspraxis noch viel gemeinsam. So firmieren mehrere Ärzte einer Gemeinschaftspraxis immer unter einer einheitlichen Arztnummer. Dies wird bei überörtlichen Berufsausübungsgemeinschaften zukünftig nicht mehr möglich sein, da man wegen des Grundsatzes der persönlichen Leistungserbringung davon ausgehen muss, dass ein Vertragsarzt seine an einem Ort erbrachten Leistung auch als dort erbrachte dokumentieren muss. Möglich wird diese Dokumentation dadurch, dass künftig jeder Arzt eine lebenslange Arztnummer erhält und der jeweilige Standort mit einer „Betriebsstättennummer" ausgestattet wird. Dies wird auch unter dem Gesichtspunkt einer KV-übergreifenden Berufsausübungsgemeinschaft wichtig, da festgelegt ist, dass nicht alle Leistungen der Berufsausübungsgemeinschaft im jeweiligen KV-Bezirk des gewählten Hauptpraxissitzes zum maßgeblichen Praxissitzes abgerechnet werden können. Grundsätzlich gilt das Leistungs- und Vergütungsrecht am jeweiligen Leistungsort. Das bedeutet, dass ein Vertragsarzt seine Leistung an seinem Standort zum jeweiligen Punktwert des örtlichen KV-Bezirks abrechnen muss.

Antrag auf vertragsärztliche Tätigkeit an weiteren Orten außerhalb des Vertragsarztsitzes (Filiale)

Nach § 24 Abs. 3 Ärzte-ZV können zugelassene Leistungserbringer eine vertragsärztliche Tätigkeit an weiteren Orten außerhalb des Vertragsarztsitzes in einer Filiale ausüben, wenn und soweit dies die Versorgung der Versicherten an weiteren Orten verbessert und die ordnungsgemäße Versorgung der Versicherten am Ort des Vertragsarztsitzes nicht beeinträchtigt.

Name des Antragstellers:

. . . .

(Vertragsarzt, Vertragspsychotherapeut, MVZ, Berufsausübungsgemeinschaft)

Fachgebiet(e):

. . . .

	Hauptpraxis	**Filiale**
PLZ / Ort		
Strasse		
Telefon		

Sprechzeiten in der Hauptpraxis

Tag	Vormittags		Nachmittags	
	von	bis	von	bis
Montag				
Dienstag				
Mittwoch				
Donnerstag				
Freitag				
Samstag				
Sonntag				

Sprechzeiten in der Filiale

Tag	Vormittags		Nachmittags	
	von	bis	von	bis
Montag				
Dienstag				
Mittwoch				
Donnerstag				
Freitag				
Samstag				
Sonntag				

Entfernung zwischen Vertragsarztsitz und Filiale:

.... **(Kilometer und Fahrzeit)**

Leistungsspektrum:

. . . .

In der Filiale sollen folgende Vertragsärzte/-psychotherapeuten/ bzw. angestellte Ärzte / angestellte Psychotherapeuten tätig werden:

Name:

. . . .

Fachgebiet:

. . . .

Begründung des Antrages:

. . . .

. . . .

. . . .

. . . .

. . . .

. . . .

. . . .

. . . .

. . . .

. . . .

. . . .

. . . .

. . . .

. . . .

....

Ort, Datum (Unterschrift/Stempel)

Gegenstand des Unternehmens E 5

Der Gegenstand des Unternehmens muss den Schwerpunkt der Geschäftstätigkeit der Gesellschaft hinreichend bestimmen (zu ärztlichen Dienstleistungen als Gegenstand des Unternehmens BGH NJW 1994, 786, BayObLG NJW 1995, 169).

Gründungsvoraussetzung ist, dass zulassende Vertragsärzte fachübergreifend im MVZ tätig sind. Wird die Zulassung entzogen, entfällt die Gründungsvoraussetzung.

Sollte als Unternehmensgegenstand das Vorhalten eines ambulant-stationären OP-Zentrums geregelt sein, muss vor Beginn der Tätigkeit eine Klinikkonzession nach § 30 GewO beantragt werden.

Nunmehr hat der Verband der privaten Krankenversicherungen (PKV) im Schreiben vom 13. Mai 2005 (Az. 420/48 Mi/mü) klargestellt, dass Medizinische Versorgungszentren in der Rechtsform der GmbH auch gegenüber der PKV abrechnungsbefugt sind.

In den Allgemeinen Versicherungsbedingungen findet sich üblicherweise für den Bereich der ambulanten Behandlungen eine Regelung, wonach dem Versicherten die Wahl zwischen den niedergelassenen approbierten Ärzten freisteht (§ 4 Abs. 2 MB/KK). Im Umkehrschluss sind Leistungen juristischer Personen von der Kostenerstattung ausgeschlossen. Hintergrund der Regelung war in erster Linie, dass der niedergelassene Arzt, nicht aber die juristische Person, bei der Rechnungsstellung an die Gebührenordnung für Ärzte gebunden ist.

Da der Gesetzgeber aber Medizinische Versorgungszentren auch in der Rechtsform der GmbH zugelassen hat, liegt es nicht im Interesse der privaten Krankenversicherungen, den Willen des Gesetzgebers zu konterkarieren. Insoweit wird dem MVZ ein Sonderstatus eingeräumt, wenn sie über eine Zulassung zur vertragsärztlichen Versorgung verfügen und bei der Rechnungsstellung die GOÄ anwenden. Die privaten Krankenversicherer werden die Behandlungskosten übernehmen.

E 6 Stammkapital und Gesellschafter

Der Gesellschafterbetrag muss den Betrag angeben, den jeder Gesellschafter auf das Stammkapital zu leisten hat. Gesellschafter kann nur sein, wer eine Stammeinlage übernimmt. Jeder Gesellschafter kann nur eine Stammeinlage übernehmen. Die Stammeinlage muss stets in Höhe des im Vertrag genannten Betrags vorhanden sein.

Vor Anmeldung der Gesellschaft ist ein Viertel der auf jede Stammeinlage zu leistenden Geldeinlage einzubezahlen.

Der Gesellschaftsvertrag muss die Namen und die Stammeinlagen der übernehmenden Gesellschafter enthalten.

Statt Bareinlagen könnte auch eine Gründung mittels Sacheinlagen erfolgen. So könnte dann geregelt werden:

Gesellschafter, Stammkapital, Stammeinlagen

(1) Das Stammkapital der Gesellschaft beträgt 250.000,00 EUR (Zweihundertfünfzigtausend Euro)

(2) Hiervon übernehmen

– Dr. .... (Gesellschafter 1)	eine Stammeinlage von	100.000,00 EUR
– Dr. .... (Gesellschafter 2)	eine Stammeinlage von	100.000,00 EUR
– Dr. .... (Gesellschafter 3)	eine Stammeinlage von	50.000,00 EUR

(3) Die von Gesellschafter 1 übernommene Stammeinlage von 100.000,00 EUR ist durch Einbringung seines Vertragsarztsitzes und der in seinem Eigentum befindlichen gesamten bisherigen Einzelpraxis mit allen Aktiva und Passiva zu erbringen. Der Wert des Vertragsarztsitzes und der bisherigen Einzelpraxis wird gemäß dem Sachverständigengutachten des Sachverständigen Herrn .... auf 130.000,00 EUR festgesetzt. Die Gesellschaft ist verpflichtet, den die Stammeinlage übersteigenden Wert der Einalge in Höhe von 30.000,00 EUR an Gesellschafter 1 zu vergüten.

Die von Gesellschafter 2 übernommene Stammeinlage von 100.000,00 EUR ist durch Einbringung seines Vertragsarztsitzes und der in seinem

Eigentum befindlichen gesamten bisherigen Einzelpraxis mit allen Aktiva und Passiva zu erbringen. Der Wert des Vertragsarztsitzes und der bisherigen Einzelpraxis wird gemäß dem Sachverständigengutachten des Sachverständigen Herrn .... auf 100.000,00 EUR festgesetzt.

Die von Gesellschafter 3 übernommene Stammeinlage von 50.000,00 EUR ist durch Einbringung seines Vertragsarztsitzes und in Geld zu erbringen. Gesellschafter 3 ist verpflichtet, ein Aufgeld in Höhe von 30.000,00 EUR zu leisten.

Bei der Einbringung von Vertragsarztsitzen ist darauf zu achten, dass bei deren Bewertung das Gutachten eines vereidigten Sachverständigen zur Bewertung von Arztpraxen zu Grunde liegt.

Dauer der Gesellschaft, Kündigung, Geschäftsjahr E 7

Die Abtretung von Geschäftsanteilen muss notariell beurkundet werden. Die Abtretung kann an die Zustimmung der Gesellschaft, der Vertreterversammlung, eines oder mehrerer Gesellschafter oder an die Übergabe eines Anteilscheins gebunden werden.

Ist die Abtretung an die Zustimmung der Gesellschafterversammlung gebunden oder ist für die Zustimmung der Gesellschaft ein Gesellschafterbeschluss erforderlich, entscheidet die Gesellschafterversammlung mit einfacher Mehrheit, sofern im Vertrag nichts anderweitig geregelt ist.

Die nachträgliche Beschränkung der Abtretung kann nur durch Satzungsänderung herbeigeführt werden, so dass zu raten ist, von vornherein eine Beschränkung der Abtretung vorzusehen.

Bei Übertragung der Gesellschaftsanteile sind die gesetzlichen Vorgaben des § 95 Abs. 1, 6 SGB V hinsichtlich der Eigenschaft der Gesellschafter zu beachten.

Geschäftsjahr E 8

Das Geschäftsjahr kann vom Kalenderjahr abweichen. Bei einer Gründung der Gesellschaft während eines Kalenderjahres und der Übereinstimmung von Geschäftsjahr und Kalenderjahr ist das 1. Geschäftsjahr ein Rumpfgeschäftsjahr. Die (Anlauf-)verluste können unbeschränkt auf die folgenden Veranlagungszeiträume vorgetragen werden.

E 9 Geschäftsführung

Die Geschäftsführung obliegt dem Geschäftsführer und umfasst die üblichen Maßnahmen des Geschäftsbetriebes. Alle außerhalb des gewöhnlichen Geschäftsbetriebes liegenden Maßnahmen bedürfen der Zustimmung der Gesellschafter. Im Gesellschaftsvertrag oder durch Gesellschafterbeschluss kann die Wirksamkeit bestimmter Geschäfte von der Zustimmung der übrigen Gesellschafter abhängig gemacht werden.

Die Gesellschaft wird durch ihre Geschäftsführer vertreten. Der Gesellschaftsvertrag kann die Einzelvertretungsberechtigung bzw. die gemeinschaftliche Vertretung regeln.

Die allgemeine Befreiung eines bestimmten oder aller Geschäftsführer von den Beschränkungen des § 181 BGB kann nur durch den Gesellschaftsvertrag selbst oder aufgrund einer im Vertrag enthaltenen Ermächtigung erfolgen.

E 10 Ärztliche Leitung

Vertragsarztrechtlich ist eine ärztliche Leitung für das MVZ erforderlich. Eine Erfüllung dieses Tatbestandsmerkmals liegt dann vor, wenn ein Arzt zum Geschäftsführer bestellt wird bzw. wenn die GmbH durch einen Arzt vertreten wird. (Näheres siehe oben unter I.6)

E 11 Beiträge der Gesellschafter, Nebenleistungspflichten

Das Erfordernis „Betrieb am Sitz des MVZ“ ist in dem Vertragsmuster enthalten, um die Funktionalität des Betriebes zu erhöhen. Gesetzlich ist es aber auch zulässig, dass Gesellschafter beteiligt werden, die ihre Tätigkeit nicht am Ort des MVZ vorhalten.

In § 95 Abs. 1 Satz 2 SGB V ist die besondere Eigenschaft der Gesellschafter festgelegt. Gründer müssen nach § 95, Abs. 1, Satz 3 SGB V bereits tätige Leistungserbringer sein.

Strittig ist, ob mit der Übertragung der Zulassung auf das MVZ der zugelassene Vertragsarzt seine Gründerqualifikation verliert, so dass dann dem MVZ die Zulassung entzogen werden müsste. Diese enge Auslegung wird vom Bundesgesundheitsministerium verneint, von einigen Zulassungsausschüssen aber vertreten.

Weiter ist nach dem Gesetz erforderlich, dass es sich um eine fachübergreifende Einrichtung handelt. Nach dem Gesetz müssen mindestens 2 eingetragene Ärzte in der Einrichtung tätig sein. Das Merkmal fachübergreifend ist dann erfüllt, wenn mindestens 2 Ärzte verschiedener Fachgebiete im MVZ tätig sind. Dabei können sich die Fachgebiete oder die Schwerpunkte unterscheiden (ausreichend ist daher die Kooperation eines Pneumologen mit einem Kardiologen).

Erforderlich ist das Vorhalten von 2 Vertragsarztzulassungen durch das MVZ. Dabei kann die Vertragsarztstelle auch im Job-Sharing (bis zu 4 Ärzten pro Vertragsarztstelle, die jeweils zu 25% arbeiten) aufgeteilt werden.

Gesellschafterversammlung E 12

Die Gesellschafterversammlung wird einberufen, wenn eine entsprechende Beschlussfassung der Gesellschaft erforderlich ist oder die Einberufung aus sonstigen Gründen erforderlich erscheint. Gesellschafter, deren Anteil zusammen mindestens 10% des Stammkapitals entsprechen, sind unter Angabe des Zwecks und der Gründe berechtigt, die Einberufung der Gesellschafterversammlung zu verlangen.

Die Einberufung kann durch Einladung an jeden Gesellschafter mittels eingeschriebenen Briefes erfolgen. Dies ist aber nicht zwingend erforderlich, die Einberufung kann auch durch moderne Kommunikationsmittel, wie Fax oder E-Mail, erfolgen. In diesen Fällen ist aber regelmäßig der Nachweis des Zugangs schwer möglich, so dass die fristgemäße Ladung und insoweit auch die formelle Beschlussfassung in Frage gestellt werden können.

E 13 Jahresabschluss

Grundsätzlich muss eine GmbH den Jahresabschluss nicht prüfen lassen. Dieses steht den Gesellschaftern aber frei. Aus Kontrollgründen und zur Absicherung der Geschäftsführer empfiehlt sich eine Abschlussprüfung durch einen Sachverständigen.

E 14 Erbfall

Im Erbfall erhält der Erbe nur einen Abfindungsanspruch in Höhe des Gesellschaftsanteils, nicht jedoch eine Gesellschafterstellung, da der Betreiber eines MVZ nur ein GKV-Leistungserbringer sein kann.

E 15 Gründung einer Management-Gesellschaft

Grundsätzlich gestattet das neue ärztliche Berufsrecht allen Ärzten, sich an mehreren Berufsausübungsgemeinschaften zu beteiligen. Auch Ärzte können deshalb an mehreren MVZ beteiligt sein. Will ein niedergelassener Vertragsarzt an mehreren Stellen ambulant tätig werden, bedarf er dazu der Genehmigung der jeweils zuständigen Zulassungsausschüsse. In Betracht kommt auch die Möglichkeit, das entwickelte Know-How zur Gründung eines MVZ auch anderen Ärzten gegen finanzielle Beteiligung zur Verfügung zu stellen. Insofern kommt für den betreffenden Arzt z. B. eine rein betriebswirtschaftliche Geschäftsführertätigkeit in Betracht. Will sich das gesamte MVZ an der Gründung weiterer MVZ beteiligen, eignet sich hier die Gründung einer Management-Gesellschaft (Parallelgesellschaft).

Die Erläuterungen zur Management-GmbH sind mit denen des GmbH-Vertrages vergleichbar. Insoweit wird auf die dortigen Kommentierungen verwiesen.

E 16 GbR-Vertrag

Das nachfolgende Muster betrifft den Fall, dass zwei in Einzelpraxis tätige Ärzte in dieser Form aus der vertragsärztlichen Versorgung ausscheiden wollen und das MVZ nutzen, um die Übertragung der Zulassung abzusichern.

Grundsätzlich ist es möglich, die vertragsärztlichen Zulassungen auf das MVZ zu übertragen. Das MVZ ist dann Inhaber der Vertragsarztsitze und behält diese auch dann, wenn die vorherigen vertragsärztlichen Inhaber aus dem MVZ ausscheiden. Das MVZ ist also nicht abhängig von der Person eines bestimmten Vertragsarztes, sondern nur von der Tatsache, dass überhaupt ein Vertragsarzt mit dem entsprechenden Fachgebiet im MVZ tätig ist. Da in gesperrten Gebieten die Übertragung der Zulassung vom Zulassungsausschuss beschlossen wird, könnte theoretisch ein dem abgebenden Arzt nicht genehmer Übernehmer die Zulassung erhalten. Diese Gefahr lässt sich nur dann ausschließen, wenn der abgebende Vertragsarzt am Ende seiner Tätigkeit in eine Gemeinschaftspraxis oder ein MVZ wechselt (Urteil des BSG vom 05.03.2003 – B 6 KA 11/93 R). Insoweit bietet sich hier die Gründung eines MVZ an, wobei für die Gründung genügend Zeitraum kontrolliert werden sollte.

Soweit das MVZ in einem schnellen Verfahren gegründet werden soll, bietet sich die Rechtsform der GbR an. Zur Gründung sind mindestens zwei Gründer notwendig. Die Gründung einer GbR ist wegen der hohen Flexibilität des Gesellschaftsverhältnisses interessant, denn es ergeben sich nur wenige zwingende gesetzliche Regelungen.

Da die GbR nach neuerer Rechtsprechung rechts- und parteifähig ist, kann das MVZ als GbR bei Teilnahme am Rechtsverkehr eigene vertragliche Rechte und Pflichten begründen und selbst vor Gericht klagen oder verklagt werden. Die GbR hat aber keine Organe und ist keine handelsgesetzliche Firma.

Bei der Vertretung der Gesellschaft ist zu beachten, dass das MVZ nach dem Sozialgesetzbuch einen ärztlichen Leiter bestimmen muss. Dies muss nicht zwangsläufig der Geschäftsführer sein, da sich insoweit die ärztliche Leitung und die Vertretung in wirtschaftlichen Angelegenheiten trennen lassen.

Für Verbindlichkeiten aus Gesellschaftsverträgen haftet das Gesellschaftsvermögen und jeder Gesellschafter grundsätzlich unbeschränkt auch mit seinem Privatvermögen. Insbesondere bei dem Neueintritt von Gesellschaftern in bestehende Gesellschaften kann sich insoweit ein Risiko hinsichtlich Altverbindlichkeiten der Gesellschaft ergeben, welches von den Neugesellschaftern gründlich zu prüfen ist.

Der Vertrag ist grundsätzlich formfrei und sollte aus Beweisgründen schriftlich geschlossen werden. Insbesondere bei Abweichen von den gesetzlichen Vorschriften des § 705 ff BGB muss eine schriftliche Niederlegung erfolgen (z. B. hinsichtlich der Fortführung bei Ausscheiden eines Gesellschafters, da sonst die Gesellschaft liquidiert würde).

E 17 Vertragszweck, Sitz, Beginn

In den Regelungen der §§ 705 ff. BGB sind die allgemeinen zivilrechtlichen Regelungen des bürgerlichen Vertragsrechts erfasst. Das Gesetz geht von der Fiktion einer gleichberechtigten Partnerschaft aus.

Zweck des Vertrages ist die Gründung und der Betrieb eines MVZ. Ist der Zweck unmöglich, etwa weil ein Gesellschafter nicht die vertragsärztliche Zulassung erhält, tritt Beendigung ein.

Als Haftungsmaßstab sollte entgegen der gesetzlichen Regelungen nicht ein subjektiver, sondern ein objektiver Haftungsmaßstab (die gebotene Sorgfalt des besonnenen und gewissenhaften Arztes des jeweiligen Fachgebietes; Fachstandard) vereinbart werden. Im Geschäftsverkehr muss sich der andere auf gängige Sorgfaltspflichten verlassen können.

Nach dem Berufsrecht ist die Ausübung der ärztlichen Tätigkeit (Abhalten der Sprechstunden) an den Praxissitz gebunden, Ausnahmen bestehen für konsiliarärztliche Tätigkeiten und das Vorhalten einer genehmigten Zweigpraxis bzw. beziehungsweise ausgelagerter Praxisräume.

Der Sitz der Gesellschaft ist unabhängig vom Sitz der Zulassung und kann sich an anderen Orten befinden.

Nach dem neuen Berufsrecht kann ein Vertragsarzt (und damit auch ein MVZ) an verschiedenen Orten die Berufstätigkeit ausüben. Insoweit ist ein überörtliches MVZ denkbar. Dabei sind die vertragsarztrechtlichen Beschränkungen zu beachten.

Praxisbezeichnung E 18

Nach neuerer Rechtsprechung zu ärztlichen Berufsrecht dürfen die in der Praxis vorgehaltenen Tätigkeitsschwerpunkte auf dem Schild angekündigt werden, solange es sich nicht um irreführende Angaben handelt. Eine irreführende Angabe liegt z. B. dann vor, wenn es zu Verwechselungen mit Zusatzbezeichnungen gemäß der Weiterbildungsverordnung kommt (z. B. könnte der Zusatz „alternative Heilmethoden" den Irrtum erwecken, der Praxisinhaber verfüge über die Zusatzbezeichnung „Naturheilverfahren").

Ein Hinweis auf die Rechtsform im Namen des MVZ kann sich dann ergeben, wenn dies gesetzlich vorgesehen ist (z. B. bei der Partnerschaftsgesellschaft), bei einer GbR ist dies nicht erforderlich.

Allein aus einer Kooperation mit nichtärztlichen Leistungserbringern kann sich der Arzt im MVZ nicht von den Vorgaben des ärztlichen Berufsrechts auch hinsichtlich der Ankündigung befreien (keine Durchbrechung des ärztlichen Werbeverbots durch Tätigkeit im MVZ).

Zusammenarbeit E 19

Auch wenn der Grundsatz der Kollegialität bereits in der ärztlichen Berufsordnung verankert ist und auch der gesetzlichen Fiktion entspricht, ist die Regelung nicht rein deklaratorisch. Sie kann als Auffangtatbestand Schadensersatzverpflichtungen auslösen.

Bei Streitfällen sollte ein Gesellschafterbeschluss herbeigeführt werden, vergleiche § 27.

Eine berufsübergreifende Behandlung der Patienten ist gewünscht, wobei aber die Eigenständigkeit der Berufsausübung jeweils beachtet werden muss. Insbesondere muss der ärztliche Heilauftrag vom Arzt allein erfüllt werden können, Weisungsbefugnisse durch Nichtärzte sind nicht zulässig. Konsiliarische Hilfe ist fachgebietsbezogen möglich.

Bei Ärzten verschiedener Fachrichtungen im MVZ ist zu beachten, dass die erbrachten vertragärztlichen Leistungen arztbezogen zu kennzeichnen sind.

E 20 Freie Arztwahl, Behandlungsverträge

Nach dem ärztlichen Berufsrecht muss bei allen Formen der kooperativen Berufsausübung die freie Arztwahl gewährleistet sein. Dass die Behandlungsverträge grundsätzlich mit dem MVZ abgeschlossen werden, steht dem nicht entgegen. Vielmehr kann der Patient sogar die Behandlung durch einen Arzt ablehnen, der nicht seiner Wahl entspricht, ablehnen.

Im Übrigen stellt die Regelung klar, dass sämtliche vereinnahmten Honorare über die Konten der Gesellschaft fließen.

E 21 Sprechstunden, Notfalldienst

Grundsätzlich sind alle Ärzte verpflichtet, die Sprechstunden nach den örtlichen und fachlichen Gegebenheiten ihrer Praxis festzusetzen. Die Sprechstunden sind auf einem Praxisschild bekannt zu geben. Die Regelung zur Einhaltung der Präsenzpflicht beugt außerdem Organisationsverschulden bei zu langen Wartezeiten und Nichterreichbarkeit bei Notfällen vor.

Hinsichtlich der Sprechstundenzeiten ist außerdem zu beachten, dass Ärzte nur dann an mehreren Stellen Sprechstunden abhalten dürfen, wenn dieses berufsrechtlich gestattet ist. Zudem sind die weiteren Regelungen des Vertragsarztrechtes zu Zweitpraxen zu beachten. Die Tätigkeit in der Praxis entspricht grundsätzlich einem Vollzeitjob, Nebentätigkeiten dürfen höchstens 13 Stunden/ Woche ausmachen. Etwas anderes gilt nur im Falle eines hälftigen Versorgungsauftrags, der seit 1.1.2007 möglich ist.

Die Ableistung des Bereitschaftsdienstes ist ebenfalls berufs- und vertragsärztliche Pflicht. Diese wird vom MVZ als zugelassener Einrichtung wahrgenommen und nicht von den einzelnen Gesellschaftern. Individuelle Regelungen sind aber durch vertragliche Vereinbarung denkbar. In manchen Notfalldienst- oder Bereitschaftsordnungen wird der einzelne ambulant tätige Arzt verpflichtet, unabhängig von seinem vertragsärztlichen Status oder der Rechtsform, in der er tätig ist.

Arbeitseinteilung, Nebentätigkeit E 22

Die gleichmäßige Arbeitsbelastung kann in Zusammenhang mit dem jeweiligen Gewinnanteil des Gesellschafters gebracht werden. Es könnte entsprechend bei der Gewinnverteilung geregelt werden, dass sich dessen Berechnung aus einem prozentualen Verhältnis (z. B. 50% Arbeitszeit, 25% Fallzahl, 25% Punktzahlvolumen oder Umsatz) ergibt.

Grundsätzlich ist es empfehlenswert, alle Nebentätigkeiten der Zustimmung des anderen Gesellschafters zu unterwerfen. Dies gilt insbesondere für die Übernahme und Ausübung von berufs- und standespolitischen Tätigkeiten, da sich hieraus erfahrungsgemäß beachtliche arbeitsmäßige Belastungen ergeben.

Ärztliche Vertretung E 23

Für den Fall des krankheitsbedingten Ausfalls eines Gesellschafters sollten entsprechende Regelungen im Vertrag aufgenommen sein. Wichtig ist, dass die Gesellschafter vereinbaren, dass eine ausreichende Krankentagegeld-Versicherung abgeschlossen wird. Soweit diese Versicherung in der Regel nicht ab dem 1. Krankheitstag eintritt, ist ferner zu vereinbaren, ob der erkrankte Gesellschafter weiterhin am Gewinn und Verlust des MVZ beteiligt sein soll. Auch sollte geregelt werden, ob und wann der erkrankte Gesellschafter die Kosten für einen eventuell einzustellenden Vertreter übernehmen muss. Ebenso ist daran zu denken, dass die Einnahmen des Vertreters dem Umsatz des MVZ zufließen. Dabei wäre ein Ausschluss bei Einsetzen eines Vertreters von der Gewinn- und Verlustbeteiligung bei Einsetzung eines Vertreters keine gerechte Lösung.

Gegebenenfalls ist auch an eine Regelung für eine Schwangerschaft einer Mitgesellschafterin zu denken. Hier sind Abweichungen vom Mutterschutzgesetz erforderlich, da dieses nur für Arbeitnehmerinnen gilt. Insofern könnte auch geregelt werden, dass die Gesellschafterin 6 Wochen vor und 12 Wochen nach der Geburt freigestellt wird. Die Gesellschafterin muss sich anschließend überlegen, ob sie nach den 12 Wochen wieder arbeitet oder aus der Gesellschaft ausscheiden will.

Für die kurzzeitige gegenseitige Vertretung innerhalb des MVZ ist weder eine Genehmigung noch eine Meldung an die KV erforderlich. Eine gebietsübergreifende Vertretung ist jedoch auch hier nicht möglich, hier muss ggf. eine gebietsspezifische Vertretung nachgewiesen werden. Ansonsten gelten die selben Regelungen wie für Vertragsärzte.

Im Hinblick auf die Fiktion der gleichen Arbeitsleistungen sollten die Vertretungstage pro Krankheitsfall und pro Jahr limitiert werden.

E 24 Geschäftsführung und Vertretung in wirtschaftlichen Angelegenheiten, Ärztlicher Leiter

Nach den gesetzlichen Bestimmungen steht die Geschäftsführung allen Gesellschaftern gemeinschaftlich zu, sie kann jedoch vertraglich abgedungen werden. Regelmäßig geschieht dies in Gesellschafterbeschlüssen, die schriftlich dokumentiert werden sollten.

Die Regelung der Geschäftsführungsbefugnisse der Gesellschafter ist ein neuralgischer Punkt bei der Prüfung, ob überhaupt ein Gesellschaftsverhältnis besteht. Ausgangspunkt ist zunächst die Regelung in § 720 BGB. Nach dieser Vorschrift kann die Geschäftsführung im Gesellschaftsvertrag einem oder mehreren Gesellschaftern übertragen werden. Folge dieser Beschränkung der Geschäftsführungsbefugnis auf einen Teil der Gesellschafter ist, dass die übrigen von der Geschäftsführung ausgeschlossen sind. Sie dürfen nicht selbst in Angelegenheiten der Gesellschaft tätig werden. Auch haben sie kein Widerspruchsrecht gegen Maßnahmen eines Geschäftsführers. Diese gesetzlich zulässige Übertragung der Geschäftsführung steht gesellschaftsrechtlich der Annahme einer Gesellschaft nicht im Wege.

Ist hinsichtlich der Geschäftsführung Einstimmigkeit nicht zu erreichen, kann vorsorglich im Vertrag geregelt werden, dass bei wichtigen Entscheidungen eine Person den Ausschlag geben soll, auf den sich beide Gesellschafter einigen. Die Regelung könnte lauten:

Kann eine notwendige Entscheidung von den Gesellschaftern mangels Einigung nicht herbeigeführt werden, so entscheidet dies verbindlich für beide Gesellschafter ein von den Gesellschaftern zu benennender Sachverständiger. Wird keine Einigung über die Wahl des Sachverständigen erzielt, so ernennt diesen der Präsident der Landesärztekammer. [Formulierungsvorschlag]

Aus Praktikabilitätsgründen empfiehlt es sich, die Geschäftsführung auf einen Gesellschafter zu übertragen. Zur Erledigung laufender Geschäfte sollte ohnehin jeder einzelne Gesellschafter ein Alleinvertretungsrecht bis zu einem bestimmten Betrag innehaben.

In diesem Zusammenhang ist die Vereinbarung einer Haftungsbeschränkung auf das Gesellschaftsvermögen anzuraten. Allerdings ist zu beachten, dass eine generelle gesellschaftsvertragliche Beschränkung der Haftung auf das Gesellschaftsvermögen im Hinblick auf § 138 BGB unzulässig ist (Kornblum, in Der Betriebsberater (BB) 1973, 218/227). Haftungsvereinbarungen können demnach nur durch Einzelabreden mit den Mandanten erreicht werden (OLG Düsseldorf, in NJW 1990, 2133, Az.: 2 U 83/89).

Grundsätzlich ist eine solche Haftungsbeschränkung deshalb sinnvoll, weil die Gesellschafter für eingegangene Verbindlichkeiten grundsätzlich mit dem Gesellschaftsvermögen und dem Privatvermögen haften. Die Haftungsbeschränkung schränkt aber die Vertretungsbefugnis des geschäftsführenden Gesellschafters ein. Sie wirkt aber gegenüber Dritten nur, wenn für diese die Beschränkung der Vertretungsmacht erkennbar war.

Die Regelung geht vom Grundsatz der Gesamtvertretung aus. Aus Praktikabilitätserwägungen heraus könnte überlegt werden, einen Gesellschafter zum Geschäftsführer zu ernennen. Es müsste dann ein entsprechender Gesellschafterbeschluss gefasst werden, wonach dieser Gesellschafter zur Geschäftsführung allein berechtigt ist. Die Geschäftsführung sollte dann bei Geschäften gemäß Absatz 2 beschränkt werden.

Sollte die Geschäftsführung einen erheblichen Aufwand bedeuten, müsste dies über die Gewinnverteilung geregelt werden.

In Absatz 4 wird die Bestimmung eines ärztlichen Leiters geregelt, um den gesetzlichen Anforderungen zu entsprechen. Der ärztliche Leiter muss nicht zwangsläufig der Geschäftsführer sein. Der ärztliche Leiter ist der Ansprechpartner der Kassenärztlichen Vereinigung für Abrechnungsfragen etc. Für den nichtärztlichen Teil kann auch ein Nichtmediziner als Geschäftsführer fungieren, auch wenn die nichtweisungsgebundenen Vertreter im Rahmen ihrer Gesellschafterbeschlüsse maßgeblich die Führung des MVZ beeinflussen können.

E 25 Haftung, Haftpflichtversicherung

Grundsätzlich besteht eine gesamtschuldnerische vertragliche Haftung der Gesellschafter des MVZ (in der Rechtsform der GbR) für Behandlungsfehler, auch wenn dieser nur durch einen Gesellschafter verschuldet wurde. Jeder Gesellschafter des MVZ haftet also für vertragliche Schadensersatzansprüche auch persönlich, im Innenverhältnis ist der verantwortliche Arzt aber den anderen Gesellschaftern zum Ausgleich verpflichtet.

Strittig ist allerdings, ob auch sämtliche Gesellschafter für deliktische Schulden des MVZ haften. Dies wird anhand der vergleichbaren Problematik der Gemeinschaftspraxis erläutert:

Ärzte, die eine Gemeinschaftspraxis gründen oder in eine bestehende eintreten, sollten jegliche Haftung für ehemalige Einzelpraxen oder die bisherige Gemeinschaftspraxis vertraglich ausschließen. Wird diese Haftung nicht ausgeschlossen, haftet nach neuester Rechtsprechung ein neu in die Gesellschaft eintretender Gesellschafter auch für bei seinem Eintritt bereits bestehende Verpflichtungen der Gesellschaft neben den bisherigen Gesellschaftern persönlich, d. h. mit seinem Privatvermögen (FG Rheinland-Pfalz – 6 K 2871/98; LSG Nordrhein Westfalen vom 25.01.1992 – L 11 S (KA) 21/92; Oberlandesgericht Hamm vom 22.11.2001 – BB 2002, 370, Az.: 28 U 16/01; BGH vom 29.01.2001 – NJW 2001, 1056, Az.: II ZR 331/00; BGH vom 07.04.2003 – II ZR 56/02). Die Rechtsprechung begründet dies mit der Eigenart der BGB-Gesellschaft, die über kein eigenes, ausschließlich zur Erfüllung ihrer Schulden bestimmtes Vermögen verfügen muss.

Dieses Haftungsproblem kann nach der neuen Rechtsprechung jedoch gelöst werden: Das BSG – B 6 KA 6/06 R – hat dazu entschieden, dass die Gemeinschaftspraxis unter bestimmten Bedingungen nicht für Regressforderungen der KV haftet, die aus einer Zeit vor Gründung der Gemeinschaftspraxis stammen. Die beiden Ärzte hatten im Gemeinschaftspraxisvertrag vereinbart, dass eine Übernahme der Altverbindlichkeiten der jeweiligen Praxispartner durch die Gemeinschaftspraxis ausdrücklich ausgeschlossen ist. Aufgrund dieser Ausschlussvereinbarung stellte das BSG fest, dass die KV nicht berechtigt sei, die Gemeinschaftspraxis für Altverbindlichkeiten des einen Partners haftbar zu machen. Mit dieser Entscheidung entwickelt das Bundessozialgericht seine frühere Rechtsprechung weiter.

Diese Entscheidung ergänzt die Rechtsprechung des Bundesgerichtshofs (BGH), so dass nun klar ist, dass sich die Haftung der Gemeinschaftspraxis und damit des einzelnen Partners nicht auf zivil- oder vertragsarztrechtliche Altverbindlichkeiten des jeweils anderen Gesellschafters erstreckt.

Der Haftung für Altschulden entziehen können sich neu eintretende Ärzte aber nur, wenn sie im Gesellschaftsvertrag ausdrücklich die Übernahme von früheren Verbindlichkeiten durch die Gesellschaft ausschließen.

Die Entscheidung des BSG ist deshalb so bedeutsam, da sie zum ersten Mal für die vertragsarztrechtlichen Regressansprüche eine klare Beurteilung ermöglicht. Für zivilrechtliche Forderungen wie etwa Mietschulden hat der BGH bereits festgelegt, dass bei einer Neugründung einer Gemeinschaftspraxis keine Haftung für Altverbindlichkeiten besteht.

Bürgschaftserklärung

Das VÄndG regelt in § 95 Abs. 2 S. 6 SGB V, dass bei einem MVZ in der Rechtsform einer juristischen Person des Privatrechts künftig Voraussetzung der Zulassung ist, dass die Gesellschafter eine selbstschuldnerische Bürgschaftserklärung für die Forderungen der jeweiligen KV oder Krankenkassen gegen das MVZ aus dessen vertragsärztlicher Tätigkeit abzugeben haben.

Damit sollen Forderungen nach etwaiger Schließung abgesichert werden. Die MVZ in der Rechtsform der juristischen Person des Privatrechts werden haftungsrechtlich den als Personengesellschaften organisierten Kooperationsformen gleichgestellt. Unklar ist, wie die Zulassungsausschüsse verfahren, wenn als ein MVZ mit einer GmbH als Alleingesellschafterin zugelassen werden will.

Die Erklärung könnte lauten:

Die Klinikum XY AG übernimmt hiermit als alleinige Gesellschafterin der Klinikum-MVZ XY GmbH die selbstschuldnerische Bürgschaft für ihre Tochtergesellschaft in unbegrenzter Höhe für etwaige Forderungen der Kassenärztlichen Vereinigungen und der Krankenkassen aus vertragsärztlicher Tätigkeit des MVZ XY in Trägerschaft der Klinikum-MVZ XY GmbH, auch für Forderungen, die nach Auflösung des Medizinischen Versorgungszentrums .... entstehen.

E 26 Miet- und Kooperationsverträge

Beim Abschluss des Mietvertrages sollte auf eine Regelung geachtet werden, wonach Untermietverhältnisse ohne Zustimmung des Vermieters begründet werden dürfen. Ebenso sollen neue in die Gesellschaft eintretende Gesellschafter auch in die Rechte und Pflichten des Mietvertrages eintreten können. Eine Weigerung des Vermieters sollte nur aus wichtigem Grund möglich sein.

Andernfalls ist für den Eintritt des neuen Gesellschafters in den Mietvertrag die schriftliche Zustimmung des Vermieters einzuholen. Soll der eintretende Gesellschafter in bestimmte Verträge nicht einsteigen, so ist dieses gesondert (mit einer Liste der betreffenden Verträge) zu regeln.

Wird das MVZ am Standort neu gegründet und nicht eine bestehende Praxis fortgeführt, entfällt die Regelung.

E 27 Anschaffung von Kraftfahrzeugen

Es ist empfehlenswert, die Kraftfahrzeuge im Vermögen der einzelnen Gesellschafter zu belassen, damit jedem Gesellschafter die Wahl seines PKW erhalten bleibt. Aufgrund der betrieblichen Nutzung wird der PKW zum Sonderbetriebsvermögen der einzelnen Gesellschafter, so dass dafür Ergänzungsbilanzen aufzustellen sind. Dort werden die Betriebskosten des PKW als Sonderbetriebsausgaben jedem einzelnen Gesellschafter zugerechnet, das Gleiche gilt für steuerliche Absetzungen für Abnutzung (AfA). Andernfalls können die Kraftfahrzeuge auch im Gesamthandsvermögen der

Gesellschaft belassen werden, so dass eine Zulassung auf die Gesellschaft (das MVZ) zu erfolgen hat.

Durch die Behandlung des PKW als Sonderbetriebsvermögen führt dies umsatzsteuerlich unter Umständen zum Verlust des Vorsteuerabzugs.

Laufende Verträge E 28

Vergleiche die Eintrittshaftung in § 9 und Personalvereinbarungen § 13. Im Übrigen wirkt der Eintritt in bestehende Verträge wie ein Schuldnerbeitritt, so dass der Neugesellschafter ab dem Beitritt den Altgläubigern ebenfalls als Schuldner haftet.

Weiterhin stellt die Regelung sicher, dass sämtliche Behandlungsverträge von der Gesellschaft abgeschlossen werden, so dass auch die Honorare von der Gesellschaft über deren Konten eingezogen werden.

Die Einbringung einer Praxis in das MVZ rechtfertigt nicht die Kündigung der Mitarbeiter der Einzelpraxen (keine Kündigung bei Betriebsübergang, § 613a BGB). Dennoch können natürlich die Mitarbeiter aus anderen betriebsbedingten Gründen gekündigt werden.

Personalvereinbarungen E 29

Die Arbeitgeberstellung in der Gesellschaft durch sämtliche Gesellschafter gegenüber den Angestellten der Praxis ist eine notwendige Regelung bei der Prüfung des Vorliegens einer echten Gesellschaft. Die arbeitsrechtlichen Beziehungen zum gemeinsamen Personal einschließlich gemeinsamer Assistenten sollten grundsätzlich einvernehmlich gestaltet werden.

Sofern die kooperierenden Ärzte gemeinsam weisungsberechtigt sind, sind sie auch gemeinsam Arbeitgeber.

Zu beachten ist ebenso, dass Arbeitnehmer grundsätzlich die Möglichkeit haben, dem Beitritt eines neuen Arbeitgebers nicht zuzustimmen, so dass sich dann das Arbeitsverhältnis mit dem alten Arbeitgeber fortsetzt.

E 30 Konten

Zum Stichtag der Gründung der Gesellschaft sind noch nicht sämtliche Forderungen der früheren Praxen (im Mustervertrag die Forderungen der Gesellschafter I und II) eingezogen. Diese sollten zur Vermeidung von Vermengungen der Honoraransprüche auf dem bisherigen Konto weiterlaufen. Die Gesellschaft wiederum sollte zur klaren Abtrennung neue Konten einrichten.

E 31 Buchführung

Die Gesellschaft ist verpflichtet, Aufzeichnungen über Einnahmen und Ausgaben sowie Forderungen und Verbindlichkeiten zu machen, die Belege geordnet aufzubewahren und Rechnungsabschlüsse zu erstellen. Zur Buchführung und Bilanzierung nach Handelsrecht oder Steuerrecht ist sie dagegen nicht gezwungen.

Der Rechnungsabschluss ist die Grundlage für die von den Gesellschaftern zu erstellende steuerliche Überschussrechnung gemäß § 4 Abs. 3 EStG.

Bei Personenidentität zwischen Geschäftsführer und Gesellschafter kann die Regelung in § 15 Absatz 5 entfallen.

Grundsätzlich bestimmt das BGB für eine GbR keine Verpflichtung zur Prüfung des Jahresabschlusses. Die Gesellschafter können jedoch Jahresabschlussprüfer bestellen und eine solche Prüfpflicht in den Gesellschaftsvertrag aufnehmen.

Üblicherweise kommt für die Erfüllung der Buchführungs- und Jahresabschlusspflicht einer der Gesellschafter oder ein Steuerberater in Betracht.

E 32 Jahresabschlussfeststellungen

Lediglich auf der Grundlage des Rechnungsabschlusses können die Gesellschafter die steuerliche Überschussrechnung erstellen. Die Aufstellung und Feststellung des Rechnungsabschlusses kann wie auch die Buchführung mit für alle Gesellschafter verbindlicher Wirkung einem Sachverständigen Dritten (im Regelfall dem Steuerberater) übertragen werden. Das ordnungsgemäße Führen und Aufbewahren von gesonderten Aufzeichnungen über die ärztliche Tätigkeit ist nach der Berufsordnung erforderlich.

Aus steuerlichen Gründen ist es sinnvoll, die bisherigen Buchwerte vorheriger Einzelpraxen fortzuführen. Möglicherweise kommt die der Verbleib bestimmter Gegenstände im Sonderbetriebsvermögen mit Vereinbarung einer Nutzungsüberlassung dieser Gegenstände für die Gesellschaft in Betracht.

Honorar, Einnahmeberechnung E 33

Der Gesellschaftsgedanke legt nahe, dass alle berufsbedingten Einnahmen der Gesellschaft zustehen. Das sollte auch für sämtliche Honorare aus ärztlicher Gutachtertätigkeit und wissenschaftlichen Vortrags- oder Schriftstellertätigkeiten gelten (insbesondere dann, wenn diese Arbeiten unter Zuhilfenahme der Praxisorganisation entstehen).

Die Honorareinnahmen sind ggf. nach umsatzsteuerbefreiten und umsatzsteuerpflichtigen Einnahmen zu differenzieren. Grundsätzlich sind die ärztlichen Leistungen nach § 4 Nr. 14 UStG umsatzsteuerbefreit. Dieses beschränkt sich aber nur auf Leistungen, die der Diagnose, der Behandlung und, soweit möglich, der Heilung von Krankheiten oder Gesundheitsstörungen dienen. Wenn Leistungen **nicht** diesen therapeutischen Zweck verfolgen, sind sie von der Umsatzsteuerbefreiung ausgeschlossen (BVerfG vom 29.10.1999 – 2 BvR 1264/90; EuGH vom 14.09.2000 – C-384/98).

Um bei den umsatzsteuerpflichtigen Leistungen den Gewinn zu erhalten, müsste der Arzt diese Umsätze um 16 % (entsprechend dem Umsatzsteuersatz) erhöhen. Dieses gilt nur dann nicht, wenn im vergangenen Jahr der Umsatz aus diesen Leistungen bis 16.620,00 EUR betragen hat bzw. im laufenden Jahr bis 50.000,00 EUR beträgt (sog. Kleinunternehmerklausel). In Grenzfällen lässt sich das sich daraus ergebende Risiko der nachträglichen Besteuerung nur dadurch absichern, dass die Leistungen mit dem entsprechenden GOÄ-Steigerungssatz so kalkuliert sind, dass die Umsatzsteuer darin enthalten ist, der erhöhte Anteilt könnte vorsorglich zurückgelegt werden.

Wegen der sich abzeichnenden Tendenz der Gewerblichkeit der umsatzsteuerpflichtigen Leistungen sollten diese Einkünfte auf ein gesondertes Konto vereinnahmt werden, um einer Vermengung der freiberuflichen und gewerblichen Leistungen und damit einer „Infektion" des gesamten Praxisumsatzes mit der Gewerbesteuer vorzubeugen.

E 34 Betriebsausgaben

Die Definition der Betriebsausgaben ist notwendig, um die Höhe der monatlichen Entnahmen (nach Abzug der Kosten) festzulegen. Die laufenden Kosten der Gesellschaft sowie kleinere Ersatzbeschaffungen sollten aus den laufenden Einnahmen bestritten werden. Größere Anschaffungen bedürfen darüber hinaus der gesonderten Zustimmung der Gesellschafter und eines Finanzierungsplans. Zu den laufenden Ausgaben der Gesellschaft könnten gehören:

- Renovierungskosten
- Gehälter und Sozialausgaben für das Personal
- Mietkosten für die Praxisräume
- Kosten der Wartezimmerliteratur
- Anschaffung von Praxisgegenständen, soweit sie nicht zum Sonderbetriebsvermögen eines Gesellschafters gehören
- Kosten der Wartung und Reparatur von gemeinschaftlich genutzten Praxisgegenständen, Betriebsmitteln, Instrumentarien
- Kosten für Gas, Strom, Telefon, Versicherungen, Internet, EDV, Software, soweit sie die Gesellschaft betreffen
- Kosten für Büromaterial und Praxisbedarf
- Aufwendungen für Rechts- und Steuerberatung der Gesellschaft
- KV- und Verwaltungskosten
- Beiträge zur Ärztekammer (wenn sämtliche Gesellschafter Ärzte sind)

Sonderbetriebsausgaben E 35

Spiegelbildlich zur Erfassung der Betriebsausgaben der Gesellschaft sollte zur Klarstellung erfasst werden, welche Ausgaben die Gesellschafter jeweils selbst als Sonderbetriebsausgaben zu tragen haben. Nicht zu den Betriebsausgaben der Gesellschaft könnten gehören:

- Beiträge für die Mitgliedschaft in Berufsorganisationen
- Beiträge zum Versorgungswerk
- Kosten von berufsbezogenen Tagungen und Fortbildungsveranstaltungen
- Kosten für Fachliteratur
- Kfz-Kosten
- Kosten des häuslichen Arbeitszimmers
- Zinsaufwendungen für im Sonderbetriebsvermögen befindliche Kredite (auch zum Kauf von Praxisanteilen)
- Anschaffungskosten für Gegenstände des Sonderbetriebsvermögens
- Kosten der Berufshaftpflichtversicherung

Beteiligungs- und Vermögensverhältnisse, Gewinn- und Verlust, Führung von Kapitalkonten E 36

1. Steuerliche Fallen und Gestaltungsmöglichkeiten

a) Aufnahme eines Partners in das MVZ

Will ein niedergelassener Arzt einen anderen Arzt zwecks Errichtung eines MVZ aufnehmen und zahlt der andere Arzt für den auf ihn übergehenden Anteil an den eingebrachten Gegenständen und dem ideellen Praxiswert einen Kaufpreis, so entsteht für den bisherigen Inhaber der Einzelpraxis ein Veräußerungsgewinn. Dieser wird als laufender Gewinn versteuert.

Steuerlich liegt eine Einbringung der Praxis durch den bisherigen Praxisinhaber teils auf eigene, teils auf Rechnung des künftigen

Mitgesellschafters in die neue Gesellschaft vor. Sie ist hinsichtlich der Einbringung auf fremde Rechnung als Veräußerung zu werten.

b) Gesamtverkauf mit Anstellungsvertrag

Da der halbe Steuersatz und der Freibetrag bei Praxisveräußerungen nur noch einmal im Leben gewährt werden, ist die Veräußerung einer Praxis in einem Schritt grundsätzlich günstiger als eine sukzessive Veräußerung in zwei oder mehr Schritten. Will ein kurz vor dem Ruhestand stehender Senior seine Praxis an den Junior veräußern, jedoch noch für eine kurze Übergangszeit im MVZ mitarbeiten, ist die Veräußerung des gesamten Praxisvermögens in einem Zug wegen der damit verbundenen steuerlichen Vergünstigungen sinnvoll. Voraussetzung für diese Vergünstigungen beim Seniorpartner ist, dass dieser seine selbstständige Tätigkeit tatsächlich einstellt. Lediglich eine weitere Tätigkeit für den Praxisübernehmer als dessen Angestellter oder freier Mitarbeiter und eine weitere Praxistätigkeit bis zu 10 % der früheren Einnahmen sind nicht steuerschädlich.

Ein Verkauf lediglich der Vertragsarztpraxis und Weiterführung der Privatpraxis führt jedoch zum Wegfall der steuerlichen Vergünstigungen, da nicht die gesamte Praxis veräußert wird.

c) Verkauf gegen Rente

Erfolgt die Zahlung des Kaufpreises für eine Praxis oder einen Praxisanteil gegen eine Rente mit einer Laufzeit von mindestens 10 Jahren, so kann die so genannte Sukzessivversteuerung gewählt werden.

Im Vertrag könnte dies z. B. wie folgt geregelt werden:

Die Gesellschafter .... bieten unwiderruflich an, die Vermögenswerte der Gesellschaft zu einem noch festzulegenden Kaufpreis zu erwerben und somit die bisherige Praxis von Gesellschafter .... zu übernehmen. Dieses Angebot kann Gesellschafter I bis zum .... schriftlich annehmen, der gesamte Kaufpreis ist sodann fällig. Gesellschafter I steht im Zeitpunkt der Veräußerung der Vermögenswerte ein Wahlrecht zu, die Veräuße-

rungsgewinne als Einmalzahlung oder als Ratenzahlung gemäß EStR139 Abs. 11 (Ratenzahlung als Alterversorgung) entgegenzunehmen. Im letzteren Fall wird die Höhe der Raten einvernehmlich unter Hinzuziehung des Steuerberaters festgelegt.

Sobald die Summe der Rentenzahlungen die Buchwerte der abgegebenen Praxis übersteigt, sind die Rentenbeträge als laufende Einkünfte mit dem normalen Steuersatz zu versteuern. Ein Freibetrag wird nicht gewährt. Dies kann aber zu einer erheblichen Steuerreduzierung führen, wenn ein Großteil der steuerpflichtigen Rente in Zeiten anfällt, in denen keine hohen Einkünfte mehr anfallen, wie die Zeiten nach Eintritt des Ruhestandes. Denkbar wäre also der Verkauf einer Praxishälfte gegen Rente und der Verkauf der zweiten Hälfte gegen einen Einmalbetrag einige Jahre später.

d) Nutzung der „Fünftelungsregelung"

Liegen die Voraussetzungen zur Anwendung des halben Steuersatzes und des Veräußerungsfreibetrages nicht vor, kommt die „Fünftelungsregelung“ in Frage, da diese keinen Anwendungsbeschränkungen unterliegt. Durch geschickte Gestaltung lassen sich hier nicht unerhebliche Steuerreduzierungen erreichen. Diese können sogar größer sein als beim halben Steuersatz, da es bei der „Fünftelungsregelung“ keine Mindestbesteuerung mit dem Eingangssteuersatz (wie beim halben Steuersatz) gibt. Erforderlich ist hierzu eine konsequente Reduzierung der steuerlichen Einkünfte im Jahr des Verkaufs. Mittel hierzu sind Ansparabschreibungen, freiwillige Bilanzierung im Vorjahr etc.

e) Übergangsgemeinschaftspraxis

Ist der alsbaldige Wechsel des bisherigen Praxisinhabers in den Ruhestand absehbar, könnte auch ähnlich wie beim bisherigen „Zwei-Stufen-Modell“ zunächst lediglich eine Beteiligung von beispielsweise 5 % übertragen werden. Diese wird aber nicht auf 50 % des gesamten Gesellschaftsvermögens aufgestockt, sondern es bleibt bei der kleinen Beteiligung bis zum endgültigen Ausscheiden des Seniorpartners. Jeder kann dann für den Gewinn aus der Veräußerung der restlichen 95 % die steuerlichen Vergünstigungen des halben Steuersatzes sowie des Veräußerungsfreibetrages in Anspruch nehmen kann.

Selbstverständlich kann der eintretende Junior Partner während der Zeit der Übergangsgemeinschaftspraxis nicht auf einen Gewinnanteil von 5 % verwiesen werden. Möglich wäre so die Vereinbarung eines Vorabgewinns in Höhe eines Oberarztgehaltes und die Verteilung lediglich des verbleibenden Restgewinns im Verhältnis 5 zu 95. Darüber hinaus können aber auch andere Gewinnverteilungsschlüssel angewandt werden, wie Arbeitseinsatz in Stunden, Honorarumsätze etc.. Diese Verteilungsmaßstäbe können auch miteinander kombiniert werden.

f) Buchwerteinbringung

Das Umwandlungssteuergesetz bietet die Möglichkeit einer steuerneutralen Einbringung zwecks Gründung einer MVZ. Bei diesem Modell wird nicht ein Gesellschafter in eine bereits bestehende Praxis aufgenommen, vielmehr bringen mehrere Gesellschafter Vermögensgegenstände in eine neu zu gründende Gesellschaft ein. Bisher bestehende Einzelpraxen werden zu Buchwerten eingebracht. Hierdurch entsteht zunächst kein steuerpflichtiger Veräußerungsgewinn. Ebenfalls in das MVZ einzubringende Vermögensgegenstände können etwa Bareinlagen oder auch Praxiseinrichtungsgegenstände sein.

Achtung:

Die Bareinlage erfolgt unbedingt auf das Konto der neu gegründeten Gesellschaft und nicht auf das Konto eines Altgesellschafters! Wird dies nicht beachtet, führt eine Zahlung in das Vermögen des Gesellschafters bei diesem stets zu einem nicht begünstigten Veräußerungsgewinn. Sofern die Anteile an der neuen Gesellschaft je 50 % betragen sollen, müssen die Einlagen der Gesellschafter gleichwertig sein, z. B. muss eine Bareinlage entsprechend des Wertes der eingebrachten Praxis eingebracht werden.

Problematisch ist die Verwendung der eingebrachten Bareinlage. Diese darf auf keinen Fall kurzfristig wieder aus der Praxis entnommen und in das Privatvermögen der Gesellschafter überführt werden. Der Geldbetrag muss für eine längere Zeit auf dem Praxiskonto verbleiben und kann allenfalls sukzessive entnommen werden. Hier könnten Investitionen überlegt werden, diese führen zu neuem Abschreibungsvolumen, das den Gesellschaftern anteilig zusteht.

Voraussetzung für die Steuerfreiheit der Einbringung ist, dass die Mehrzahlung eines neuen Gesellschafters über die übernommenen Buchwerte hinaus in zwei sich spiegelbildlich gegenüberstehenden Ergänzungsbilanzen ausgeglichen wird. Der neue Gesellschafter hat eine „positive" Ergänzungsbilanz, in der dieser den Mehrpreis, der über die ihm anteilig von den anderen Gesellschaftern übertragenen Buchwerte hinausgeht, abschreibt. Da der Großteil dieses Betrages auf den Goodwill entfallen dürfte, der auf 6 bis 10 Jahre abzuschreiben ist, kommt es hier zu einer relativ langen Abschreibung.

Altgesellschafter haben hat in dem Fall eine spiegelbildlich aufgebaute „negative" Ergänzungsbilanz aufzustellen, in der „negative Abschreibungen" entstehen. Diese negativen Abschreibungen führen bei ihnen zu zusätzlichen Einkünften, die genauso hoch sind wie die zusätzlichen Abschreibungen des neuen Gesellschafters. Die Altgesellschafter haben daher beim Einbringungsmodell lediglich im ersten Moment keinen steuerpflichtigen Gewinn. Über die Abschreibungsdauer des Goodwill von in der Regel 8 Jahren werden ihnen danach zusätzliche Einkünfte zugerechnet, die von ihnen zusätzlich zu versteuern sind. Es kommt also bei diesem Modell zu einer sukzessiven Gewinnversteuerung.

Weiterhin ist zu beachten, dass der Neugesellschafter nur dann die Abschreibung auf seine volle Einlage erhält, wenn mit dem eingelegten Geld auch in die Praxisgeräte investiert wird.

Eine in steuerlicher Hinsicht günstige Lösung könnte auch darin bestehen, dass der Einstieg des Neugesellschafters über Gewinnverzicht realisiert wird. Eine entsprechende Regelung (in einem Mini-MVZ bestehend aus zwei Gesellschaftern) könnte wie folgt lauten:

Am .... sind die Gesellschafter wie folgt an der Gesellschaft beteiligt:

Gesellschafter I – 100 %

Gesellschafter II – 0 %.

Die Gesellschafter sind sich darüber einig, dass der Gesamtwert der bisherigen Einzelpraxis von Gesellschafter I .... EUR (in Worten: .... Euro) entspricht. Gesellschafter II erhält das Recht, 50 % der Gesellschaftsrechte zu erwerben. Jeweils zum Kalenderjahresende fassen die Gesellschafter einen Beschluss, in dem geregelt wird, wie viele Gesellschaftsanteile Gesellschafter II von Gesellschafter 1 erwirbt. Als Kaufpreis für 50 % der Gesellschaftsanteile bestimmen die Gesellschafter .... EUR (in Worten .... Euro). Die Zahlung des Kaufpreises für den Teilgesellschaftsanteil erfolgt durch einen entsprechenden Gewinnverzicht des Gesellschafters II und einer Gewinnzuschreibung bei Gesellschafter I. Danach soll die Gewinnverteilung ....% (Gesellschafter I) und ....% (Gesellschafter II) solange betragen, bis der Kaufpreis von .... EUR (in Worten: .... Euro) erreicht ist. Danach erfolgt die Gewinnverteilung hälftig.

Nach der Rechtsprechung (vergleiche BGH vom 29.01.2001 – II ZR 331/00) ist die Gesellschaft ist als rechtsfähiges Subjekt Träger des Gesellschaftsvermögens (vergleiche BGH vom 29.01.2001 – II ZR 331/00). Insofern ergibt sich für den einzelnen Gesellschafter aus der Mitgliedschaft in der Gesellschaft kein unmittelbarer Bezug zum Gesellschaftsvermögen oder den einzelnen Gegenständen der Gesellschaft. Fraglich ist also, ob jeder Gesellschafter zur Anerkennung der Gesellschafterstellung bzw. zum Ausschluss der Annahme eines verdeckten Angestelltenverhältnisses am Vermögen der Gesellschaft beteiligt sein muss.

Zivilrechtlich ist anerkannt, dass die fehlende Beteiligung am Gesellschaftsvermögen eine Gesellschafterstellung nicht ausschließt. Nach der Rechtsprechung des Bundesgerichtshofes (BGH) und Bundesarbeitsgerichtes (BAG) muss ein Gesellschafter nicht am Vermögen der Gesellschaft beteiligt sein (BGH – NJW 1987, 1324, Az.: I ZR 138/84, 1325; BAG NJW 1993, 2458, 2400, Az.: 2 AZB 32/92). Auch im Steuerrecht wird nach wie vor entscheidend auf die Merkmale Unternehmerrisiko und Unternehmerinitiative abgestellt (Bundesfinanzhof (BFH) XR 83/96). Diese Merkmale sind maßgeblich durch die Beteiligung am Gewinn und Verlust geprägt. Eine Beteiligung am Gesellschaftsvermögen ist auch nach der Rechtsprechung der Finanzgerichte nicht Voraussetzung für die Anerkennung einer Mitunternehmerschaft. Zuletzt wurde diese Auffassung auch vom Landessozialgericht (LSG) Niedersachsen-Bremen bestätigt (Beschluss vom 13.08.2002 – L 3 KA 161/02 ER).

Für die Niederlassung ist nicht die „Verfügungsgewalt des Eigentümers“ über die Praxis Bedingung. Sie beinhaltet jedoch die ärztliche Berufstätigkeit „in voller Verantwortung“ und setzt voraus, dass dem Arzt die Möglichkeit gegeben ist, über die räumlichen und sachlichen Mittel und den Einsatz des Personals zu disponieren oder zumindest an der Disposition mitwirken zu können.

Umstritten ist jedoch, ob der Junior am immateriellen Wert der Praxis in der Weise zu beteiligen ist, dass ihm jedenfalls bei seinem Ausscheiden eine Abfindung des immateriellen Wertes zusteht. Das Fehlen einer entsprechenden Regelung wird häufig als Indiz gegen ein echtes Gesellschaftsverhältnis angesehen. Hier lässt sich aber auch die Auffassung vertreten, dass eine Beteiligung am immateriellen Wert in der Anfangsphase, also in den ersten gemeinsamen zwei bis drei Jahren, nicht erforderlich ist, weil in dieser Zeit der Ruf der Praxis im Wesentlichen noch durch den Ruf eines Altgesellschafters geprägt ist. Besteht eine Gesellschaft länger, hat der neu in die Praxis aufgenommene Gesellschafter einen Anspruch darauf, an der auf seine Tätigkeit zurückzuführenden immateriellen Wertsteigerung des MVZ beteiligt zu werden. Wie dieser immaterielle Wert zu bemessen ist, sollte im Gesellschaftsvertrag geregelt werden. Dieses nicht nur, weil es ein Indiz für ein Gesellschaftsverhältnis ist, sondern auch, um Streit über die Höhe der Abfindung bei Beendigung des MVZ zu vermeiden. In der Literatur wird es für zulässig angesehen, den immateriellen Wertzuwachs laufend abzugelten, in dem zum Beispiel am Jahresende ein Betrag ausgezahlt wird, der sich prozentual nach der Höhe des jeweiligen Gewinnanteils richtet.

2. Beteiligung am Gesellschaftsvermögen

Bei der Frage des Eintritts in die Gesellschaft ist die Frage der Beteiligung am Gesellschaftsvermögen zu klären. Hier sind diverse Gestaltungsmöglichkeiten gegeben.

a) Einerseits könnten die Vermögenswerte im Allein(sonder-)eigentum eines Altgesellschafters oder im Miteigentum aller Gesellschafter stehen. Stehen die Vermögenswerte im Alleineigentum eines Gesellschafters, so ist eine Nutzungsentschädigung im Vertrag zu vereinbaren. Diese darf aber nur der Kostendeckung dienen und kann keinen zusätzlichen Gewinn verschaffen. Denkbar ist auch eine Unentgeltlichkeit der Nutzungsentschädigung.

b) Die Möglichkeit, das gesamte Gesellschaftsvermögen im Sonderbetriebsvermögen eines Gesellschafters zu belassen, bietet sich dann an, wenn eine vollständig funktionierende und eingerichtete Praxis vorhanden ist und der bisherige Praxisinhaber nur noch eine überschaubare Zeit tätig sein möchte. In diesem Fall wäre eine Übereignung und finanzielle Auseinandersetzung zum Zeitpunkt des Ausscheidens des Altgesellschafters sinnvoll, da damit die Steuervorteile erhalten bleiben.

3. Praxiswertermittlung

Soll sich der eintretende Gesellschafter am Gesellschaftsvermögen beteiligen, so ist zunächst eine Einigung auf den Wert der bisherigen Praxis bzw. der einzubringenden Vermögenswerte nach dem Verkehrswert unerlässlich, damit eine Berechnung des Praxiswertes vorgenommen werden kann. Kommt eine Einigung zwischen den Gesellschaftern nicht zustande, kann ein öffentlich bestellter Sachverständiger zur Berechnung beauftragt werden. Gegebenenfalls kann der Sachverständige vom Präsidenten der jeweiligen Ärztekammer benannt werden.

Schwieriger ist die Bestimmung des ideellen Praxiswertes, dabei werden verschiedene Methoden für die Berechnung angewandt.

a) Methoden der Praxiswertermittlung

Bei der Bewertung von MVZ ist zuzugestehen, dass das Ergebnis käufer- oder verkäuferorientiert ausfallen kann und bisher noch geringe Erfahrungen bei der Bewertung fachübergreifender bzw. berufsgruppenübergreifender Gesellschaften bestehen. Eine neutrale Bewertung würde realistischerweise voraussetzen, dass sich die Vertragsparteien auf einen Sachverständigen einigen und dessen Honorar zu gleichen Teilen (oder entsprechend der Wertverhältnisse untereinander) übernehmen. Denkbar ist eine objektive Wertermittlung, die verschiedene Varianten, wie eine optimistische und eine pessimistische enthält. Ausgangspunkt dabei ist die Überlegung, dass jede Praxisbewertung nur Annäherungswerte liefern kann, die in aller Regel eine Grundlage für Vertragsverhandlungen darstellt. Selbst wenn am Ende der Berechnung eine Zahl stehen sollte, bedarf diese in jedem Fall der Kommentierung und der Relativierung, – der Unternehmenswert ist nicht der Kaufpreis!

Eine solche Berechnung fällt je nach Blickrichtung und Gewichtung besonderer Faktoren und vor allem wegen der notwendigen prognostizierenden Betrachtungsweise positiver oder negativer aus (wie bei der Bewertung eines Unternehmens oder Grundstücks). Die Qualität der Bewertung hängt dabei weniger von der angewandten betriebswirtschaftlichen Methodik als vielmehr von der Sorgfältigkeit und Tiefgründigkeit des Sachverhaltes sowie vom Umfang und der Aktualität des Zahlenmaterials ab.

Die nachfolgenden Ausführungen übertragen die bisherige Bewertungspraxis für Arztpraxen auf das MVZ.

b) Besonderheiten

Aus Sicht der klassischen Bewertung könnten andererseits dem Theorienstreit mit dem „Methoden-Wirrwarr" zu Leibe gerückt und außerdem noch die Besonderheiten der Bewertung der fachärztlichen Praxis im Unterschied zu den übrigen Arztpraxen herausgearbeitet werden.

Einigkeit besteht zwischen Gericht (vergleiche BGHG NJW 1973, S. 98, Az.: VII ZR 232/71) sowie Gutachtern und Sachverständigen in der Aufteilung des Praxiswertes in den Sachwert und den Ertragswert (Goodwill).

c) Sachwert

Der Sach- oder Substanzwert wird durch das Inventar der Praxis verkörpert – also im Wesentlichenwesentlichen durch medizinische Geräte sowie die Ausstattung (Verwaltungs- und Wartezimmerbereich). Dieses wird der jeweilige Steuerberater ermitteln. Hier ist aber zu bedenken, dass Steuerberater in der Regel den Sachwert mit dem Buchwert gleichsetzen, so dass möglicherweise das Guthaben eines Gerätesachverständigen für den betreffenden Arzt der richtige Weg sein könnte.

d) Ertragswert (Goodwill)

Der Wert des Unternehmens nach dieser Methode sind die zukünftig zu erwartenden, auf heute abgezinsten Erträge. Anhaltspunkte für die Beurteilung leiten sich aus der näheren Vergangenheit, dem vorhandenen Inventar und den wesentlichen vertraglichen Grundlagen ab. Dieses Ertragswertverfahren ist wesentlich von Wirtschaftsprüfern entwickelt worden und wird von diesen angewandt.

Komplizierter ist die Ermittlung des Goodwill. Dieser soll den Ruf einer Praxis abbilden, aber das fachliche Know-how des Arztes nützt dem Übernehmer nur dann etwas, wenn er sich auch im materiellen Erfolg der Praxis „in den nackten Zahlen" ausdrückt. Der Ruf des Vorgängers kann oft nur befristet und mittelbar ausgenutzt werden.

Gerade bei fachübergreifenden Gesellschaften wie einem MVZ liegt die Problematik darin, dass sich der Goodwill bei Praxen unterschiedlich berechnet werden kann. So ist die Patientenbindung bei Hausarztpraxen i. d. R. intensiver als bei zuweisungsabhängigen Facharztpraxen.

aa) Ermittlung des Goodwill

Vielfach wird auch heute noch die Richtlinie der Bundesärztekammer 1987 (Sonderdruck Deutsches Ärzteblatt 1997, Heft 14, Seite 26 ff.) angewandt, die sich nahezu ausschließlich am Umsatz orientiert. Als Faustregel gilt, dass der Goodwill jedweder Arztpraxis ein Drittel des durchschnittlichen Jahresumsatzes der vergangenen drei Jahre beträgt. Von diesem Wert sind ein kalkulatorischer Arztlohn abzuziehen und im Einzelfall bestimmte werterhöhende oder wertsenkende Merkmale zu berücksichtigen. Die von der Bundesärztekammer in der Richtlinie genannten Relativierungen werden jedoch oftmals unter den Tisch gekehrt. In den meisten

Facharztpraxen ist dieser Bewertungsansatz nicht relevant bzw. falsch. Erwähnenswert sind allerdings einige in den BÄK-Richtlinien genannten Kriterien, welche die Besonderheit einer Praxis ausmachen können. Dazu zählen:

- Patientenstruktur
- Lage der Praxis
- räumliche und personelle Struktur
- besondere Kostenfaktoren
- Fallzahlentwicklungen
- Reputation des abgebenden Arztes

Diese Kriterien sind in Zu- oder Abschlägen zu berücksichtigen. Da die Analyse der spezifischen Situation und deren Bewertung oftmals sehr aufwendig sind und Erfahrung voraussetzt, werden im Regelfall nur Daten ausgewertet, die leicht zugänglich sind. Dies kann nicht befriedigen, wenn man bedenkt, dass eine oft Jahrzehnte währende Existenzgrundlage verkauft wird, aus deren Erlös eine Alterssicherung betrieben werden soll.

bb) Alternativen

Als Alternative zur Berechnung des Goodwill gibt es die unterschiedlichsten Festlegungen, zum Beispiel

- die Höhe des letzten Jahresgewinns oder
- ein Drittel des letzten Jahresumsatzes oder
- eine Mischmethode aus einem Drittel des letzten Jahresumsatzes und der Hälfte des Vorjahres dividiert durch zwei.

Diese Methoden sind willkürlich und nicht zu empfehlen. Auch die Ärztekammermethode empfiehlt sich nicht mehr, denn nach einem Auftrag der Bayerischen Landesärztekammer hat die betriebswirtschaftliche Fakultät der Universität Bamberg (Prof. Dr. Peter Kupsch) die Unzulänglichkeit der BÄK-Methode festgestellt. Die Studie spricht sich nachhaltig für die analoge Anwendung der Ertragswertmethode aus, die seit Jahrzehnten auch außerhalb der Bewertung von freiberuflichen Praxen bei Unternehmensbewertungen angewandt wird. Zu dem gleichen Ergebnis kamen bis heute mehrere Ärztekammern. Diese Methode wird letztlich auch von der Arbeitsgemeinschaft der Sachverständigen für Arztpraxen (ASA) bevorzugt.

Grundlage dieses Verfahrens ist die Einnahmen/Ausgabenrechnung nach § 4 Abs. 3 EstG (Einkommenssteuergesetz). Aus der Entwicklung mindestens der letzten drei Jahre wird eine Zukunftsprognose abgeleitet. Ziel der Prognose ist die Ermittlung des nachhaltig erzielbaren Jahresgewinns. In einem zweiten Schritt wird dieser Gewinn in eine Barwertformel eingestellt. Da sich der Praxiswert aus der Summe zukünftiger Überschüsse zusammensetzt, ist ein Zinssatz zu wählen, mit dem die zukünftigen Überschüsse abgezinst und zu einem Barwert zusammengefasst werden. Üblicherweise wird hier die Umlaufrendite für Wertpapiere gewählt, derzeit ca. 4,0 %. Bedeutsamer ist die Wahl des Kapitalisierungszeitraumes (dies ist der Knackpunkt der Methode), denn bei einem gewerblichen Unternehmen, in dem mit der sogenannten ewigen Rentenformel gearbeitet wird, sind sich die Anwender der Ertragwertmethode bei einer Arztpraxis darüber einig, dass der Goodwill stark von der Person des Praxisinhabers abhängt und dass sich dieser Wert mit der Zeit verflüchtigt. In der Regel wird hier ein Zeitraum von zwei bis fünf Jahren angenommen, wobei der Wert der Praxis sich natürlich erhöht, je länger die „Nachwirkung" des Abgebers spürbar ist.

cc) Seriöse Verhandlungsgrundlage

Hier muss die Besonderheit der zu bewertenden Praxis herausgearbeitet werden. So kann es durchaus sein, dass es bei starker Patientenanbindung und einem guten Ruf gerechtfertigt ist, eher einen Verflüchtigungszeitraum von fünf als von zwei Jahren anzunehmen. Das hat also zur Folge, dass der Wert dieser Praxis höher anzusetzen ist. Es ist zu bedenken, dass der errechnete Wert mit dem am Markt tatsächlich zu erzielenden Kaufpreis identisch sein kann, aber er muss es nicht. Aufgabe der Wertberechnung ist es deshalb, Bandbreiten aufzuzeigen. Aus diesem Grunde sollte auch nicht davor zurückgeschreckt werden, alternative Berechnungen anzustellen. Wichtig erscheint es, dass sowohl Veräußerer als auch Käufer mit der Berechnung eine Basis erhalten, die eine seriöse Verhandlungsgrundlage darstellt. Sollte zwischen dem Abgeber und dem Übernehmer ein Streit im Hinblick auf einzelne Gesichtspunkte – wie z. B. die Einschätzung der zukünftigen Entwicklung einer bestimmten Leistung – bestehen, sollte die Berechnung auch alternative Aufstellungen des Goodwill ohne weitere Einschaltung eines Gutachtens ermöglichen. Dann hätte die Berechnung ihre Aufgabe erfüllt. Wenn es nicht zu einer Einigung kommt, sollte die Hinzuziehung eines Sachverständigen für die Bewertung von Arztpraxen in Erwägung gezogen werden. Dieser kann von der jeweiligen Ärztekammer benannt werden.

4. Gewinn- und Verlustbeteiligung

Ebenso ist eine Regelung über die Gewinn- und Verlustbeteiligung unbedingt aufzunehmen. Wird diese nicht vereinbart, erfolgt die Beteiligung bei gemeinsamer Gründung eines MVZ in der Regel anteilig.

Bei Eintritt eines Gesellschafters in eine bereits bestehende Gesellschaft sollte die Gewinnbeteiligung sich an dem von ihm entrichteten Anteil am Praxiswert orientieren.

Werden im Gesellschaftsvertrag jedoch die Anteile der Gesellschafter am Gewinn und Verlust nicht bestimmt, so erhält jeder Gesellschafter ohne Rücksicht auf die Art und Größe seines Beitrags einen gleichen Anteil am Gewinn und Verlust. Diese Regelung gilt aber nur dann, wenn der Vertrag die Höhe der Beteiligung nicht bewusst für eine spätere Vereinbarung offen lässt.

Hier sind auch die Höhe der Entnahmen, die jeder Gesellschafter für seinen laufenden Bedarf monatlich im Voraus entnehmen darf sowie die Voraussetzungen, unter denen die Sonderentnahmen zum Beispiel für Steuerzahlungen zulässig sind, zu regeln.

In diesem Zusammenhang ist darauf zu achten, dass im Gesellschaftsvertrag festzulegen ist, dass die Arbeit gleichmäßig auf die Gesellschafter verteilt ist. Ebenso muss bei der Durchführung von Sprechstundenzeiten, Hausbesuchen und Bereitschaftsdiensten beziehungsweise bei den zw. Inanspruchnahme von Urlaubs- und Fortbildungszeiten eine Gleichmäßigkeit bestehen.

Grundsätzlich ist zu empfehlen, dass von der Gesellschaft eine Praxisinventarliste geführt und fortgeschrieben wird. Bei Neuanschaffungen sollte der jeweilige Kaufpreis von den Gesellschaftern entsprechend der Beteiligung am Gesellschaftsvermögen getragen werden. Kommt zwischen den Gesellschaftern keine Einigung über eine Neuinvestition nicht zustande, so kann eine Entscheidung gemäß den Regelungen einer Patt-Situation bei einer Gesellschafterversammlung herbeigeführt werden oder ein Gesellschafter tätigt die Investition auf eigene Rechnung und bildet Sonderbetriebsvermögen. Vorsorglich sollten deshalb auch Listen des jeweiligen Sonderbetriebsvermögens geführt und fortgeschrieben werden.

Stellt ein Gesellschafter der Gesellschaft Apparate aus seinem Sonderbetriebsvermögen gegen Nutzungsentgelt zur Verfügung, so ist darauf zu achten, dass gewerbliche Einnahmen vorliegen könnten, die von der Gesellschaft getrennt, also vollkommen unabhängig vereinnahmt werden. Die jeweilige Regelung ist vorher mit dem Steuerberater abzustimmen

Grundsätzlich ist eine Beteiligung am Gesellschaftsvermögen nicht zwingend erforderlich, um eine Gesellschafterstellung inne zu haben. Im Fall von Null-Kapitalbeteiligungspartnern ist dann der Vertrag im Übrigen im Hinblick auf eine mögliche Scheinselbstständigkeit genau zu prüfen.

E 37 Urlaub

Die Urlaubsregelung sollte grundsätzlich mit den Gewinnverteilungsregelungen sowie den Regelungen zur gleichmäßigen Arbeitsbelastung der Gesellschafter harmonieren. Insofern ist auf eine gerechte Verteilung zu drängen. Aus praxisorganisatorischen Gründen sollte ein im jeweiligen Jahr genommener Urlaub nicht oder nur begrenzt in das Folgejahr übertragen werden können.

E 38 Berufs- und Erwerbsunfähigkeit

Fällt ein Gesellschafter langfristig (länger als ein Jahr oder mehr als 200 Tage in zwei Jahren) aus, kann dies eine stark frequentierte Gesellschaft nicht tragen. Besonders wird dies bei fachübergreifenden Gesellschaften, da in solchen Fällen eine dauerhafte Fremdvertretung (keine Vertretung bei fachfremden Leistungen!) zu gewährleisten ist. Hier muss ebenso wie im Fall der Berufsunfähigkeit im Vertrag geregelt werden, wann ein Gesellschafter ausgeschlossen werden kann bzw. wie lange und zu welchen Bedingungen ein Rückkehrrecht besteht.

Bei lang andauernder Krankheit könnte sukzessive der Gewinnanteil des Erkrankten herabgesetzt werden, etwa im ersten Jahr um 10 %, im zweiten Jahr um 20 %, im dritten Jahr um 30 %.

Schließlich muss im Interesse der Gesellschaft geregelt werden, wann Berufsunfähigkeit vorliegt. Der Begriff wird in der Sozialversicherung als Erwerbsunfähigkeit bezeichnet und bedeutet, dass der betreffende Gesellschafter weniger als 50 % der Arbeitsleistung eines durchschnittlichen Arztes erbringen kann. Bei den ärztlichen Versorgungswerken wird der Begriff jedoch so definiert, dass eine Anerkennung nur erfolgt, wenn der Arzt praktisch gar nicht mehr tätig werden kann. So hat das Oberverwaltungsgericht (OVG) NRW am 07.02.2000 – 4 A 5556/98 entschieden, dass ein Arzt nicht berufsunfähig ist, wenn er noch eine Dozententätigkeit ausüben kann.

Ein kleineres MVZ kann jedoch weder einen nur noch dozierenden Kollegen noch einen solchen verkraften, der zu 50 % tätig ist. Es muss daher ein anderer Prozentsatz, z. B. 80 %, festgelegt werden. Die Spanne (Lücke) muss jeder Gesellschafter selbst durch eine Berufshaftpflichtversicherung absichern, zumal die Rente des ärztlichen Versorgungswerkes unzureichend ist, wenn der Rentenfall nach kurzer Berufsunfähigkeit eintritt.

Notwendig ist neben der Regelung der Konsequenzen der Berufsunfähigkeit auch die Frage, wie diese festgestellt wird. Zunächst sollte ein fachärztliches Gutachten genügen, ggf. kann ein Obergutachten eingeholt werden. Letzteres sollte übereinstimmend als Schiedsgutachten erklärt werden, damit ist es nicht mehr anfechtbar. Andersfalls könnte sich ein Prozess anschließen.

Wird über die Frage der Berufsunfähigkeit (lange) gestritten, muss geregelt werden, was in der Zwischenzeit zu geschehen hat. In Gesellschafterversammlungen sollte der betreffende Gesellschafter nicht mehr mitbestimmen. Die Bezüge sollte der betreffende Gesellschafter, ggf. reduziert, weiterhin erhalten, damit er nicht zu einem sozialen Pflegefall wird. Diese Übergangszeit sollte mit der rechtskräftigen Feststellung der Erwerbsunfähigkeit enden.

E 39 Vertragsdauer, ordentliche Kündigung

Die gesetzliche Ausgangssituation regelt, dass der kündigende Gesellschafter aus der Gesellschaft ausscheidet. Wird dieser Punkt nicht abweichend geregelt, kann dies für einen bereits länger etablierten Gesellschafter zur Folge haben, dass er das MVZ verlassen muss. Insofern erscheint es sinnvoll, für Altgesellschafter bzw. Gründer eine „Platzhirschschregelung“ zu treffen.

Für den Fall der Kündigung eines Gesellschafters sollte geregelt werden, dass die Gesellschaft durch die verbleibenden Gesellschafter fortgesetzt wird (solange die Gründungsvoraussetzungen bestehen). Nur dadurch kann gewährleistet werden, dass die Praxisstruktur erhalten bleibt bzw. der verbleibende Gesellschafter die hohen Praxiskosten tragen kann.

Ein unbeschränktes Hinauskündigungsrecht des Altgesellschafters ist unzulässig.

Zahlreiche Gemeinschaftspraxisverträge sehen vor, dass bei einer Kündigung der Gemeinschaftspraxis immer der Junior die Praxis verlassen muss, auch wenn der Senior die Kündigung erklärt hat. Diese Ausschließung oder Herauskündigung eines Gesellschafters wurde lange Zeit als unbedenklich angesehen. In neueren Urteilen ist der Bundesgerichtshof (BGH) dem jedoch mehrfach entgegen getreten. Er fordert für die Wirksamkeit einer solchen Vereinbarung, dass wegen der damit verbundenen Einschränkungen der wirtschaftlichen und persönlichen Freiheit des vom Ausschließungsrecht bedrohten Mitgesellschafters sachlich gerechtfertigte Gründe bestehen müssen. (BGH vom 08.03.2004 – II ZR 165/02Münchner Kommentar – Ulmer, § 737 Rdnr. 15).

Welcher Art die sachlich gerechtfertigten Gründe sein müssen, damit dieses Ausschließungsrecht Bestand hat, ist nicht abschließend festgelegt (BGHZ 105, 213, 217 = NJW 1989, 834, Az.: II ZR 329/87).

In Betracht kommen hier Gründe aus der Entstehungsgeschichte der Gesellschaft, der Art des Anteilserwerbs des von der Ausschließung bedrohten Gesellschafters und den besonderen Verdiensten des ausschliessungsberechtigten Gesellschafters um die Gesellschaft (Münchner Kommentar – Ulmer, § 737 Rdnr. 17). Die Möglichkeit der Herauskündigung wird ist grundsätzlich für die Dauer einer Erprobungsphase von ca. zwei Jahren als zulässig angesehen. Ist ein Gesellschafter am Vermögen der Gesellschaft überhaupt nicht oder nur in geringem Maß beteiligt, so besteht darin ein sachlicher Grund, eine Herauskündigung als zulässig anzusehen (vgl. z. B. Fallen – Zahnärzte Wirtschaftsdienst 9 /99). Die Möglichkeit einer Herauskündigung stellt nicht die Gesellschafterstellung des vom Ausschließungsrecht bedrohten Gesellschafters in Frage, kann aber gleichwohl ein Indiz dafür sein, welches gegen die Annahme einer Gleichberechtigung in der Praxisführung spricht.

Scheidet ein Gesellschafter aus dem gutgehenden MVZ aus, haben die verbleibenden Gesellschafter regelmäßig ein Interesse daran, kurzfristig einen neuen Gesellschafter aufzunehmen. Damit der Fortbestand der Praxis unverändert gewährleistet ist, muss der ausscheidende Gesellschafter häufig ein vertraglich vereinbartes Wettbewerbsverbot beachten, der ausgeschiedene Gesellschafter kann sich demnach nicht im Einzugsbereich der Praxis anderweitig niederlassen. Insofern ist den Konkurrenzschutzregelungen ein besonderes Augenmerk zu widmen. Hierbei darf „der Bogen jedoch nicht überspannt werden", weil ein zu großer Umkreis bekanntlich sittenwidrig sein kann und damit zur Nichtigkeit der Wettbewerbsklausel führt (vgl. OLG München MedR. 1996, 567). Die sich verändernde zivil- und wettbewerbsrechtliche Auffassung der jeweiligen Oberlandesgerichte ist zu beachten.

Hinsichtlich der Dauer der Gesellschaft ist zu beachten, dass eine zu lange Bindungsdauer nichtig sein kann. So wurde durch die Rechtsprechung eine Bindungsdauer von 2 bis 3 Jahren als zulässig erachtet, bei über 512 oder mehr Jahren droht aber die Nichtigkeit der Klausel als nichtig beurteilt (Heberer, Das ärztliche Berufs- und Standesrecht, S. 303OLG Düsseldorf vom 30.06.1998 – OLG Report 1999, 40).

Weiter ist die Regelung einer Anschlusskündigung zu überlegen. Kündigt der Senior eines Zweier-MVZ seinen Ausstieg ein Jahr zuvor an, ist es ratsam, zuvor im Vertrag das Recht zur sofortigen Anschlusskündigung mit einer eventuell kürzeren Ausstiegszeit des Juniors für eine gewisse Zeit auszuschließen. Nur so kann der Junior dazu gezwungen werden, gemeinsam an der dann notwendigen Praxisverwertung mitzuwirken.

Eine Vereinbarung, durch die das Kündigungsrecht ausgeschlossen oder beschränkt wird, ist nichtig (§ 723 Abs. 3 BGB). Als Beschränkung können zum Beispiel in Betracht kommen: die Belastung mit Austritts- oder Abfindungsgeld, Vertragsstrafen, ungenügende Abfindung in Folge des Ausscheidens (BGH NJW 1973, 651, Az.: II ZR 31/70). Das Gesellschaftsverhältnis kann nicht durch Mehrheitsbeschluss unbegrenzt zu verlängert werden, dies stellt einen unzulässigen Ausschluss des Kündigungsrechts dar (BGH NJW 1973, 1602, Az.: II ZR 131/68).

Bei Ausspruch der fristlosen Kündigung wird das Gesellschaftsverhältnis mit dem gekündigten Gesellschafter sofort beendet. Auch eine auf unbestimmte Zeit eingegangene Gesellschaft kann jederzeit gekündigt werden. Ob die Kündigung zu Recht erklärt wurde, entscheidet auf Feststellungsklage das Gericht.

Ein wichtiger Grund liegt vor, wenn ein gedeihliches Zusammenwirken der Gesellschafter nicht mehr möglich ist und ihnen die Fortsetzung der Gesellschaft nicht mehr zugemutet werden kann. Der Grund kann in der Gesellschaft selbst (dauernde Unrentabilität) oder in der Person eines Gesellschafters liegen.

Nicht jeder Streit zwischen den Gesellschaftern rechtfertigt allerdings eine Kündigung. Mildere Mittel müssen ohne Erfolgsaussichten sein. Wenn ein Gesellschafter jedoch eine dem Streit folgende gerichtliche Verfügung nicht einhält, ist die fristlose Kündigung gerechtfertigt (Oberlandesgericht Hamm – 27 U 211/03).

Der Vertrag sollte bestimmen, dass im Falle der Kündigung die übrigen Gesellschafter die Gesellschaft fortsetzen.

E 40 Ausscheiden eines Gesellschafters

Insbesondere im Fall der fristlosen Kündigung würde eine sofortige Beendigung des Gesellschaftsverhältnisses mit einem Gesellschafter eine sofortige Neuberechnung des vertragsärztlichen Budgets und der Fallpunktzahlen zur Folge haben, die bei zunächst gleich bleibenden Praxiskosten die Praxis unverzüglich in wirtschaftliche Bedrängnis führen kann.

Insofern muss für die verbleibenden Gesellschafter die Möglichkeit einer Gegensteuerung in Form einer ordnungsgemäßen Organisation einer Vertretung bzw. der Einleitung des Nachbesetzungsverfahrens möglich sein.

Ein ausscheidender Gesellschafter ist bis zum Zeitpunkt seines Ausscheidens an den entstehenden Gewinnen und Verlusten der Gesellschaft beteiligt.

Sicherung der Zulassung für das MVZ E 41

Unproblematisch ist dies dann, wenn der ausscheidende Gesellschafter zu Gunsten des MVZ auf seine Zulassung verzichtet und sich vor 1.1.2007 hat anstellen lassen (problematisch bei Gründung einer Personengesellschaft). Die Zulassung bleibt dem MVZ dann erhalten, der ausscheidende Gesellschafter erhält nach mindestens 5-jähriger Tätigkeit im MVZ eine Neuzulassung. Problematisch ist jedoch die Konstellation, in der ein Gesellschafter seine Zulassung behält (weil er gegenüber dem Zulassungsausschuss lediglich die Übertragung seiner Abrechnungsbefugnis auf das MVZ, nicht jedoch den Zulassungsverzicht erklärt hat). Dafür bietet sich eine vertragliche Lösung an.

Damit das MVZ in der bisherigen Struktur weiter bestehen kann, ist eine Regelung empfehlenswert, dass ein Gesellschafter bei Ausscheiden seine Zulassung in dem MVZ belässt. Die Zulassung wird personen- und nicht standortbezogen erteilt. Die Rechtsprechung gewährt den verbleibenden Partnern jedoch ein eigenes Ausschreibungsrecht und die Wahl der Bestimmung des eintretenden Partners. Zur Wirksamkeit der Verpflichtung zur Nachbesetzung in Gemeinschaftspraxen vergleiche OLG Hamm vom 10.01.2000 – MedR 2000, 427; OLG Stuttgart vom 21.02.2001 – 20 U 57/2000 in MedR 2001, 519)!

Im Fall des OLG Stuttgart vom 21.02.2001 – 20 U 57/2000 verklagten die beiden verbliebenen Gesellschafter einer Gemeinschaftspraxis den ausgeschiedenen Kollegen auf Schadensersatz, weil er nicht zugunsten der Gemeinschaftspraxis auf seine Zulassung verzichtet habe und damit der Gemeinschaftspraxis der Sitz verloren ging.

Grundsätzlich erkannte das OLG das berechtigte Interesse am Erhalt der Praxisstruktur, zumal diese auch wirtschaftliche Grundlage der Praxisorganisation sei mit der Folge, dass eine zwangsweise Praxisverkleinerung erhebliche wirtschaftliche Nachteile mit sich bringt (vgl. auch OLG Hamm vom 10. Januar 2000 – 8 U 91/99 zur Rechtmäßigkeit einer Klausel, die Zulassung in der Gemeinschaftspraxis zu belassen).

Angesichts der schweren Beeinträchtigung der Berufsfreiheit des ausscheidenden Kollegen konnte in dem Fall das Interesse der Gemeinschaftspraxis aber nicht die bedingungslose Verpflichtung zum Zulassungsverzicht rechtfertigen. Wichtig war dem Gericht die Ausgewogenheit von Leistung und Gegenleistung.

Dabei zog das Gericht den Rechtsgedanken des § 74 Abs. 2 HGB analog heran, auch dies hatte der Bundesgerichtshof (BGH) in der Laborarztentscheidung in NJW 1997, 799, Az.: VI ZR 350/95 ebenfalls getan. Die Heranziehung lag im vorliegenden Fall nahe, weil der ausscheidende Gesellschafter im ersten Jahr noch in einer Art Probezeit und insofern nur ein fixierter Gesellschafter war (faktisch Angestellter).

Somit ist die Verpflichtung zum Verzicht auf die Zulassung nur dann wirksam, wenn die Gesellschafter die Zahlung einer angemessenen Entschädigung vereinbart haben.

Größere MVZ, deren wirtschaftliches Überleben aber vom Erhalt der Sitze in der Gesellschaft abhängt, sind auf die Kooperation des ausscheidenden Gesellschafters angewiesen. Sie sollten deshalb folgende Regeln in den Vertrag aufnehmen:

- Die Gesellschafter verpflichten sich, die Ausschreibung des Vertragsarztsitzes eines ausscheidenden Gesellschafters nur einvernehmlich vorzunehmen. Jeder Gesellschafter erteilt der Gesellschaft die Vollmacht, im Fall des Ausscheidens in seinem Namen Erklärungen beim Zulassungsausschuss abzugeben oder zurückzunehmen.
- Die Gesellschafter verpflichten sich, alles zu unternehmen bzw. zu unterlassen, was dem Verbleib des Vertragsarztsitzes in der Gesellschaft begünstigen bzw. schaden könnte. Der ausscheidende Gesellschafter ist verpflichtet, an der Sitzung des Zulassungsausschusses teilzunehmen.

Sicherlich ist es in der Regel auch sinnvoll, mit dem ausgewählten Praxisnachfolger schon vor der Sitzung einen Vertrag abzuschließen (unter der aufschiebenden Bedingung der Zulassung des Nachfolgers). Ein solcher Vertrag kann mit allen potentiellen Kandidaten abgeschlossen werden. In dem Vertrag sollte auch ein Rechtsmittelverzicht für die potentiellen Nachfolger vereinbart werden, die den Zuschlag des Zulassungsausschusses nicht erhalten. Weiterhin sollte der Vertrag den Nachfolger verpflichten, sich innerhalb der formalen Fristen (3 Monate) niederzulassen und die Tätigkeit zu beginnen. Letzteres hindert den Ausschuss daran, die Zulassung wieder zu entziehen.

Der ausscheidende Gesellschafter sollte zudem verpflichtet werden, vor einer Übertragung der Zulassung sich nicht andernorts vertragsärztlich niederzulassen. Solange die Zulassung in dem MVZ fortbesteht, ist eine vertragsärztliche Tätigkeit ausgeschlossen. In dieser Zeit kann der ausscheidende Gesellschafter im MVZ vertreten werden. Eine solche Vertreterregelung könnte mit dem potentiellen Übernehmer vereinbart werden, so dass die Wahrscheinlichkeit, dass dieser von dem Zulassungsausschuss ausgewählt wird, weiter steigt. Zudem bleibt so das berechtigte Interesse der verbleibenden Gesellschafter enthalten, den neuen Gesellschafter mit auszuwählen.

Werden die vertragsärztlichen Zulassungen zu Beginn der Tätigkeit im MVZ durch Verzichtserklärungen gegenüber dem Zulassungsausschuss auf das MVZ in der Rechtsform einer juristischen Person übertragen, so verfügt der ausgeschiedene Gesellschafter allenfalls nach Ablauf von 5 Jahren ärztlicher Tätigkeit im MVZ über eine neue vertragsärztliche Zulassung, sofern die Anstellung vor dem 1.1.2007 erfolgte. Scheidet ein Gesellschafter vor Ablauf von 5 Jahren aus, kann er wegen der Unwiderruflichkeit der Verzichtserklärung die vertragsärztliche Zulassung nicht aus dem MVZ „herausverlangen“. Die Alternative wäre, dass der Vertragsarzt seine Zulassung behält und lediglich die Abrechnungsbefugnis an das MVZ überträgt. Seine Zulassung würde dann ähnlich wie in einer Gemeinschaftspraxis für die Dauer der gemeinsamen Tätigkeit „ruhen“. Bei Verlassen des MVZ würde sie wieder aufleben (vgl. Formulierungen im GmbH-Vertrag).

Grundsätzlich kann die Gesellschaft bei Ausscheiden eines Gesellschafters weiter bestehen, soweit noch zwei Gesellschafter (Personengesellschaft) bzw. ärztliche Leistungserbringer vorhanden sind. Sollte ein Gesellschafter aus einem Zwei-Personen-MVZ

(GbR) ausscheiden, so ist das MVZ in seinem Bestand bei nahtloser Wiederbesetzung nicht gefährdet.

E 42 Übernahme bei Tod oder Ausscheiden, Abfindung

Der gesetzliche Regelfall gleichberechtigter Gesellschafter sieht bei Beendigung der Gesellschaft bzw. bei Ausscheiden eines Gesellschafters die Verwertung zu gleichen Teilen vor.

Wird das MVZ von den verbleibenden Gesellschaftern fortgeführt, könnte die Abfindungsregelung für diesen „Idealfall" wie folgt lauten:

Der ausscheidende Gesellschafter, im Todesfall dessen Erben, erhalten als Abfindung einen Geldbetrag in Höhe des zum Zeitpunkt des Ausscheidens gültigen Vermögensanteils. Der Vermögensanteil ist, soweit sich die Gesellschafter nicht einigen, durch Gutachten eines Sachverständigen für die Bewertung von Arztpraxen zu ermitteln. In diesem Fall tragen die Gesellschafter die Kosten für das Gutachten je hälftig.

Wird das MVZ aufgelöst und betreiben die Gesellschafter auch künftig jeweils eine Praxis, könnte die Regelung lauten:

Setzt nach Beendigung der Gesellschaft der ausscheidende Gesellschafter seine Praxistätigkeit im selben Zulassungsbezirk fort, wird die Patientenkartei unter Berücksichtigung des mutmaßlichen Patientenwillens zu gleichen Hälften geteilt und es entfällt eine geldbetragsmäßige Entschädigung für den Goodwill. Entscheidet sich der Patient für die Fortführung der Behandlung durch den anderen Arzt, sind diesem die Behandlungsunterlagen auszuhändigen. Die Ermittlung des Substanzwertes erfolgt nach der gleichen Berechnungsmethode, die der Wertermittlung zu Beginn der Gesellschaft zu Grunde gelegt wurde. Die Auseinandersetzung erfolgt nach dem Grad der Beteiligung am Gesellschaftsvermögen.

Bei der Teilung der Gesellschaft ist möglichst eine Realteilung anzustreben, bei der das Praxisinventar geteilt wird. Auf diese Weise werden Gewinnversteuerungen und Liquidationsengpässe vermieden.

Grundsätzlich ist die Beteiligung am Liquidationserlös bei Beendigung der Gesellschaft bzw. der Abfindungsanspruch bei Ausscheiden eines Gesellschafters wie die Beteiligung am Gewinn und Verlust keine zwingende Voraussetzung zur Anerkennung einer Gesellschafterstellung. Im Falle einer „Nullbeteiligungsgesellschaft" ist im Vertrag zu regeln, dass der ausscheidende „Null-Gesellschafter" eine Abfindung unter Berücksichtigung des materiellen und immateriellen Gesellschaftsvermögens erhält beziehungsweise im Falle der Auflösung und Liquidation der Gesellschaft am Überschuss uneingeschränkt teilnimmt. Dieser Gesellschafter sollte in dem Fall als Abfindung nur den vereinbarten Gewinnanteil bis zum Ausscheidenstag erhalten. Erhält dieser Gesellschafter bei Ausscheiden das Recht, seine Patienten weiterzubehandeln, stellt dies nach ständiger Rechtsprechung eine angemessene Auseinandersetzung des Goodwill dar. Eine Regelung zur Abfindung des Goodwill etwa im Verhältnis von 99 % zu 1 % ist dann nicht mehr erforderlich, da eine Aufteilung in Sachwerten vorgenommen wird.

Wenn zwischen dem Wert des Goodwill zu Beginn der Gesellschaft und zum Ende der Gesellschaft ein grobes Missverhältnis besteht und der nicht am Goodwill beteiligte Gesellschafter den Goodwill mit geschaffen hat, muss der Vertrag gemäß der ergänzenden Vertragsauslegung korrigiert werden. Der nicht beteiligte Gesellschafter sollte zumindest den anteiligen Wertzuwachs erhalten.

Zur Vermeidung von Streitigkeiten ist der Weg zur Ermittlung des Ausscheidungsguthabens verbindlich im Vertrag zu regeln. Ebenso muss die Fälligkeit der Zahlung der Abfindung geregelt werden. Gegebenenfalls kann hier ein Ratenzahlungssystem vereinbart werden.

Im Falle des Todes eines Gesellschafters soll die Gesellschaft mit allen Aktiva und Passiva durch den verbleibenden Gesellschafter fortgeführt werden. Die Erben werden keine Gesellschafter, sie erhalten eine Abfindung entsprechend dem Gesellschaftsanteil des verstorbenen Gesellschafters, der in einer festzulegenden Frist ganz oder ratenweise und verzinst zu zahlen ist. Der Vertrag sollte die Situation der Familie des verstorbenen Gesellschafters berücksichtigen, die unvermittelt ohne Einkommen dastehen könnte und neben den veränderten Umständen in wirtschaftliche Bedrängnis gerät. Insofern sollte der Geldfluss entsprechend der vertraglichen Regelung zur Vorabentnahme vorläufig gesichert werden.

Eine Gesellschafterstellung können die Erben in der Regel schon deshalb nicht erben, weil sie keine Ärzte sind. Damit der verbleibende Gesellschafter die Wiederbesetzung des Vertragsarztsitzes unverzüglich planen kann, führt er die Geschäfte der Praxis allein weiter bzw. wählt zunächst einen Vertreter aus. Sollte ein Gesellschafter seine Gesellschafterstellung vererben und den Eintritt eines Abkömmlings wünschen, so kann auch dieses vertraglich geregelt werden. Die Klausel kann jedoch nur unter den Bedingungen vereinbart werden, dass der Erbe über die entsprechende Facharztausbildung verfügt und eintrittswillig ist. Ebenso ist dann der Fall zu regeln, wie zu verfahren ist, wenn der verbleibende Gesellschafter die Gesellschaft unter diesen Bedingungen nicht fortführen will.

Die Übernahme der Gesellschaftsanteile im Erbfall muss insbesondere für die Fälle ausgeschlossen werden, in dem die Erben keine im System der GKV tätigen Leistungserbringer sind. Deshalb ist es notwendig, dass die Gesellschaftsanteile im Falle des Versterbens eines Gesellschafters ohne Zustimmung der Erben einsehbar sind.

Schiedsgerichtsordnungen können von regionalen Wirtschaftsverbänden übernommen werden. Die in Bezug genommene Schiedsordnung sollte als Anlage dem Gesellschaftsvertrag beigefügt werden.

E 43 Aufnahme neuer Gesellschafter

Die Aufnahme weiterer Gesellschafter kann entweder durch Übertragung eines Gesellschafteranteils oder durch Abschluss eines Aufnahmevertrages erfolgen. Beide Wege sind hinsichtlich der rechtlichen Voraussetzungen und wirtschaftlichen Auswirkungen voneinander zu trennen.

Die Anteilsübertragung vollzieht sich zwischen dem ausscheidenden und dem eintretenden Gesellschafter. Sie stellt eine Rechtsnachfolge dar und bedarf stets der Zustimmung der übrigen Gesellschafter. Bei der Aufnahme eines neuen Gesellschafters wird die bisherige Gesamthand nur erweitert, auch dazu ist die Zustimmung aller Gesellschafter erforderlich.

Im ursprünglichen Gesellschaftsvertrag kann die Aufnahme neuer Gesellschafter unterschiedlich geregelt werden. Das Formular legt sich hier nicht fest, sondern eröffnet lediglich die Option zur Weiterentwicklung der Praxis.

Gesellschafterversammlung, Stimmrecht, Beschlüsse E 44

Bei der GbR gibt es keine Gesellschafterversammlung als eigenes Organ. Die Beschlussfassung ist somit nicht an die Abhaltung von Gesellschafterversammlungen gebunden, sondern vollzieht sich formlos durch die Abgabe übereinstimmender Willenserklärungen. Um jedoch Pattsituationen oder Zeiten des Stillstands zu überwinden, sollten Bestimmungen zur Durchführung von Gesellschafterversammlungen und Erreichung von Beschlüssen vereinbart werden.

Gesellschafterversammlungen, auf denen wichtige oder überraschende Beschlüsse gefasst werden sollen, müssen allen Gesellschaftern rechtzeitig vorher bekannt gegeben werden.

Einzelne Fragen, über die zu Beginn der Gesellschaftsgründung noch keine Einigung erzielt werden kann, sollten einer Entscheidung in einer Gesellschafterversammlung vorbehalten werden (zum Beispiel Sprechstundenzeiten, Fortbildungsveranstaltungen, Urlaubsregelungen etc.). Die abgefassten Beschlüsse sollten schriftlich fixiert werden.

Es sollte auch eine Regelung zum Stimmrecht enthalten sein, insbesondere sollten Pattsituationen vermieden werden. Der Vertrag muss insofern regeln, ob das Einstimmigkeitsprinzip oder das Mehrheitsprinzip gelten soll. Wird keine Einigung erreicht, könnte beispielsweise eine weitere Gesellschafterversammlung einberufen werden. Wird auch hier keine Einigung erzielt, könnte ein Dritter in die nächste Versammlung als Vermittler einbezogen werden (z. B. der Rechts- oder Steuerberater). Wegen der Bedeutung des Beschlusses für die Gesellschaft ist es sinnvoll, hier eine Person einzubeziehen, die mit den Verhältnissen der Gesellschaft vertraut und am Fortbestand der Gesellschaft interessiert ist.

E 45 Schiedsgericht

Es empfiehlt sich, für Streitigkeiten aus dem Gesellschaftsvertrag eine Rechtswegvereinbarung zu treffen. Üblich ist dabei eine Schiedsklausel, wonach der Rechtsweg zu den ordentlichen Gerichten ausgeschlossen und die Durchführung eines Schiedsverfahrens vereinbart wird. Dabei ist zu beachten, dass die Schiedsvereinbarung nicht Bestandteil des Gesellschaftsvertrages sein darf, sondern in einem gesonderten Vertrag zu regeln ist.

Die Vereinbarung eines Schiedsgerichts hat den Vorteil, dass das Schiedsgericht sachlich kompetenter besetzt sein kann, der Verfahrensablauf sich zügiger gestaltet, eine hohe Vergleichsquote beinhaltet und regelmäßig nicht öffentlich ist. Nachteil des Schiedsgerichts sind die hohen Kosten und die Tatsache, dass es nach einer Instanz bereits eine endgültige Entscheidung gibt.

E 46 Schriftform, Vertragsgültigkeit

Die Schriftformklausel hat nach der Rechtsprechung (BGHZ 49, 366) i. d. R. nur Klarstellungsfunktion. Die Nichteinhaltung der vereinbarten Schriftform führt regelmäßig nicht zur Nichtigkeit des Rechtsgeschäfts. Aber auch in den Fällen, in denen die Schriftform echte Wirksamkeitsvoraussetzung ist, können die Gesellschafter die Schriftform mündlich wieder aufheben. Die Beweislast für eine abändernde Vereinbarung liegt dann bei demjenigen, der sich auf die Änderung beruft.

Erweiterungen der Schriftformklausel werden in neuerer Zeit dergestalt vereinbart, dass auch der Verzicht auf das Schriftformerfordernis selbst der Schriftform bedarf. Diese Regelung schließt dann die mündliche Aufhebung der Schriftform aus (BGH NJW 1976, 1395, Az.: VIII ZR 97/74).

Zum Letter of Intent E 47

Im Letter of Intent sollte die Strategie der Planung des MVZ niedergelegt werden, diese Vereinbarung schafft eine Verbindlichkeit des Vorhabens. Diese Verbindlichkeit ist deshalb notwendig, da für die Umsetzung des Vorhabens ein Zeitraum von ca. einem Jahr zu kalkulieren ist. Gerade in der Fallkonstellation und der Übertragung aus Alterssicherungsgründen haben die abgebenden Ärzte ein Interesse an einer Rechtsverbindlichkeit.

Mustervertrag Ärztlicher Leiter E 48

Nach § 95 Abs. 1 SGB V muss das MVZ gegenüber dem Zulassungsausschuss und der Kassenärztlichen Vereinigung einen ärztlichen Leiter bestimmen. Dieser ist für die Einhaltung der vertragsarztrechtlichen Bestimmungen durch das MVZ verantwortlich.

Bislang ungeklärt ist die Frage, ob sich der ärztliche Leiter bei Verstoß gegen die entsprechenden Verpflichtungen gegenüber der Kassenärztliche Vereinigung exkulpieren kann.

Handelt es sich bei dem MVZ um eine GmbH und ist der ärztliche Leiter gleichzeitig der Geschäftsführer der GmbH, kann die persönliche Haftung bei Verletzung der Geschäftsführerpflichten nicht ausgeschlossen werden.

Der Geschäftsführer ist verpflichtet, die Einhaltung der vertragsärztlichen Pflichten den Ärzten gegenüber durchzusetzen. Das betrifft insbesondere die Pflicht zur peinlich genauen Abrechnung, zur Erhaltung der Vorschriften zur Qualitätssicherung und die Teilnahme am ärztlichen Notfalldienst. Dem ärztlichen Leiter obliegt darüber hinaus die Überwachung und Einhaltung des Wirtschaftlichkeitsgebotes, der Fortbildungsverpflichtung und sonstiger vertragsarztrechtlicher Vorschriften.

Der ärztliche Leiter trägt die Gesamtverantwortung für die von den Vertragsärzten erbrachten ärztlichen Leistungen einschließlich der ordnungsgemäßen Abrechnung, der Führung der ärztlichen Unterlagen über Patienten und der Erstellung von Arztberichten. Die Einhaltung dieser Regelungen versichert er durch Unterzeichnung der Sammelerklärung bei den Quartalsabrechnungen.

Grundsätzlich sollte der Geschäftsführer deshalb darauf achten, dass die Leistungen im Innenverhältnis stets gekennzeichnet werden. Nur über eine solche Kennzeichnungspflicht ist im Innenverhältnis, wie zum Beispiel die Weitergabe eines Regresses möglich. Dazu korrespondiert dann im Gesellschaftsvertrag die Regelung, dass für Regresse im Innenverhältnis der verantwortliche Arzt einzustehen hat.

Sollte der Geschäftsführer ein im MVZ angestellter Arzt sein, sollte das Muster B II 2. als Vertragsgrundlage dienen.

E 49 Geschäftsführervertrag

Auf eine Kommentierung des Geschäftsführervertrages wurde verzichtet, da die Regelungen selbsterklärend sind und den individuellen Bedürfnissen des MVZ und der darin tätigen Personen angepasst werden müssen.

E 50 Angestellter Arzt, Allgemeines

Das Vertragsmuster kann für den Fall angewandt werden, in dem ein Vertragsarzt auf seine vertragsärztliche Zulassung verzichtet und sich als angestellter Arzt im MVZ niederlässt. Ferner besteht die Möglichkeit bei gesperrten Gebieten einen weiteren Arzt im Sinne des Job-Sharing-Verfahrens nach § 101 Abs. 1 Nr. 5 SGB V aufzunehmen.

Letztere Variante ist abrechnungstechnisch insoweit problematisch als das gesamte MVZ dann der Drei-Prozent-Hürde unterliegt.

E 51 Job-Sharing-Angestelltenverhältnis

Dieses Vertragsmuster geht von einem Job-Sharing-Angestelltenverhältnis aus. Sollte ein bislang tätiger Vertragsarzt mit eigener Zulassung in dem MVZ angestellt werden, so müsste dieser auf seine Zulassung zugunsten einer Anstellung im MVZ verzichten.

Angestellter Arzt und Scheinselbstständiger E 52

Nach § 95 Abs. 1 Satz 1 SGB V können auch angestellte Ärzte im MVZ tätig sein. Für den Träger eines MVZ ist es besonders wichtig, die Kosten für die apparative Ausstattung auch durch die Amortisationsfähigkeit über vertragsärztliche Zulassungen langfristig zu sichern. Die Übernahme von Zulassungen für die Anstellung von Ärzten im MVZ ist daher der wesentliche Ansatz für die zukunftsorientierte Gestaltung dieser neuen Versorgungsformen.

Das Gesetz unterscheidet im Nachbesetzungsverfahren zwischen

- den Vertragsärzten im MVZ, deren Sitze ausgeschrieben werden müssen und
- den angestellten Ärzten, die vom MVZ selbstständig nachbesetzt werden können.

Eine Definition des „angestellten Arztes" findet sich nicht. Wird in einem MVZ ein Arzt angestellt, so muss das Angestelltenverhältnis zu einem Selbstständigen-Verhältnis abgrenzbar sein. Liegt ein Scheinselbstständigkeitsverhältnis vor, kann es für das MVZ teuer werden.

Teilweise werden angestellte Ärzte als Minderheitsgesellschafter des MVZ angesehen und erhalten auch steuerlich eine Gewinnbeteiligung. Ob ein sozialversicherungspflichtiges Beschäftigungsverhältnis vorliegt, wird aber nicht dadurch entschieden, ob dem angestellten Arzt Einkünfte aus Beteiligung zugewiesen werden oder der angestellte Arzt von sich aus in die Versicherungssysteme den vollständigen Betrag einzahlt.

Für diese Beurteilung ist auf die Weisungsgebundenheit, die Freiheit bezüglich der inhaltlichen Ausgestaltung der Tätigkeit und die zeitliche Dispositionsmöglichkeit abzustellen. So spricht beispielsweise eine Lohnfortzahlung für eine sozialversicherungspflichtige Tätigkeit, eine rein prozentuale Gewinnbeteiligung dagegen (zur Abgrenzung vgl. Jörg Hohmann, Der Gemeinschaftspraxisvertrag für Ärzte Teil 2, Der Einstieg des Junior-Arztes, S. 16 ff).

Die von einigen Zulassungsausschüssen vertretene Auffassung, angestellte Ärzte seien grundsätzlich sozialversicherungspflichtig beschäftigt, ist durch die ausschließlichen Teilnahmemöglichkeiten an der vertragsärztlichen Versorgung begründet (freiberufliche

Vertragsarztzulassung oder weisungsabhängiges Angestelltenverhältnis). Die Sozialversicherungspflicht richtet sich aber eher nach der individuellen Situation und ist nach dem Gesetzeswortlaut keine notwendige Voraussetzung für die Genehmigung eines angestellten Arztes.

E 53 Aufteilung eines Vertragsarztsitzes

Jede Anstellung bedarf der Genehmigung durch den Zulassungsausschuss, der das Vorliegen der Voraussetzung für die Anstellung prüft. Es ist dabei die Vorlage eines schriftlichen Arbeitsvertrages erforderlich. Dieser Vertrag kann wegen der Abhängigkeit von der Genehmigung des Zulassungsausschusses aufschiebend bedingt abgeschlossen werden.

Der Gemeinsame Bundesausschuss hat in der Bedarfsplanungs-Richtlinie für Medizinische Versorgungszentren beschlossen, dass auch flexiblere Arbeitszeitmodelle möglich sind. So können in Versorgungszentren viertel, halbe, dreiviertel sowie ganze Stellen geschaffen werden.

Die Richtlinie lässt allerdings offen, wie mit Überstunden umgegangen wird und welche Konsequenzen es hat, wenn angestellte Ärzte in Rufbereitschaft oder im vertragsärztlichen Notdienst tätig sind, was zweifellos zu den Aufgaben des MVZ gehört.

Höheres Budget durch angestellte Ärzte

Seit dem VÄndG steigt die Anstellungswelle bei Ärzten. In der Praxis erfolgt die Anstellung zumeist in zwei unterschiedlichen Konstellationen:

- „Junior-Senior-Gemeinschaftspraxen", die wegen fehlender Anstellungsmöglichkeiten in der Vergangenheit aus der Not heraus geschlossen wurden und sich häufig am Rande der Scheinselbstständigkeit bewegten, werden durch Auflösung und Anstellung des Juniors legalisiert. In dieser Konstellation muss sich der Juniorpartner allerdings darüber im Klaren sein, dass es im gesperrten Bezirk kein Zurück in die Freiberuflichkeit gibt, sobald er zu Gunsten der Anstellung auf seine Zulassung verzichtet hat.

- Ältere Kollegen, die keinen Nachfolger für ihre Praxis finden, bereiten durch den Praxisverkauf und nachfolgende Anstellung in der Praxis des Käufers ihren Ausstieg aus der ärztlichen Tätigkeit vor. Sie werden dann häufig nur noch für einen Übergangszeitraum beschäftigt, um die Überführung des Vertragsarztsitzes auf den Praxisinhaber sicherzustellen. Anschließend wird das Arbeitsverhältnis einvernehmlich beendet und der vom Praxisinhaber häufig schon ausgewählte Nachfolger mit Genehmigung des Zulassungsausschusses als angestellter Arzt nachbesetzt.

Die Honorarverträge sind noch nicht adaptiert

Wenn Praxisinhaber bereits jetzt Kollegen anstellen wollen, ist jedoch zu bedenken, dass noch nicht alle Regelungen, die das Budget, die Wirtschaftlichkeitsprüfung und die Plausibilitätskontrolle betreffen, auf das neue Vertragsarztrecht angepasst worden sind:

1. **Budget:** Die Regelungen der regionalen Honorarverteilungsverträge sind in der überwiegenden Zahl noch nicht auf die neuen Anstellungsmöglichkeiten angepasst. Relativ wahrscheinlich ist aber, dass ein Arzt, der einen Kollegen im nicht-gesperrten Bereich einstellt, ein weiteres Budget (Individualbudget beziehungsweise Regelleistungsvolumen) zusätzlich zu seinem eigenen Budget erhält, das dem Durchschnitt der Fachgruppe des angestellten Kollegen entspricht. Im gesperrten Bereich dürfte dem Budget des Praxisinhabers das bisherige Budget des nunmehr angestellten Arztes hinzu zu addieren sein.

   Sollten allerdings die bisherigen Patienten des angestellten Arztes von der Praxis nicht weiter betreut werden, könnte die KV im Einzelfall das in die Praxis eingebrachte Budget herabsetzen. Dies wäre dann denkbar, wenn der nunmehr angestellte Kollege mit den Umlandpraxen vereinbart hat, dass diese die Betreuung seiner Patienten übernehmen. Bei der Gestaltung des Praxis-Kaufvertrags muss dieser Fall berücksichtigt werden.

   Eine andere Frage ist hingegen, ob das vom angestellten Kollegen eingebrachte Budget wachsen kann. In der Regel wird das Wachstum auf den Fachgruppendurchschnitt begrenzt sein. Welche Wachstumsmöglichkeiten im jeweiligen KV-Bezirk bestehen, ist dem Honorarverteilungsvertrag zwischen KV und Kassen zu entnehmen.

2. **Wirtschaftlichkeitsprüfung:** Bei der Richtgrößenprüfung werden auch die (ausschließlich) vom angestellten Arzt behandelten Patienten (= Behandlungsfälle) bei der Berechnung des Richtgrößenvolumens (Richtgröße mal Anzahl Behandlungsfälle) berücksichtigt. Für die Wirtschaftlichkeit der Behandlungsweise und der Verordnung zum Beispiel von Arznei-, Hilfs- oder Heilmitteln durch den angestellten Arzt haftet gegenüber der KV aber in erster Linie der Praxisinhaber.

   Etwaige Regresse oder Honorarkürzungen, die durch den angestellten Arzt verursacht werden, können mit dem Honoraranspruch des Praxisinhabers verrechnet werden. Im Arbeitsvertrag sollte daher geregelt werden, dass der angestellte Arzt dem Praxisinhaber im Innenverhältnis jedenfalls bei grob fahrlässigen oder vorsätzlichen Verstößen gegen das Wirtschaftlichkeitsgebot oder sonstige vertragsärztliche Pflichten zum Ausgleich verpflichtet ist. Im Übrigen gilt das Disziplinarrecht für angestellte Ärzte genauso wie für den Praxisinhaber, wenn die Angestellten mindestens halbtags beschäftigt und damit selbst Mitglied der KV sind.

3. **Plausibilitätsprüfung**: Die Prüfung der Rechtmäßigkeit und Plausibilität der Abrechnungen in der vertragsärztlichen Versorgung ist eine gemeinsame Aufgabe der Kassenärztlichen Vereinigungen und der Krankenkassen. In Richtlinien der KBV und der Spitzenverbände der Krankenkassen sind Inhalt und Umsetzung der Abrechnungsprüfungen konkretisiert.

   Auch diese Richtlinien sind noch nicht an das neue Vertragsarztrecht angepasst. Eine Plausibilitätsprüfung findet insbesondere im Hinblick auf den Zeitaufwand der abgerechneten Leistungen statt.

   Beträgt dieser auf Grundlage der im EBM hinterlegten Prüfzeiten im Tagesprofil an mindestens drei Tagen im Quartal mehr als zwölf Stunden oder im Quartalsprofil mehr als 780 Stunden, gibt es eine nähere Prüfung. Werden mehrere Ärzte in einer Praxis tätig, sind die Aufgreifkriterien bei fachgruppengleichen Gemeinschaftspraxen und Praxen mit angestellten Ärzten mit der Anzahl der in der Praxis tätigen Vertragsärzte oder angestellten Ärzte im Umfang ihrer Tätigkeit zu multiplizieren.

   In fachgruppenübergreifenden Gemeinschaftspraxen und Medizinischen Versorgungszentren findet hingegen eine arzt-

bezogene Überprüfung statt. Die dort erbrachten Leistungen sind bei der Abrechnung arztbezogen zu kennzeichnen. Damit ist eine arztbezogene Zuordnung der Leistungen möglich.

In den neuen Bundesmantelverträgen ist zudem eine Regelung enthalten, wonach eine arztbezogene Prüfung auch dann erfolgt, wenn ein Vertragsarzt einen Kollegen anstellt, der einer anderen Fachgruppe angehört beziehungsweise – bei gleicher Fachgruppe – über andere/weitere Abrechnungsgenehmigungen als der Praxisinhaber verfügt.

Eine Überschreitung bringt nicht gleich eine Kürzung

Nur eine versorgungsbereichs-, fachgruppen-, status- und qualifikationsgleiche Berufsausübungsgemeinschaft, die nur in einer Betriebsstätte tätig wird, kann voraussichtlich auf eine arztbezogene Kennzeichnung der Leistungen verzichten. Der Verzicht – so ist es geplant – muss der KV angezeigt werden. Das Gleiche könnte für eine Praxis gelten, in der der Praxisinhaber und die angestellten Ärzte der gleichen Fachgruppe angehören und identische Qualifikationen und Abrechnungsgenehmigungen haben. Das Nähere regelt die Richtlinie zu Arzt- und Betriebsstätten-Nummern der KBV, die zum 1.1.2008 in Kraft treten wird.

Aber: Eine Überschreitung der Aufgreifkriterien, egal ob bei arztbezogenen oder einrichtungsbezogenen Überprüfungen, hat nicht zwangsläufig eine Honorarkürzung zur Folge. Die Aufgreifkriterien sind keine festen „einzuhaltenden Zeitbudgets". Ihre Überschreitung löst nur eine weitergehende Überprüfung aus, ob die Abrechnung des Arztes Fehler aufweist. Werden solche Fehler festgestellt, kann die KV den Umfang des Schadens allerdings schätzen.

Fazit

Regelungen zum Budget, zur Wirtschaftlichkeits- und zur Plausibilitätsprüfung sind bislang kaum auf die neuen Anstellungsmöglichkeiten abgestimmt. Durch die vorhandenen Regelungen zur Anstellung von Ärzten in MVZ lässt sich jedoch erahnen, was zukünftig für in Vertragsarztpraxen angestellte Ärzte gelten wird. Die Risiken für Kollegen, die bereits jetzt von den neuen Anstellungsmöglichkeiten Gebrauch machen, sind daher relativ überschaubar.

Während das Vertragsarztrecht Angestellte nur desselben Fachgebietes zulässt, öffnet das neue Berufsrecht auch die Anstellung von fachfremden Ärzten. Hier muss eine Anpassung des Vertragsarztrechts abgewartet werden, bevor fachfremde Ärzte im MVZ angestellt werden.

Anstellungen im Rahmen des so genannten Job-Sharings gemäß § 101 Abs. 3 Nr. 4 und Nr. 5 SGB V bringen es mit sich, dass das MVZ sich verpflichten muss, das bisherige Leistungsvolumen infolge der Anstellung weiterer Ärzte nicht wesentlich zu überschreiten. Eine wesentliche Überschreitung liegt dann vor, wenn das zugestandene Gesamtpunktzahlvolumen um mehr als 3% des Fachgruppendurchschnitts überschritten wird.

Das Gesundheitsmodernisierungsgesetz 2004 hat die bislang bis zum 55. Lebensjahr erreichte Altersgrenze der Ärzte aufgehoben, so dass jetzt Ärzte bis zur Vollendung des 68. Lebensjahres angestellt werden.

Gerade für jüngere Ärzte, die möglicherweise eine spätere Niederlassung in eigener Praxis beabsichtigen, ist der Beginn ihrer Tätigkeit in einem MVZ interessant, da sie nach Ablauf von 5 Jahren Tätigkeit im MVZ (sofern sie erstmals die entsprechende Arztstelle im MVZ besetzen) eine eigene Zulassung im selben Planungsbereich trotz Bestehens von Zulassungsbeschränkungen beanspruchen können. Dieses gilt nicht für halbtags oder vierteltags angestellte Ärzte.

Ist ein angestellter Arzt nur halbtags oder vierteltags tätig, kann er nicht für die restliche Zeit angestellter Arzt in einem Krankenhaus sein. Ärzte sind nach § 20 Abs. 2 Ärzte-ZV als Vertragsärzte nicht geeignet, wenn sie eine mit der Vertragsarzttätigkeit nicht zu vereinbarende Tätigkeit ausüben. Nach der Rechtsprechung liegt eine derartige Unvereinbarkeit bei einer gleichzeitigen Beschäftigung im Krankenhaus vor. Insbesondere soll damit ein Verschieben von Patienten und Leistungen zwischen den Leistungsbereichen zum Nachteil der Kostenträger verhindert werden.

Ist ein angestellter Arzt nur halbtags oder vierteltags tätig, kann er nach dem neuen Vertragsarztrecht die übrige Zeit in einem Krankenhaus angestellt sein. Nach dem neuen Recht ist die Nichteignung entfallen, Krankenhaustätigkeit und Niederlassung schließen sich nicht mehr aus.

Strittig ist der „Verkauf" von Teilzulassungen. Das neue Vertragsarztrecht erlaubt es den Ärzten, den Versorgungsauftrag auf die Hälfte zu reduzieren. Gibt es einen halben Vertragsarztsitz, müsste die andere Hälfte auch veräußerbar sein.

Verzichtet ein Arzt auf seine Zulassung, um sich in einem MVZ anstellen zu lassen, so kommt er nur mit einer neuen Zulassung zurück in die Freiberuflichkeit. § 103 Abs. 4a und 4b SGB V regelt für den Fall der Zulassungsbeschränkung, dass Ärzte ihre Praxis aufgeben und die Zulassung in eine angestellte Zulassung bei einem MVZ oder in eine Praxis überführen müssen. Damit verlieren sie die Hoheit über ihre Zulassung, die künftig nur noch als Angestelltentätigkeit nachbesetzt werden kann. Eine Rückumwandlung in eine Zulassung ist nicht möglich. Damit kann der Arbeitgeber den Nachfolger ohne Rücksicht auf Zulassungsbeschränkungen aussuchen und bestimmen. Der Zulassungsausschuss kann lediglich überprüfen, ob die Zulassungsvoraussetzungen gegeben sind. Werden angestellt Ärzte in Filialen außerhalb des KV-Bezirks des Praxisinhabers/MVZ eingesetzt, ist hierzu eine Ermächtigung durch den für die Filiale zuständigen Zulassungsausschuss erforderlich.

Angestellte Ärzte sind keine freien Mitarbeiter oder Gesellschafter, vor Genehmigung muss dem Zulassungsausschuss der Arbeitsvertrag vorgelegt werden. Die Anstellung bringt meist ein Sozialversicherungs-Arbeitsentgelt mit sich.

Honorarmäßig ist die Anstellung eines Arztes mit eigenem Budget interessant. Ein Arzt, der einen Kollegen im – nicht gesperrten Bereich – anstellt, erhält ein weiteres durchschnittliches Individualbudget bzw. Regelleistungsvolumen zusätzlich zu seinem eigenen Praxisvolumen. Im gesperrten Gebiet wird das bisherige Budget des nunmehr angestellten Arztes hinzuaddiert. Sollten allerdings die bisherigen Patienten des angestellten Arztes von dem MVZ nicht weiter betreut werden, könnte die KV im Einzelfall das in die Praxis eingebrachte Budget herabsetzen. Soweit das Budget des anzustellenden Kollegen erhöht werden soll, so wird dieses Wachstum meist auf den Fachgruppendurchschnitt begrenzt. Hierzu müssen die regionalen Honorarverteilungsregelungen herangezogen werden.

Die Berechnungen des Gesamtbudgets des MVZ, soweit dieses in mehreren genehmigten Filialen betrieben wird, erfolgt dergestalt, dass es künftig für jede Betriebsstätte eine Betriebsstättennummer und entsprechende Arztnummern gibt. Alle Leistungen des Arztes werden unter seiner Arztnummer erfasst und auf den jeweiligen Betrieb berechnet. Ebenso werden die Verordnungen durch einen Verordnungsregistriercode erfasst und zugerechnet.

E 54 Stellung des Arztes

Die Regelungen entsprechen den üblichen Vertragsbedingungen bei Anstellung von Ärzten. Ein Arzt muss auch in seiner Anstellung die ärztlichen Aufgaben gewissenhaft erfüllen und darf Anweisungen nur insoweit beachten, als sie mit dem ärztlichen Beruf vereinbar sind. Die Rechte des Patienten sind stets ausreichend zu respektieren. Im Übrigen gelten auch für angestellte Ärzte die berufsrechtlichen Regelungen.

Bei der Anstellung von Kollegen ist zu beachten, dass auch angestellte Vertragsärzte einen Vertragsarztsitz brauchen. Zwei halbtagsbeschäftigte, angestellte Ärzte können sich aber einen Vertragsarztsitz teilen. Der Arbeitgeber bleibt für die medizinischen Leistungen seines Angestellten vertragsarztrechtlich und haftungsrechtlich verantwortlich.

So wird ein Arzt angestellt: Nach § 103 Abs. 4a und 4b SGB V müssen Ärzte im Fall der Zulassungsbeschränkung ihre Praxis aufgeben und die Zulassung in eine Angestelltentätigkeit bei einem Medizinischen Versorgungszentrum oder in einer Praxis überführen. Damit verlieren sie die „Hoheit“ über die Zulassung, die künftig nur noch als Angestelltentätigkeit nachbesetzt werden kann. Eine Rückumwandelung der Arztstelle in eine Zulassung ist nicht mehr möglich.

Der Vorteil für den Arbeitgeber ist, dass er die Nachfolger ohne Rücksicht auf Zulassungsbeschränkungen aussuchen und bestimmen kann. Der Zulassungsausschuss hat kein Auswahlrecht, muss allerdings überprüfen, ob die Voraussetzungen für die Anstellung vorliegen: Die anzustellenden Ärzte müssen in das Arztregister eingetragen sein und alle Voraussetzungen für die Zulassung erfüllen.

Die Anstellung wird vom Zulassungsausschuss „genehmigt“, es handelt sich also nicht um eine „Zulassung“ im eigentlichen Sinne. Werden angestellte Ärzte in Filialen außerhalb des KV-Bezirks des Praxisinhabers / MVZ eingesetzt, ist hierzu eine „Ermächtigung“ durch den für die Filiale zuständigen Zulassungsausschuss erforderlich.

Wichtig: Angestellte sind weder freie Mitarbeiter noch Gesellschafter. Vor der Genehmigung muss dem Zulassungsausschuss der Arbeitsvertrag vorgelegt werden. Zu beachten ist auch, dass die Anstellung ein sozialversicherungspflichtiges Arbeitsentgelt mit sich bringt. Darüber hinaus können aber auch Gewinnbeteiligungen gezahlt werden. Lehnt der Zulassungsausschuss die Genehmigung einer Anstellung ab, liegen die Rechtsmittel (Widerspruch und Klage) beim Arbeitgeber, der die Anstellung beantragt hat.

Ein Arzt kann auch bei zwei Vertragsärzten jeweils halbtags angestellt sein. Auch eine parallele Anstellung im Krankenhaus ist nach der Änderung des § 20 Ärzte-ZV in zeitlich begrenztem Umfang möglich.

Zu beachten ist aber, dass die Fachgebiete von Arbeitgeber und angestelltem Arzt insoweit kompatibel sein müssen, dass eine „gemeinschaftliche Ausführbarkeit“ der ärztlichen Leistungen umsetzbar ist. Dies soll dann nicht der Fall sein, wenn ein ausschließlich überweisungsgebunden tätiger Arzt (zum Beispiel Laborarzt) einen überweisungsberechtigten Arzt (etwa Gynäkologe) anstellt und umgekehrt. In den Bundesmantelverträgen wird es außerdem nähere Regelungen über die Höchstzahl der beschäftigten Ärzte geben.

Dienstaufgaben des Arztes E 55

Das MVZ hat gegenüber der Kassenärztlichen Vereinigung und den Krankenkassen die Gewähr dafür, dass die Leistungserbringung nach den festgelegten Regelungen erfolgt und die Ärzte stets fortgebildet sind. Die Fortbildungspflicht ist bereits eine berufsrechtliche Verpflichtung, sollte dennoch vorsorglich auch explizit im Vertrag niedergelegt werden.

Die Dienstaufgaben des Arztes können allgemein im Vertrag niedergelegt werden, so dass auch das Delegationsrecht hinsichtlich des Arbeitsplatzes erleichtert wird.

Die ausreichende gute Dokumentation ist wegen der Arbeitsteilung im MVZ zwingend erforderlich, um in einem etwaigen Haftpflichtfall ein Organisationsverschulden auszuschließen. Ein Verstoß gegen die Dokumentationspflicht könnte ein Rückgriffsrecht des MVZ auf den handelnden Arzt im Fall einer in Anspruchnahme eröffnen.

E 56 Persönliche Leistungserbringung

Der Hinweis auf die persönliche Leistungserbringungspflicht verhindert im Einzelfall, dass delegierte Leistungen weiter delegiert werden. Je größer das MVZ wird, umso klarer müssen die Delegationswege geregelt sein.

E 57 Wirtschaftlichkeitsgebot

Den Regelungen zur Wirtschaftlichkeit der Leistungserbringung und Einhaltung der Leistungsgrenzen der GKV ist das MVZ wie jeder andere Leistungserbringer im SGB V verpflichtet.

Ob das MVZ tatsächlich von Wirtschaftlichkeitsprüfungen und Arzneimittelregressen bedroht ist, ist allerdings offen. Das Versorgungszentrum stellt derzeit eine eigene, neuartige Fachgruppe dar, für die es meist noch keine Richtgrößen gibt. Aus diesem Grunde müssen alle Ärzte eines MVZ ihre Verordnungen namentlich markieren, so dass eine Zuordnung von Arzneiverordnungen zu den jeweiligen Arztgruppen des MVZ möglich ist.

E 58 Mitwirkung in Personalangelegenheiten

Die Regelung stellt die berufsrechtliche Verpflichtung klar, dass der Arzt in seinen ärztlichen Entscheidungen gegenüber Nichtärzten frei ist. Nichtärztliches Personal ist insoweit nachgeordnet. Diese führt jedoch nicht zu einer Arbeitgeberstellung.

Bezüge; Versicherungsschutz E 59

Zuzüglich zur Festvergütung sollte eine Gewinnbeteiligung vereinbart werden, um die Motivation des Arztes zu erhalten. Die Höhe der Gewinnbeteiligung könnte prozentual an die Steigerung des Gewinns gegenüber dem Vorjahr gekoppelt sein.

Wenn Privatversicherer Rechnungen von dem MVZ gegenüber Privatpatienten nicht erstatten (weil das MVZ als GmbH tätig war), könnte der angestellte Arzt ermächtigt werden, gegenüber Privatpatienten eigene Behandlungsverträge abzuschließen und selbst (über die Konten des MVZ) zu liquidieren.

Entwicklungsklausel E 60

Eine Entwicklungsklausel ist notwendig, um das MVZ widerspruchsfrei erforderlichen Neuordnungen anzupassen. Der Gesundheitsmarkt ist derzeit so in Bewegung, dass ein MVZ sehr flexibel reagieren muss. Dabei müssen Besitzstandswahrungen im Sinne der Tätigkeit in der hergebrachten Form von vornherein ausgeschlossen werden, um in dem sich verändernden Gesundheitsmarkt hinreichend flexibel zu sein.

Nebentätigkeiten E 61

Nach dem Berufsrecht und seit 1.1.2007 auch nach dem Kassenarztrecht darf der Arzt auch an verschiedenen Standorten tätig sein. Hier sollte aus Gründen des Konkurrenzschutzes eine generelle Genehmigungspflicht für Nebentätigkeiten eingeführt werden.

Nachvertragliches Wettbewerbsverbot E 62

Scheidet der angestellte Arzt aus der Praxis aus und ist ein Wettbewerbsverbot mit dem Praxisinhaber vereinbart worden, so ist dieses nur in Verbindung mit einer Karenzentschädigung in Höhe der Hälfte des zuletzt gezahlten Bruttobezüge für die Dauer des Verbotes zulässig.

E 63 MVZ – Praxisübernahmevertrag

Bei einer Übernahme einer Praxis durch das MVZ muss dieses nicht automatisch für die Altschulden des anderen einstehen, dies gilt auch für Forderungen der KV. Das BSG hat in der Entscheidung B 6 KA 6/06R festgestellt, dass bei einem Zusammenschluss von zwei Ärzten zu einer Gemeinschaftspraxis die Gemeinschaftspraxis unter bestimmten Bedingungen nicht für Regressforderungen der KV haftet, die aus der Zeit vor der Gründung der Gesellschaft stammen. Bei einer Übernahme eines Sitzes muss deshalb nicht immer die Haftung für zivil- oder vertragsarztrechtliche Altverbindlichkeiten befürchtet werden. Der Eintritt für Altschulden lässt sich wirksam ausschließen. In diesem Fall hatten die beiden Ärzte vereinbart, dass eine Übernahme der Altverbindlichkeiten der jeweiligen Praxispartner durch die Gesellschaft ausdrücklich ausgeschlossen ist. Deshalb war die KV nicht berechtigt, für Altverbindlichkeiten die neue Gesellschaft haftbar zu machen.

E 64 Kommentierung zu Muster VIII / 2.

Durch das VÄndG bekommen niedergelassene Ärzte die Möglichkeit, neben der Praxis auch als angestellte Krankenhausärzte zu arbeiten. Die gleichzeitige Tätigkeit von niedergelassenen Ärzten als angestellte Ärzte im Krankenhaus war zuvor wegen § 20 Abs. 2 Ärzte-Zulassungsverordnung, alte Fassung unzulässig.

Das BSG – 6 RKa 52/97 begründete seine Auffassung damit, dass im Zuge einer solchen Parallelbeschäftigung Patienten zwischen dem ambulanten und stationären Bereich zulasten der Kostenträger hin und her geschoben werden könnten. Auch sei die freie Arztwahl gefährdet. Daher müssten sich Ärzte entscheiden, entweder im ambulanten oder im stationären Bereich tätig zu werden. Anderes gelte nur für Arztgruppen, die nicht unmittelbar patientenbezogen arbeiten, wie zum Beispiel Pathologen.

Mit der Möglichkeit, medizinische Versorgungszentren in Trägerschaft von Krankenhäusern zu gründen, sollte eine weit gehende Verzahnung der ambulanten und stationären Versorgung erreicht werden. Nach § 20 Abs. 2 S. 2 Ärzte-ZV – neu heißt es nun: „Die Tätigkeit in oder die Zusammenarbeit mit einem zugelassenen Krankenhaus nach § 108 SGB V oder einer Vorsorge- oder Rehabilitationseinrichtung nach § 111 SGB V ist mit der Tätigkeit des Vertragsarztes vereinbar." Vertragsärzte dürfen also zugleich als angestellter Krankenhausarzt oder auf Grundlage eines Honorarvertrages (Konsiliar- und/oder Kooperationsvertrag) im Krankenhaus tätig werden.

Eine gleichzeitige Anstellung oder Kooperation in oder mit einem Krankenhaus ist für Vertragsärzte jedoch nicht uneingeschränkt zulässig. Voraussichtlich wird die Rechtsprechung des BSG weiter angewendet werden, wonach der Umfang der Nebentätigkeit neben einer Vollzeitzulassung ein Drittel der durchschnittlichen wöchentlichen Arbeitszeit des Vertragsarztes nicht überschreiten darf. Ist ein Arzt demnach mit vollem Versorgungsauftrag niedergelassen, kommt eine Nebentätigkeit im Krankenhaus oder in einer Vorsorge- oder Reha-Einrichtung voraussichtlich nur in einem Umfang von etwa 13 Stunden wöchentlich in Betracht. Dasselbe dürfte für angestellte Ärzte in Vertragsarztpraxen und medizinischen Versorgungszentren gelten.

Beschränkt ein Arzt seinen Versorgungsauftrag gemäß § 19a Abs. 2 Ärzte-ZV auf die Hälfte der Vollzulassung, dürften nach der Berechnungsweise des BSG für die Anstellung im Krankenhaus etwa 26 bis 30 Stunden pro Woche zur Verfügung stehen. Für einen halbtags in einer Praxis oder einem MVZ angestellten Arzt, dessen durchschnittliche wöchentliche Arbeitszeit 20 Stunden nicht übersteigt und der damit im Rahmen der Bedarfsplanung ebenso wie der „Teilzeitvertragsarzt" mit dem Faktor 0,5 angerechnet wird, dürfte dasselbe gelten.

Ein Vertragsarzt, der mit vollem Versorgungsauftrag zugelassen ist und eine parallele Tätigkeit im Angestelltenverhältnis in einem Krankenhaus aufnimmt, die über die vom BSG festgelegte Nebentätigkeitsgrenze hinausgeht, muss mit der hälftigen Entziehung seiner Zulassung rechnen – sofern die Zulassungsgremien zu der Auffassung gelangen, dass der Vertragsarzt aufgrund seiner Nebentätigkeit nicht mehr in dem erforderlichen Umfang zur ambulanten Versorgung zur Verfügung steht. Das Problem kann dadurch gelöst werden, dass sich dieser Arzt seine Zulassung mit einem anderen Arzt (Job-Sharing-Assistenten oder einem Gemeinschaftspraxispartner) teilt und dadurch die Versorgung der Versicherten in einem der Vollzulassung entsprechenden Umfang sichergestellt wird.

Die gleichzeitige Tätigkeit in Praxis und Klinik erfordert zudem von den Ärzten erhöhte Aufmerksamkeit bei den Vorgaben des Berufsrechts. Behandlungen, Überweisungen und Einweisungen müssen ausschließlich nach medizinischen Gesichtspunkten erfolgen, die sozialrechtlichen Vorgaben, auch zur Wirtschaftlichkeit, müssen gewahrt bleiben.

E 65 Kooperationsvertrag Apotheke

Nach § 95 Abs. 1 SGB V können medizinische Versorgungszentren von allen Leistungserbringern des SGB V gegründet werden. Insoweit können Apotheker und Vertragsärzte ein gemeinsames Versorgungszentrum gründen. Gemeint ist mit der Regelung, dass der Berufsstand „Apotheker" mit dem Berufsstand „Arzt" ein gemeinsames MVZ gründet. Nicht gemeint ist, dass die Apotheke als Einlage in das MVZ eingebracht wird. Hiergegen sprechen gesetzliche und berufsrechtliche Bestimmungen. Apotheke und MVZ bleiben insoweit getrennt, der Apotheker könnte sich am MVZ zum Beispiel mittels Kapital beteiligen. Insoweit ist der Apotheker zu behandeln wie die weiteren Gesellschafter, die Kooperation zwischen dem MVZ und der Apotheke gestaltet sich daneben wie unter Dritten.

Die bislang geringe Kooperationsfreude zwischen Ärzten und Apotheken dürfe künftig Auftrieb erhalten. Neue Versorgungsverträge bevorzugen interdisziplinäre Kooperationen, um den Ablauf im Gesundheitswesen zu verbessern. Alte Versorgungsstrukturen verwischen und gehen ineinander über. Die klare Trennung der Versorgungsaufgaben zwischen Arzt und Apotheker wird ebenso durch die Arbeitsteilung in neuen Versorgungszentren, z. B. Konzentration der Patientenberatung zu Arzneimittelwirkungen, aufgehoben. Die Apotheke profitiert direkt von den ärztlichen Behandlungen wie der Arzt von den Apothekenleistungen. Die

Kompetenzbündelung und Kostenreduktion eines gemeinsamen Standortes, Optimierung der Marktanteile und des Umsatzes bewirkt einen gemeinsamen Erfolg.

Sicherlich handelt es sich hierbei um erhebliche Veränderungen der bisherigen Strukturen, die erhebliches Umdenken in den berufsständischen Kammern erfordert und dessen Ausgestaltung deshalb schlagartig zu erreichen ist.

Wegen restriktiver Handhabung durch die Kammern hat sich das MVZ nicht an der Apotheke zu beteiligen, um jegliches Kick-Back zu vermeiden. So würde z. B. eine Beteiligung von Ärzten an der Apotheke je nach Anzahl der von Ihnen ausgestellten Rezepte gegen das Verbot der Zuweisung gegen Entgelt nach § 31 der Musterberufsordnung Ärzte verstoßen.

Insoweit greifen berufsrechtliche Regelungen auch auf angestellte und sonstige Ärzte des MVZ durch. So ist zum Beispiel die Bewerbung einer bestimmten Apotheke unzulässig. Zulässig wären aber indirekte Informationsstrategien, bei denen nicht mit einer Leistung oder einem Produkt, sondern mit einer „Information über eine Leistung oder ein Produkt" gearbeitet wird (zum Beispiel: welche Arzneimittel erstatten die Krankenkassen, was muss ich selbst bezahlen – Merkblatt der Apotheke .... anfordern). Zudem ist der werbende Effekt zulässig, wenn sich Apotheke und MVZ in räumlicher Nähe oder einem Gebäude befinden.

Jeder Arzt darf ohne sachlichen Grund nicht auf eine bestimmte Apotheke verweisen. Das bedeutet jedoch nicht, dass sich der Arzt jeglicher Empfehlung enthalten muss, er darf nur nicht werben. Das eingeschränkte Werbeverbot der ärztlichen Berufsordnung gilt nicht für die Apotheke. Bei der Bewerbung durch die Apotheke darf aber nicht indirekt für das MVZ oder die dort tätigen Ärzte geworben werden. Dies wäre bei einer Umgehung des ärztlichen Werbeverbots.

Bei Kooperationsmodellen ist zu beachten, dass das Abverlangen einer Provision von der Apotheke durch das MVZ für erfolgte Zuweisungen bzw. Rezepte rechtswidrig ist. Teilweise wird versucht, solche Provision mit Beraterverträgen oder Studienaufträgen zu decken. Teilweise werden seitens der Apotheken Gutscheine und ähnliches an den Arzt bzw. das MVZ ausgegeben. Diese Rechtsgeschäfte sind dann entweder Scheingeschäfte und stellen eine Umgehung des Provisionsverbotes dar bzw. sie unterfallen der Verbotsnorm nach § 134 BGB und sind deshalb nichtig. Insofern ist das folgende Vertragmuster angedacht, um eine Kooperation vorsichtig zu beginnen, um bei Fortschreiten der rechtlichen Möglichkeiten die Kooperation zu erweitern.

Einen Zusammenschluss zwischen Ärzten und Apothekern im Rahmen einer kooperativen Berufsausübungsgemeinschaft gemäß § 23b Abs. 1. 1 MBO ist nach Mitteilung der KBV vom 17.03.2006 zulässig. Der Apotheker wird danach unter dem Begriff „Akademischer Heilberuf im Gesundheitswesen" nach der MBO subsumiert.

Jedoch ist § 11 des Apothekengesetzes zu beachten. Danach dürfen Erlaubnisinhaber und Personal von Apotheken mit Ärzten oder anderen Personen, die sich mit der Behandlung von Krankheiten befassen, keine Rechtsgeschäfte vornehmen oder Absprachen treffen, die eine bevorzugte Lieferung bestimmter Arzneimittel, die Zuführung von Patienten, die Zuweisung von Verschreibungen oder die Fertigung von Arzneimittel ohne volle Angabe der Zusammensetzung zum Gegenstand haben. Praktisch ist damit die Zusammenarbeit rechtlich beschränkt.

Unberührt von dieser Einschränkung bleibt § 140a in Verbindung mit § 129 Abs. 5b SGB V. Auf dieser Grundlage ist es nunmehr jeder Krankenkasse gestattet, eigenverantwortlich mit Leistungserbringern, die in § 140b Abs. 1 Nr. 1 bis 5 aufgezählt sind, Verträge über eine leistungssektorenübergreifende und interdisziplinär fachübergreifende Versorgung abzuschließen. Die Kooperation zwischen Arzt und Apotheker in einem MVZ ist also nur unter der Prämisse einer integrierten Versorgung oder ausschließlich als Gesellschafter zulässig.

E 66 Vertragszweck

Denkbar wäre es auch, dass Ärzte Eigentümer der Immobilie sind und der Apotheke ein Offizin vermieten.

Die verbesserte Patientenversorgung ist ein gesetzlich geforderter und somit legitimer Zweck der Kooperation, der die strikte Trennung der Berufe (ursprünglich zum Wohl des Patienten) deshalb aufheben kann.

Die Trennung der Apotheke vom Betrieb des MVZ (insbesondere vom ärztlichen Teil) ist ausdrücklich geregelt. Damit wird zunächst der traditionellen Sicht entsprochen (Erstmals hatte der Stauffenkaiser Friedrich II (1144 – 1259) im Jahr 1241 eine Medizinalordnung erlassen, die eine Trennung der Berufe Arzt / Apotheker gesetzlich vorschrieb. Bei strikter Arbeitsteilung sollte eine geschäftliche Verbindung verhindert werden). Entsprechende Regelungen gelten bis heute und sollen sicherstellen, dass die Verordnungen des Arztes nicht von wirtschaftlichen Interessen überlagert werden. Insofern basiert die Positivliste allein auf medizinischen Gründen.

Weitergehende Verbindungen in der Kooperation (z. B. Sammlung der Rezepte und gesamte Überbringung an die Apotheke) sind derzeit noch nicht zu empfehlen. Zwar ließe sich die freie Apothekenwahl des Patienten mit dessen Einverständnis einschränken, jedoch ist § 24 ApoBetrO zu beachten, wonach Rezeptsammelstellen nicht in Gewerbebetrieben oder bei Angehörigen der Heilberufe unterhalten werden dürfen.

Leistungen der Apotheke E 67

Hier sind zunächst die üblichen berufsrechtlichen Verpflichtungen des Apothekers deklaratorisch wiedergegeben. Die könnten insofern ergänzt werden, z. B.

Es sind nur Materialien und Artikel einwandfreier Qualität zu verwenden und abzugeben. Beim Transport insbesondere von kühlpflichtiger Ware sind entsprechende Kühlboxen zu verwenden. Besondere Versandvorschriften der Hersteller sind in jedem Fall zu beachten.

Die Apotheke haftet gegenüber dem MVZ und den Patienten nach den gesetzlichen Bestimmungen, u. a. dem Bürgerlichen Gesetzbuch, dem Medizinproduktegesetz, dem Heilmittelwerbegesetz und dem Arzneimittelgesetz. Sie trägt dafür Sorge, dass alle gesetzlichen Vorgaben u. a. bei der Auslieferung eingehalten werden.

Darüber hinaus sind Verpflichtungen beispielhaft geregelt, die den Zusatznutzen des Patienten und somit den Vertragszweck dokumentieren. Das MVZ hat von der größeren Patientenzufriedenheit einen mittelbaren Nutzen.

E 68 Zusammenarbeit

Bei der Auslegung von Werbematerialien durch die Apotheke in den Räumen des MVZ ist auf die Einhaltung des Zuweisungsverbotes zu achten. Es kann sich z. B. um Hinweise zu Informationsveranstaltungen in den Räumen der Apotheke handeln, in denen auch Ärzte des MVZ als Referenten Vorträge halten können.

E 69 Berufsrechtliche Beachtung

Es handelt sich um ein deklaratorisches Wiederholen berufsrechtlicher Verpflichtungen, die jedenfalls dokumentieren, dass die Kooperationspartner Befürchtungen entgegentreten, der Grundsatz des Verbotes der Zuweisung gegen Entgelt könne verletzt werden. Selbst ein mittelbarer Vorteil (Zahlung an das MVZ) durch Verordnung angestellter MVZ-Ärzte soll ausgeschlossen werden.

E 70 Vertragsdauer

Hier handelt es sich um Vertragsstandards.

E 71 Kooperationen nach der Berufsordnung

Nach § 23 Abs. 1 S. 1 MBO können sich Ärzte auch mit selbständig tätigen und zur eigenverantwortlichen Berufsausübung befugten Berufsangehörigen anderer akademischer Heilberufe im Gesundheitswesen oder staatlicher Ausbildungsberufe im Gesundheitswesen sowie anderen Naturwissenschaftlern und Angehörigen sozialpädagogischer Berufe zur Kooperativen Berufsausübung zusammenschließen. Diese Berufe kommen auch als Kooperationspartner in einem MVZ in Betracht, soweit sie Leistungserbringen i. S. d. SGB V sind.

Insoweit könnten zum Beispiel der Inhaber eines Sanitätshauses, ein Orthopädiehandwerker, eine Physiotherapeutin gemeinsam mit einem Facharzt für Orthopädie und einem Facharzt für Physikalische und Rehabilitative Medizin ein MVZ gründen, wobei ärztlicherseits die Fachgebietsgrenzen und Vorgaben der Berufsordnung beachtet werden müssen

Apotheker fallen unter den Begriff „akademischer Heilberuf im Gesundheitswesen", orthopädische Schuhmacher, Augenoptiker und Hörgeräte-Akustiker fallen unter den Begriff „staatliche Ausbildungsberufe im Gesundheitswesen" und sind deshalb unter Berufe im Sinne des § 23b MBO zu subsumieren, der eine kooperative Berufsausübung erlaubt.

§ 23b MBO stellt auf bestimmte Berufsgruppen und nicht auf Einrichtungen, in denen spezielle Leistungen erbracht werden (z. B. Sanitätshaus) ab, so dass stets eine konkrete Prüfung bezogen auf die jeweiligen Personen zu erfolgen hat. Insoweit ist ein Sanitätshaus nicht allgemein als kooperationsfähig im Sinne des § 23b MBO anzusehen, eine Kooperation ist zuvor mit der Ärztekammer abzuklären.

Soweit ein Sanitätshaus beteiligt ist und über vertragliche Konstellationen die beteiligten Ärzte zur Verschreibung der entsprechenden Hilfsmittel verpflichtet werden, ist dies rechtlich unzulässig. Nach dem Urteil des OLG Koblenz – 4 U 813/04 dürfen die Hilfsmittel nicht über Ärzte abgegeben werden und den Medizinern keine Vergütung für das Ausfüllen von Fragebögen oder das Erstellen von vorformulierten Gutachten über die Anwendung gezahlt werden. Das Gericht begründete dies damit, dass bei einer Zahlung für eine gutachterliche Tätigkeit des Mediziners es sich um eine Prämienzahlung für die Zuweisung von Patienten handelte, was berufsrechtswidrig sei.

Im Falle der Einbindung eines Apothekers ist § 8 Apothekengesetz zu beachten, wonach es dem Apotheker versagt ist, seine Apotheke mit Berufsfremden zu führen. Insoweit sollte die Apotheke stets aus dem MVZ ausgeklammert werden. Der Apotheker als Gesellschafter kann jedoch geschäftsführend im MVZ tätig sein. Wenn das MVZ separate Versorgungsverträge mit den gesetzlichen Krankenkassen aushandelt, in denen ein Leistungspaket inclusive der Arzneiversorgung angeboten wird, für das die Krankenkasse eine Gesamtpauschale vergütet, können die Gesellschafter im Innenverhältnis den Gewinn nach eigenen Verteilungsregeln aufteilen.

MVZ-Gründung durch Nichtvertragsärzte

Die Leitung oder Trägerschaft eines MVZ durch Nichtvertragsärzte, zum Beispiel Krankenhauskonzerne oder Managementgesellschaften aus Industrie und Banken als Kapitalgeber und Betreiber ist bisher die Ausnahme.

MVZ können auch durch Gesellschafter gegründet werden, die nicht aus Krankenhäusern oder Vertragsärzten bestehen. Insoweit bedarf es zur Gründung mindestens zweier fachübergreifender Vertragsärzte, die Gesellschafter können auch sonstige Angehörige medizinischer Heilberufe wie zum Beispiel Physiotherapeuten, Pflegedienste, Apotheker etc. sein.

Diese werden nur als Gesellschafter in die Gesellschaft aufgenommen, so dass eine Einbeziehung des jeweiligen Betriebes nicht erfolgt. Dieses ist erforderlich, weil zum Beispiel der Apothekenumsatz nicht unter einer vertragsärztlichen Abrechnungsnummer abgerechnet werden kann und im Übrigen der Gewerbebetrieb (z. B. eine Apotheke) nicht unter steuerlichen Aspekten mit der freiberuflichen Tätigkeit vermengt werden sollte.

Nach dem neuen Berufsrecht können sich Ärzte mit anderen akademischen Heilberufen oder staatlichen Ausbildungsberufen im Gesundheitswesen auch in der Rechtsform einer juristischen Person des Privatrechts, zum Beispiel einer GmbH oder AG zusammenschließen. Dabei sind die Vorgaben einer zumindest anteiligen ärztlichen Leitung und die Mehrheitsverhältnisse sowie die Trennung der Verantwortungsbereiche gemäß dem ärztlichen Berufsrecht zu beachten.

Die Gründung eines MVZ ist auch durch Nichtärzte möglich, sofern die Gründer unmittelbare GKV-Leistungserbringer sind (z. B. Physiotherapeuten, Logopäden, häusliche Krankenpflege oder Krankenhäuser). Soll das MVZ durch den Krankenhausträger gegründet werden, ist nachzuweisen, dass der Krankenhausträger (z. B. Helios Kliniken GmbH, Rhön AG, Paracelsuskliniken GmbH etc.) selbst Adressat eines Planbetten-Bescheides für ein von ihm betriebenes rechtliches unselbständiges Krankenhaus ist.

Aus vermögensrechtlichen Haftungsgründen bieten sich für die Gründung eines MVZ durch Nichtvertragsärzte vor allem Kapitalgesellschaften wie eine GmbH oder AG an. In der Praxis haben sich

Konstellationen entwickelt, wonach eine hundertprozentige Krankenhaustochter in Form einer GmbH gegründet wird, deren ausschließlicher Gesellschaftszweck der Betrieb des MVZ ist.

Teilweise werden MVZ-Management GmbH's gegründet. Diese bringen ihre Leistungen ausschließlich durch angestellte Ärzte. Will ein Vertragsarzt dort vertragsärztlich tätig werden, muss er zugunsten des MVZ auf seine Zulassung verzichten und sich dort anstellen lassen. Fraglich ist die Wiedererlangung einer eigenen Zulassung für den Vertragsarzt. Die Regelung, wonach ein Arzt, der zur Erweiterung um sein Fachgebiet in ein MVZ eingestiegen ist, mindestens 5 Jahre dort tätig sein muss, ehe er eine eigene Zulassung beim Zulassungsausschuss im Fall des Austritts erhält, ist seit 1.1.2007 für neue Anstellungsgenehmigungen gestrichen worden.

Auch ein MVZ, das durch Nichtärzte oder Krankenhäuser gegründet wird, erhält seine Zulassung für den Ort der Niederlassung. Ortsübergreifende MVZ sind somit nicht möglich. Der Effekt kann aber auch durch ausgelagerte MVZ-Teile erreicht werden.

D Begriffsbestimmungen

Angestellter Arzt/angestellter Psychotherapeut

Arzt mit genehmigter Beschäftigung in einer Arztpraxis oder einem Medizinischen Versorgungszentrum gemäß Paragraph 95 Absatz 9 beziehungsweise Absatz 1 des Fünften Sozialgesetzbuches; dasselbe gilt für Psychotherapeuten.

Arztfall

Alle Leistungen bei einem Versicherten, welche durch denselben Arzt unabhängig vom vertragsarztrechtlichen Status in der vertragsärztlichen Versorgung in demselben Kalendervierteljahr und unabhängig von der Betriebsstätte/Nebenbetriebsstätte zu Lasten derselben Krankenkasse erbracht werden.

Arztnummer

Eine nach Maßgabe der Richtlinien der Kassenärztlichen Bundesvereinigung nach Paragraph 75 Absatz 7 SGB V zur Vergabe der Arzt- und Betriebsstättennummern vergebene „Kennzeichnung der Vertragsärzte und sonstiger Ärzte und entsprechend Psychotherapeuten". Die Arztnummer ist unabhängig vom Status oder der Betriebsstätte gültig.

Arztpraxis

Tätigkeitsort des Vertragsarztes oder Vertragspsychotherapeuten an seiner Betriebsstätte, der auch die Nebenbetriebsstätten der Arztpraxis einschließt. Arztpraxis in diesem Sinne ist auch die Berufsausübungsgemeinschaft oder ein Medizinisches Versorgungszentrum.

Arztpraxisübergreifende Behandlung

Arztfall in zwei oder mehreren Arztpraxen. Die Bestimmung eines arztpraxisübergreifenden Behandlungsfalls dient als Grundlage für besondere einzelne Abrechnungsregelungen im Einheitlichen Bewertungsmaßstab.

Assistenten

Weiterbildungs- oder Sicherstellungsassistenten gemäß Paragraph 32 Absatz 2 der Ärzte-Zulassungsverordnung; dasselbe gilt für Psychotherapeuten.

Ausgelagerte Praxisstätte

Ein zulässiger nicht genehmigungsbedürftiger, aber anzeigepflichtiger Tätigkeitsort des Vertragsarztes, Vertragspsychotherapeuten oder eines Medizinischen Versorgungszentrums in räumlicher Nähe zum Vertragsarztsitz. Ausgelagerte Praxisstätte in diesem Sinne ist auch ein Operationszentrum, in welchem ambulante Operationen bei Versicherten ausgeführt werden, die den Vertragsarzt an seiner Praxisstätte in Anspruch genommen haben.

Bedarfsplanung

Die Reglementierungen der Bedarfsplanung könnten künftig entfallen. Das GKV-WSG vom 01.04.2007 hat die Zulassungsbeschränkungen für Vertragszahnärzte bereits gestrichen. Nach § 87 Abs. 7 SGB V berichtet der Bewertungsausschuss dem Bundesministerium für Gesundheit bis zum 31.03.2012 über die Steuerungswirkung der neuen Vergütung auf das ärztliche Niederlassungsverhalten, bis zum 30.06.2012 berichtet das Bundesministerium für Gesundheit dem Deutschen Bundestag, ob auch für den ärztlichen Bereich auf Zulassungsbeschränkungen verzichtet werden kann.

Behandlungsfall

Die gesamte von derselben Arztpraxis innerhalb desselben Kalendervierteljahres an demselben Versicherten ambulant zu Lasten derselben Krankenkasse vorgenommene Behandlung gilt jeweils als Behandlungsfall. Behandlungsfälle beziehen sich auf die Rechtsbeziehungen zwischen Kassenärztlichen Vereinigungen und Krankenkassen im Abrechnungswesen.

Belegarzt

Vertragsarzt mit Versorgungsstatus am Krankenhaus gemäß Paragraph 121 Absatz 2 des Fünften Sozialgesetzbuches.

Berufsausübungsgemeinschaft

Löst die bisherige Gemeinschaftspraxis ab. Rechtlich verbindliche Zusammenschlüsse von Vertragsärzten oder Vertragspsychotherapeuten oder Vertragsärzten und Medizinischen Versorgungszentren oder Medizinischen Versorgungszentren untereinander zur gemeinsamen Ausübung der Tätigkeit an einem gemeinsamen Praxissitz oder auch überörtlich an verschiedenen Standorten. Berufsausübungsgemeinschaften sind weder Praxisgemeinschaften, Apparategemeinschaften noch Laborgemeinschaften und andere Organisationsgemeinschaften.

Betriebsstätte

Betriebsstätte des Vertragsarztes oder Vertragspsychotherapeuten oder des Medizinischen Versorgungszentrums ist der Vertragsarztsitz. Betriebsstätte des Belegarztes ist auch das Krankenhaus. Betriebsstätte des ermächtigten Arztes ist der Ort der Berufsausübung im Rahmen der Ermächtigung. Betriebsstätte des angestellten Arztes ist der Ort seiner Beschäftigung. Betriebsstätte einer Berufsausübungsgemeinschaft sind die örtlich übereinstimmenden Vertragsarztsitze der Mitglieder der Berufsausübungsgemeinschaft. Bei örtlich unterschiedlichen Vertragsarztsitzen der Mitglieder der Berufsausübungsgemeinschaft ist der gewählte Hauptsitz die Betriebsstätte.

Betriebsstättenfall

Die gesamten innerhalb desselben Kalendervierteljahres in derselben Betriebsstätte oder Nebenbetriebsstätte bei demselben Versicherten zu Lasten derselben Krankenkasse vorgenommenen Behandlungsleistungen gelten jeweils als Betriebsstättenfall. Ein Betriebsstättenfall liegt auch vor, wenn die ärztlichen Leistungen bei demselben Versicherten von einem angestellten Arzt des Vertragsarztes oder einem angestellten Arzt des Medizinischen Versorgungszentrums in einer Betriebsstätte oder Nebenbetriebsstätte erbracht werden und von diesem nicht selbst, sondern dem Träger der Betriebsstätte abgerechnet werden. Werden von demselben Arzt bei demselben Versicherten ärztliche Leistungen an unterschiedlichen Betriebsstätten erbracht, in welchen der Arzt in einem jeweils unterschiedlichen vertragsarztrechtlichen Status tätig ist (Vertragsarzt, angestellter Arzt, Arzt im Medizinischen Versorgungszentrum, ermächtigter Arzt, Arzt in genehmigter Berufsausübungsgemeinschaft) liegt jeweils ein gesonderter Betriebsstättenfall (und ein gesonderter Behandlungsfall) vor.

Betriebsstättennummer

Eine nach Maßgabe der Richtlinie der Kassenärztlichen Bundesvereinigung nach Paragraph 75 Absatz 7 SGB V zur Vergabe der Arzt- und Betriebsstättennummer vergebene Kennzeichnung von Betriebsstätten- und Nebenbetriebsstätten. Die Betriebsstättennummer ermöglicht die Zuordnung ärztlicher Leistungen zum Ort der Leistungserbringung.

KV-bereichsübergreifende Tätigkeit

Eine KV-bereichsübergreifende Berufsausübung liegt vor, wenn

1. der Arzt gleichzeitig als Vertragsarzt mit zwei Teilzulassungen oder als Vertragsarzt und ermächtigter Arzt an einem weiteren Tätigkeitsort (Zweigpraxis) in den Bereichen von mindestens zwei Kassenärztlichen Vereinigungen tätig ist; dasselbe gilt für ein Medizinisches Versorgungszentrum, wenn es in den Bereichen von mindestens zwei Kassenärztlichen Vereinigungen an der vertragsärztlichen Versorgung teilnimmt.
2. der Arzt als Beteiligter einer Berufsausübungsgemeinschaft tätig ist, deren Vertragsarztsitze in den Bereichen von mindestens zwei Kassenärztlichen Vereinigungen gelegen sind.
3. der Arzt als Beteiligter einer Teil-Berufsausübungsgemeinschaft an seinem Vertragsarztsitz und in einer Teil-Berufsausübungsgemeinschaft an einem weiteren Tätigkeitsort im Bereich einer weiteren Kassenärztlichen Vereinigung tätig ist.
4. der Arzt als zugelassener Vertragsarzt gleichzeitig als angestellter Arzt in einem Medizinischen Versorgungszentrum im Bereich einer weiteren Kassenärztlichen Vereinigung tätig ist.

5. der Arzt als angestellter Arzt in Medizinischen Versorgungszentren in den Bereichen von mindestens zwei Kassenärztlichen Vereinigungen tätig ist.

Die vorstehenden Definitionen gelten auch für Vertragspsychotherapeuten und angestellte Psychotherapeuten. Ebenso können Medizinische Versorgungszentren in KV-bereichsübergreifenden Tätigkeitsformen zusammenwirken.

Medizinisches Versorgungszentrum

Eine nach Paragraph 95 Absatz 1 des Fünften Sozialgesetzbuchs zugelassene ärztlich geleitete Einrichtung.

Nebenbetriebsstätte

Nebenbetriebsstätten sind in Bezug auf Betriebsstätten zulässige weitere Tätigkeitsorte, an denen der Vertragsarzt, der Vertragspsychotherapeut, der angestellte Arzt, die Berufsausübungsgemeinschaft oder ein Medizinisches Versorgungszentrum neben ihrem Hauptsitz an der vertragsärztlichen Versorgung teilnehmen.

Persönliche Leistungserbringung

Die durch gesetzliche und vertragliche Bestimmungen näher geregelte Verpflichtung des Vertragsarztes beziehungsweise angestellten Arztes zur unmittelbaren Erbringung der vorgesehenen medizinischen Leistungen, auch im Rahmen zulässiger Delegationen.

Persönliche Leitung der Arztpraxis

Voraussetzungen, nach denen bei in der Arztpraxis beschäftigten angestellten Ärzten im Hinblick auf deren Zahl, Tätigkeitsumfang und Tätigkeitsinhalt sichergestellt ist, dass der Praxisinhaber den Versorgungsauftrag im notwendigen Umfang auch persönlich erfüllt und dafür die Verantwortung übernehmen kann.

Präsenzpflicht

Der zeitliche Umfang, den der Vertragsarzt/Vertragspsychotherapeut beziehungsweise der Arzt oder Psychotherapeut des Medizinischen Versorgungszentrums am Vertragsarztsitz und gegebenenfalls in Nebenbetriebsstätten zur Verfügung stehen muss.

Psychotherapeut

Der Begriff „Psychotherapeut“ entspricht der Definition in Paragraph 28 Absatz 3 des SGB V: Danach sind Psychotherapeuten Psychologische Psychotherapeuten und Kinder- und Jugendlichen-Psychotherapeuten. Im jeweiligen Sachzusammenhang kann der Begriff „Psychotherapeut“ Vertragspsychotherapeut, angestellter Psychotherapeut oder ermächtigter Psychotherapeut bedeuten.

Tätigkeitsort

Ort der ärztlichen oder psychotherapeutischen Berufsausübung oder Versorgung durch ein Medizinisches Versorgungszentrum, der als Betriebsstätte oder Nebenbetriebsstätte zulässigerweise ausgewiesen ist

Teilberufsausübungsgemeinschaft

Teilberufsausübungsgemeinschaften sind im Rahmen von Paragraph 33 Absatz 3 Satz 2 der Ärzte-Zulassungsverordnung auf einzelne Leistungen bezogene Zusammenschlüsse zu Berufsausübungsgemeinschaften bei Vertragsärzten, Vertragspsychotherapeuten und Medizinischen Versorgungszentren.

Mit Änderung der Berufsordnung im Jahr 2004 wurde die Kooperationsform der Teilgemeinschaftspraxis eingeführt. In ihr können sich Ärzte darauf beschränken, einzelne, spezifische Leistungen anzubieten. Nach dem neuen Vertragsarztrecht ist diese Möglichkeit auch im Vertragsarztrecht möglich. Teilgemeinschaftspraxen, an denen zum Beispiel Laborärzte beteiligt sind, werden deshalb Schwierigkeiten bekommen, weil sie meist in Verdacht stehen, das berufsrechtliche Verbot der Zuweisung gegen Entgelt umgehen zu wollen. Das Berufsrecht schreibt aber vor, dass Teil-Berufsausübungsgemeinschaften nur zulässig sind, wenn die ihr zugehörigen Ärzte am Gewinn dieser Gemeinschaftspraxis jeweils entsprechend ihres persönlich erbrachten Anteils an der gemeinschaftlichen Leistung beteiligt werden. Die Berufsordnung schreibt somit vor, dass Leistungen in diesen Berufsausübungsgemeinschaften von Ärzten selbst erbracht werden müssen. Eine Leistung nur anzuordnen, insbesondere für den Bereich der Labormedizin, der Pathologie und der bildgebenden Verfahren, stellt nach Meinung einiger Ärztekammern nach der Berufsordnung keinen persönlich erbrachten Leistungsanteil dar. Bundesweit sind die Ärztekammern der Auffassung, überweisungsgebundene Berufsgruppen nicht zu involvieren. So haben zum Beispiel die Ärztekammern Hamburg, Rheinland-Pfalz, Bayern und Bremen die Berufsordnung bereits angepasst. In den Regelungen heißt es wörtlich:

> Ärztinnen und Ärzten ist es nicht gestattet, für die Zuweisung von Patientinnen und Patienten oder Untersuchungsmaterial ein Entgelt oder andere Vorteile sich versprechen oder gewähren zu lassen.

Keine berufsrechtlichen Probleme sehen die Ärztekammern im Zusammenhang mit Rabattverträgen, Bonuszahlungen an die KV und bei Integrationsverträgen, bei denen z. B. eine Klinik an einweisende Ärzte Zahlungen für prä-operative Diagnostik leistet, soweit eine Äquivalenz der Leistung besteht.

Teilzulassung

In Paragraph 19a der Ärzte-Zulassungsverordnung geregelter hälftiger Versorgungsauftrag. Strittig ist, ob Vertragsärzte, die künftig nur noch mit halber Zulassung arbeiten wollen, die andere Hälfte veräußern können. Dafür spricht, dass der Gesetzgeber die Möglichkeit einer Halbtagszulassung schaffen wollte, so dass die halbe Zulassung wirtschaftlich auch verwertbar sein müsste.

Versorgungsauftrag

Der inhaltliche und zeitliche sowie fachliche Umfang der Versorgungspflichten von Vertragsärzten, Vertragspsychotherapeuten und Medizinischen Versorgungszentren.

Vertragsarzt/Vertragspsychotherapeut

Arzt oder Psychotherapeut im vollen Zulassungsstatus oder mit Teilzulassung.

Vertragsarztsitz

Ort der Zulassung für den Vertragsarzt oder Vertragspsychotherapeuten oder das Medizinische Versorgungszentrum.

Zweigpraxis

Genehmigter weiterer Tätigkeitsort des Vertragsarztes oder die Nebenbetriebsstätte eines Medizinischen Versorgungszentrums.

Literatur

Altendorfer, R.; Merk, W.; Jensch I.:
Das Medizinsche Versorgungszentrum – Rechtliche, wirtschaftliche und steuerliche Grundlagen, 2004

Heberer, J.:
Das ärztliche Berufs- und Standesrecht, 2. Auflage 2001

Hohmann, Jörg:
Der Gemeinschaftspraxisvertrag für Ärzte Teil 1 – Gründung einer Gemeinschaftspraxis unter gleichberechtigten Partnern, 2003
Der Gemeinschaftspraxisvertrag für Ärzte Teil 2 – Der Einstieg des „Junior-Arztes" in die Gemeinschaftspraxis, 2003

Münchner Kommentar zum BGB
Münchner Kommentar zum BGB, 3. Auflage, 1997

Stebner, F.:
Das neue Recht der ärztlichen Berufsausübung – Chancen durch Kooperation im Gesundheitswesen, 2004

Rau, Stephan:
Das Medizinnische Versorgungszentrum in Lexikon des Arztrechts, 2007

Autoren

Rechtsanwalt **Jörg Hohmann** ist seit Jahren ausschließlich im Bereich des Medizinrechts in der Kanzlei Buchholz & Kollegen in Hamburg tätig. Er besitzt Erfahrungen beim Kammergericht Berlin und der KV Thüringen und ist seit 1995 als Rechtsanwalt niedergelassen. Bekannt ist er durch die Veröffentlichung von Fachbüchern und diversen Aufsätzen in der ärztlichen Standespresse sowie die Durchführung von Fortbildungsveranstaltungen für Ärzte und Krankenhäuser. Jörg Hohmann ist Berater mehrerer ärztlicher Berufsverbände. Schwerpunktmäßig widmet er sich ärztlichen Kooperationen, der integrierten Versorgung, Medizinischen Versorgungszentren, dem Arzthaftungsrecht, dem ärztlichem Berufsrecht und dem Arzneimittelrecht.

Assessorin jur. **Barbara Klawonn** ist Leiterin der Hauptabteilung Kassenärztliche Versorgung bei der KV-Thüringen. Sie berät Ärzte und andere MVZ-Gründer im Vorfeld des Zulassungsverfahren und ist Mit-Autorin des KBV-Handbuchs „Medizinische Versorgungszentren – Aus der Praxis für die Praxis" sowie des von der KBV kürzlich erschienenen „Kooperationskompass – Wege ärztlicher Zusammenarbeit". Schwerpunkte ihrer Beratungs- und Referententätigkeit sind neben den MVZ-Gründungen die neuen Möglichkeiten nach dem Vertragsarztänderungsgesetz und die Zusammenarbeit zwischen Ärzten und auch anderen Leistungserbringern.